上海市设计学 Ⅳ类高峰学科资助项目"区域特色与城市品牌研究"成果
教育部社科基金项目"殊途同归：30年来两岸民间组织发展比较研究"（09YJA810004）成果
安徽省社科规划青年项目"新世纪以来皖台交流史（2000—2013）"（AHSKQ2014D66）成果

殊途同归
两岸民间组织发展比较研究
（1949—2009）

王 仲 曹 曦 著

九州出版社
JIUZHOUPRESS ｜全国百佳图书出版单位

图书在版编目（CIP）数据

殊途同归：两岸民间组织发展比较研究 ：1949—2009 / 王仲，曹曦著. -- 北京 ：九州出版社，2018.3
ISBN 978-7-5108-6818-4

Ⅰ．①殊… Ⅱ．①王… ②曹… Ⅲ．①海峡两岸－社会团体－研究 Ⅳ．①D618

中国版本图书馆CIP数据核字(2018)第060207号

殊途同归：两岸民间组织发展比较研究（1949—2009）

作　　者	王 仲 曹 曦 著
出版发行	九州出版社
地　　址	北京市西城区阜外大街甲 35 号（100037）
发行电话	(010)68992190/3/5/6
网　　址	www.jiuzhoupress.com
电子信箱	jiuzhou@jiuzhoupress.com
印　　刷	北京九州迅驰传媒文化有限公司
开　　本	710 毫米×1000 毫米　16 开
印　　张	14.25
字　　数	256 千字
版　　次	2018 年 5 月第 1 版
印　　次	2018 年 5 月第 1 次印刷
书　　号	ISBN 978-7-5108-6818-4
定　　价	42.00 元

目　录

第一章　绪　论

　　我国台湾地区的民间组织①的发展几乎与中国大陆的同时起步。虽然,台湾
自20世纪60年代经济起飞,具备了发展民间组织的市场经济环境,但台湾是
在威权统治的高压之下,民间组织的发展受到严格限制。直到1987年,台湾宣
布"解严",台湾的社会力通过民间组织的形式蓬勃发展。中国大陆的民间组织
的发展也是在改革开放后,也即80年代由政府倡导成立部分社会团体之后而逐
渐兴起的。从1979年起始,中国大陆实行以市场为导向的经济体制和政治体制
改革,国家行政权力从社会经济领域逐渐退出,国家与社会二元结构开始分化,
面对社会领域出现的一些新问题,政府有时显得无能为力。当时,中国政府借
鉴香港经验组建部分半官方性质的民间组织来应对这些问题。继这些政府倡建
的民间组织之后,由社会自主选择的一些民间组织也应运而生。到1995年北京
"世妇会"之后,形成了中国民间组织的发展高峰。

　　由于受历史发展因素与环境变迁的影响,两岸各自选择不同的现代化发展
进程。两岸民间组织虽然起步于同一时代,但两岸不同的政治、经济环境,使
得两地民间组织发展的发生、发展的路径、模式又有很大的差异。台湾由于现
代化起步早于中国大陆,加上台湾在保留中国传统文化的基础上,更多地接受

----

　　① 非政府组织是指在地方、国家或国际级别上组织起来的非营利性、志愿性公民组织。非
政府组织的内涵因不同学科研究的需要不同,或因研究所针对的问题不同而形成一定的差异,诸如
"非营利组织""第三部门""民间组织"等。其实都指的是非政府组织,但又存在着一些细微差异,
迄今没有形成一个完全一致的观点。"社会团体"或"社团""公民团体""公民组织""民间组织"
等概念,也常用以指公民社会组织。借用这些概念可以比较清楚地表明公民社会组织的"社会性"
或"民间性",以区别于政府机关和企业组织。相对而言,这些概念的含义比较清晰,所表达的意
义也比较准确。"社会团体""社团"等概念,强调了公民社会组织的社会性,"公民团体""公民组
织"等概念强调了公民社会组织的政治性,因为公民是一个由宪法界定的政治概念。"民间组织"
概念突出了公民社会组织的民间性,其外延可以涵盖上述各概念所要表达的主要意义,因此,比较
而言,这是一个表达公民社会组织的恰当概念。因此俞可平建议,在谈及作为公民社会主体的组织
或团体时,尽可能地一致使用"民间组织"的概念,以避免在概念术语上的不必要争议和混乱。

西方文化，具备了非营利组织发展文化基础。当"解严"之后，台湾非营利组织迅速发展起来，在此基础上，形成了台湾比较发达的公民社会与文化。而同期中国大陆由于社会结构性因素，民间组织发展社会环境并不顺畅，结构脆弱。但大陆的研究者们却吸收了包括台湾志工文化在内的颇为先进的理念，形成大陆民间组织理论强、实践弱的现状。当前，两岸关系和平发展，经济、文化等各个领域的交流都在有序展开，两岸民间组织的交流合作成为各个领域交流的一部分。通过对两岸民间组织的比较研究，能够更好地理解两岸民间组织的生成路径、资源整合方式以及行动策略等方面的差异性，这些差异性有利于我们正确把握三十年来两岸民间组织发展进程的内在特征。以此为基础，可以为进一步推进两岸民间组织交流并完善其交流机制提供对策参考。

第一节　台湾民间组织的研究现状

关于台湾民间组织的研究还是台湾本地学者的研究最为全面和最为深入。大陆学者的研究多是为了借鉴台湾非营利组织的发展经验并为促进两岸关系和平发展这一宗旨服务的，其研究多属于介绍性质。台湾学者研究岛内非营利组织，择其要者，可分为如下方面：

一、全面介绍台湾非营利组织

对台湾的非营利组织的研究状况，其翘楚者当推台湾著名社会学者萧新煌、政治学者官有垣和实务人士陆宛苹主编的《非营利部门：组织与运作》（第二版），萧新煌召集了多位长期致力于台湾地区非营利组织研究的十四位专家学者合力完成巨著。全书分五个部分对非营利组织理论进行了详尽的介绍，对台湾非营利组织概况进行了全景式的描述。全书内容分五篇，第一部分概述了台湾非营利部门的发展历史。从1945年台湾光复到2000年政党轮替，梳理了半个世纪来的台湾非营利组织的发展历程。第二部分则对台湾非营利组织的治理结构进行了剖析。对其组织的人员构成、组织结构、运作特点都进行了分析和总结。第三部分对台湾非营利组织的法律规范进行了概括和分析。[1]继这本巨著之后，萧新煌又组织台湾第三部门学会、台湾政治大学第三部门研究中心的学

---

① 萧新煌、官有垣、陆宛苹主编：《非营利部门：组织与运作》，巨流图书公司，2011年。

者编写了《书写台湾第三部门史Ⅰ》这部巨著。在这部书中，萧新煌把第三部门分为三类：倡导型社会组织；服务型社会组织；社区型社会组织。倡导型第三部门中作者选取劳工阵线、主妇联盟、澄社、司改会、老人福利推动联盟。这五个倡导型第三部门组织分别在台湾民主转型中扮演了不可替代的角色。它们对新出现的社会问题即时呼吁政府注意，甚至提出可行对策。其次，服务型第三部门，包括台湾家扶、基督教青年会、心路基金会、善牧基金会等。服务型组织以基金会居多。服务型第三部门多是外国移植来台的慈善团体，其特点是宗教色彩浓，以服务和慈善工作为主。第三，社区型第三部门，其代表组织有"嘉邑行善团""新港文教基金会"。社区型NPO的最大特色就是它的"在地性""乡土性"，以行善地方、造福乡梓和重建故乡为主要目标。①

台湾学者王振轩《非政府组织的议题、发展与能力建构》，该书由国际、国家社会与组织自身等三个层次，从宏观到微观，层层探讨非政府组织的发展，该书还介绍了台湾与中国大陆非政府组织的发展，但并未比较两者的差异。②丘昌泰《非营利部门研究——治理、部门互动与社会创新》。此书从"治理架构"出发，探讨海峡两岸暨香港、澳门六个非营利中介组织的治理研究。江明修、李衍儒《政府采购法制与非营利组织：台湾经验》认为政府采购非营利组织的公共服务不仅涉及政府采购法制规范与非营利组织之间的关系，其问题的本质更在于政府与非营利组织两者之间相互关系如何建构与形塑。因此，本文尝试从政府与非营利组织的关系理论、内涵以及台湾方面采购法制对非营利组织的规范及调查分析，归纳出相关发展历程与实践经验，认为非营利组织需要一部符合公益优先原则、坚持弱势团体的利益与照顾最大化原则的政府采购法，提升非营利组织采购的专业能力，增订政府采购法对非营利组织特许权的授予，放宽或重新界定非营利组织接受政府补助而从事采购行为的规范，落实政府采购法对弱势团体的保障，揭示非营利产品或劳务提供的信息，促进社会健康发展。③

官有垣《非营利组织执行长之治理——以台湾社会福利相关基金会为例》采取问卷调查的实证资料收集途径，并以社会福利、教育事务、卫生事务等三

① 萧新煌主编：《书写台湾第三部门史》（第Ⅰ部），巨流图书公司，2014年。

② 王振轩：《非政府组织议题、发展与能力建构》，台北：鼎茂图书出版股份有限公司，2005年。

③ 江明修、李衍儒：《政府采购法制与非营利组织：台湾经验》，《中国第三部门研究》2012年第1期。

类社会福利相关基金会作为调查研究对象。研究结果显示此三类基金会执行长的个人特质，包括性别、年龄、教育程度、工作资历、专长领域等面向的分布状况，同时也显示该类执行长职能的角色扮演是以内部管理功能为主，并发现组织特质对于执行长职能的发挥与否具有关键性的影响，以上这些结果是本研究对于此一学术领域的具体贡献。①

二、从社会运动角度研究民间组织

台湾的社会组织很多是在社会运动中产生。20 世纪 70 年代，台湾经济起飞，伴随着经济起飞，也出现了很多社会问题。但当时台湾是威权统治，人民被禁止集会和结社。民众因无法忍受直接影响生活的环境问题而奋起进行自力救济。"解严"之后，集会变成合法化，于是台湾的社会运动成为常态。社会运动与社会组织是密切相连的，社会运动离不开社运组织的动员和领导，社运组织在达到运动目标后多数转化为非营利组织。

关于社会运动与民间组织的研究，台湾学者在这方面成果较多。代表作有徐正光、宋文理《台湾新兴社会运动》（1996），此书是一部论文集，该书对八九十年代的社会运动进行了分类研究。从分类来看，作者把意识形态取向的群体运动称为社会运动；以具体问题为取向的皆为自力救济运动。循此分类，编者汇集各位研究者对各种运动的论文。有环境运动、妇女运动、劳工运动、原住民运动、老兵自救运动、校园运动、反核运动、"五二〇"农民运动等。最后探讨了台湾社会转型与新兴社会运动的结构因素。②张茂桂、郑永年《两岸社会运动分析》是一本两岸共同讨论社会运动与大众抗议的专著。社会运动与大众抗议的发生与形态，必定受主流社会体系的制约，因为和这种制约发生冲突，也可能带来重要的转型，改造既有的社会价值规范与运动方式。两岸因为发展的历史途径不同，所以社会运动和抗议都呈现出不同的样态与效果，该书对两岸社运进行对照与比较，以促进对两岸社会结构的认识。③萧新煌、顾忠华《台湾社会运动再出发》，以台湾十大社会运动为案例，介绍了台湾社会运动三十年的历史意义与影响。对 2008 年第二次政党轮替后出现的社会分歧和政治不信

---

① 官有垣：《非营利组织执行长之治理——以台湾福利相关基金会为例》，《中国第三部门研究》2011 年第 2 期。

② 徐正光、宋文里：《台湾新兴社会运动》，巨流图书公司，1996 年。

③ 张茂桂、郑永年：《两岸社会运动分析》，台湾新自然主义股份有限公司，2003 年。

任，发出了另一波社会运动而再出发的行动预言，并分析台湾社会运动再出发的时代意义。①

值得特别介绍的是何明修《绿色民主：台湾环境运动研究》一书。环境运动是 20 世纪 80 年代以来民间社会运动中不容忽视的社会运动，它以反公害、倡保育和反核能这三大目标为诉求且充分立足于地方社会的社会运动。何明修称台湾的环境运动是"追求环境正义的集体行动和绿色民主力量"。何明修从史的角度对台湾环境运动分为早期的自力救济的草根抗争运动；政治自由化与环境运动的激进化；政治民主化时期环境运动的制度化。从运动过程来看，环境运动充满着政治博弈。为了争取抗争胜利，民众一方面邀请专业人士参加，政治反对势力也乐于支援。因此，环境运动是实践"环境正义"和"绿色民主"所需民心和民力的动员和蓄积。此外，环境抗争中成立了大批社运组织，在社运组织基础上，进而成立联盟性环境组织，这一切组织化过程都成为后来的环境非营利组织的来源。②

三、民间组织与台湾公民社会的发展

台湾顾忠华认为，台湾虽已奠立了民主制度的基石，但是民主政治中的参与似乎限于投票选举，人民并未扮演更积极的"公民"角色，作者认真讨论了"社会自治""非政府组织"，特别是"非营利组织"的自主性与公共性，并用质化与量化的研究方法，解读当时民间社会力对民主政治的重要贡献与意义。③

大陆王茹也对台湾非营利组织与公民社会的建构做了考察。台湾非营利组织的发展与社会力的兴起密切相关，经过相当长的发展，到 90 年代台湾非营利组织由过去抗争品格回归常态，参与进公共治理，过去的社运组织对于发动抗争的兴趣在下降，转型到常态的民间社会及社会服务的运作轨道上来，进而转变为正式的非营利组织，走专业化的说服当局服务社会的道路，参与进治理台湾的公共产品。这种转变在作者从"社区总体营造"和 1999 年的"9·21 大地震"的救灾及灾后重建两个典型事例中，发现非营利组织的自主性对于建构公民社会有重大意义。④

---

①　萧新煌、顾忠华：《台湾社会运动再出发》，巨流图书出版公司，2010 年。
②　何明修：《绿色民主：台湾环境运动的研究》，群学出版公司，2006 年。
③　顾忠华：《台湾非营利组织的公共性与自主性》，《台湾社会学研究》2000 年第 4 期。
④　王茹：《台湾非营利组织与公民社会建构》，《台湾研究集刊》2004 年第 4 期。

四、大陆学者对台湾民间组织的研究

大陆学者对台湾民间组织的研究早期多属于介绍性质。如，何海兵《我国台湾地区非营利组织的概况及发展特色》分析了台湾地区非营利组织的成长背景、类型划分、管理制度及发展特点等，指出非营利组织的发展与社会变迁是紧密结合在一起的，台湾非营利组织的快速发展要归因于政治因素和社会经济发展背景。[①]

福建省各社会团体代表应台湾中华公共事务管理学会、台湾中山大学公共事务管理研究所、台湾大陆通商专业事务所等机构的邀请，共同对台湾非营利组织进行了实地考察，介绍了台湾非营利组织的界定及类别划分、发展历程与概貌、培育监管及存在的问题，并提出了大陆借鉴台湾非营利组织发展经验、加强非营利组织培育和监管的若干建议。[②]许进发以台湾道教组织为例，对台湾宗教非营利组织之运作进行了考察。[③]

也有学者对台湾的基金会进行了介绍。朱传一、商玉生《进入21世纪的中国台湾基金会》对台湾地区基金会发展历程进行了总结和对新世纪后发展未来进行了预测。20世纪60年代，台湾基金会为数甚少，70年代有所增长。1987年"解严"后获得"井喷"式发展，从几百家增至90年代的一二千家，到21世纪初已达五千余家。认为进入21世纪后，台湾基金会处于持续发展的有利形势之中，同时显示出如下的一些特征：台湾基金会从萌芽至繁荣，深受市场经济逐步成熟和全球"现代化"的影响，基金会的数量迅猛增加成为必然趋势。[④]肖扬、严安林《台湾的基金会》对台湾基金会作了全面介绍。从基金会的资金来源、管理制度以及与当局之间的关系进行分析，并以个案进行剖析。台湾基金会活动领域主要是资助和开发非营利性的公益事业，包括文化、教育、科学研究、社会救济等。[⑤]

[①] 何海兵：《我国台湾地区非营利组织的概况及发展特色》，《理论界》2006年第1期。

[②] 柯少愚、朱建等：《台湾非营利组织考察报告》，《学会》2012年第4期。

[③] 许进发：《宗教非营利组织之运作研究——以台湾地区道教组织为例》，南开大学硕士论文，2009年。

[④] 朱传一、商玉生：《进入21世纪的中国台湾基金会》，《学会》2005年第3期。

[⑤] 肖扬、严安林：《台湾的基金会》，九州出版社，2009年。

第二节　关于大陆民间组织的研究

新世纪以来，中国大陆非政府组织进入一个快速发展时期，数量从 1990 年的 1.1 万增长到 2008 年的 44.5 万。非政府组织在组织规模、活动领域和社会影响方面也都有很大的扩展。非政府组织的迅猛发展引起了国内外学者的高度关注，有些关注于理论探讨，把西方公民社会、第三部门、公共领域等概念及相关理论引入并结合中国实情进行探讨。有的关注于实证研究，有的关注于非政府组织的政治安全问题。90 年代中期以前，相关的研究活动多显分散，直到 1998 年，中国青基会决定设立和实施"中国第三部门研究项目"，清华大学非政府组织研究中心宣布成立，标志国内对非政府组织的研究进入一个快速发展时期。清华大学 NGO 研究所从 2001 年起，出版和介绍较多经典性的民间组织著作。出版了王名、胡文安著《民间组织史考》，王名、刘国翰、何建宇著《中国社团改革》，孟延春著《社会资本理论》，邓国胜著《非营利组织评估》。大陆对民间组织的研究分三个方面展开：一是公共治理的视角；二是市民社会的角度；三是公共外交的视角。

一、民间组织与公共治理的研究

民间组织参与公共管理本身就是民间组织成立的初旨，之所以成立民间组织就是为了弥补政府治理之不逮。论者们从不同的视角分析了民间组织参与公共管理的路径，有的从国际背景视角下考察民间组织参与公共治理、有的从社会资本视角下分析民间组织参与公共治理机制；有从公民社会视角下探讨社会组织参与治理的问题。[1]

关于民间组织的社会功能，学界一致的看法是：一是桥梁和纽带的作用，有利于沟通党和政府与人民的联系；二是经济建设的作用，有利于促进社会主义市场经济体制的建立和完善；三是团结的作用，认为民间组织能够整合专家学者、技术人员和管理人才共同建设国家；四是文化建设的作用，有利于弘扬传统文化，促进社会主义精神文明建设；五是有利于国际交流与合作，扩大国

---

[1]　金大明：《国际视角下民间组织参与公共治理研究》，东北大学硕士论文，2010 年；吴光芸、李建华：《社会资本视域下的区域公共治理》，《广东行政学院学报》2010 年第 5 期；李熠煜：《当代中国公民社会问题研究评述》，《北京行政学院学报》2004 年第 2 期。

际交往的渠道。[①] 王名概括非营利组织的社会功能表现为：一是动员社会资源。非营利组织动员社会资源的功能体现了社会对非营利组织的信任，其背后是人们基于利他性的公益或共益精神所采取的一种志愿行动。二是提供公益服务。此乃非营利组织公共性本质。所提供服务方式又具有很强的志愿性、参与性，是政府公共服务难以具备的。三是社会协调与治理。此体现了非营利组织所具有的社会性或公民主体性。四是政策倡导与影响。[②]

关于中国民间组织参与具体社会治理方面的论文可用举不胜举来形容。重点是在公共服务、扶贫开发、环境保护、公共危机管理、公共卫生预防与管理等方面，都有学者进行过探讨。根据 2004 年的分类，当时有学者把全国性社团分为 17 类：产业部门、社会服务与社会福利、公共事务、信息与技术服务、卫生、体育、教育、文化艺术、新闻出版、科学技术、人文社会科学、环境能源、特殊性质企业行业组织、职业组织、地区组织、个人联谊、其他组织等。[③] 那么这也意味着我国的民间组织在这十七个社会领域都发挥着治理的作用。

二、关于民间组织与公民社会发展问题

公民社会就是国家或政府系统，以及市场或企业系统之外的所有民间组织或民间关系的总和，它是官方政治领域和市场经济领域之外的民间公共领域。公民社会的组成要素是各种非政府和非企业的公民组织，包括公民的维权组织、各种行业协会、民间的公益组织、社区组织、利益团体、互助组织、兴趣组织和公民的某种自发组合等。它既不属于政府部门，也不属于市场系统，所以，人们把它们看作是介于政府和企业之间的"第三部门"。公民社会的特征是公民踊跃参与公共管理和积极参与对国家权力的制衡。[④]

公民社会既有结构性特征，又有互为表里、相互支持的基本价值或原则，即文化和价值。表现为：第一，以市场经济为基础；正如黑格尔指出：市场经济是公民社会经济生活的适当模式，市场经济即使不是公民社会的唯一特征也是其决定性特征。第二，强调公民的政治参与和对国家权力的制约。公民社会强调维护个人自由和个人权利，反对国家权力对个人自由和权利的侵犯。公民

---

① 万江红、张翠娥：《近十年我国民间组织研究综述》，《江汉论坛》2004 年第 8 期。

② 王名：《非营利组织的社会功能及其分类》，《学术月刊》2006 年第 9 期。

③ 万江红、张翠娥：《近十年我国民间组织研究综述》，《江汉论坛》2004 年第 8 期。

④ 俞可平：《中国公民社会：概念、分类与制度环境》，《中国社会科学》2006 年第 1 期；《中国公民社会的兴起与治理的变迁》，社会科学文献出版社，2002 年。

社会十分重视人民政治参与，反对政府对公共事务的垄断，要求公民和政府对公共事务进行合作管理。第三，社会的内在联系是平等自治的契约关系。公民个人与个人之间是平等自治的契约关系，各社会组织内部和社会组织之间也是相互监督、制约，它们的关系是由共同协商、让步所达成的规范来调整。第四，以非营利组织为核心载体。非营利组织不仅是公民社会的主要组织实体，也是公民社会文化价值观的倡导者和传播者。非营利组织提供了参与公共事务的机会和手段，提高了成员的参与能力和水平。正因为非营利组织是公民社会的关键要素和核心载体，帕特南才把非营利组织的发展视作为衡量公民社会发展程度的关键指标。基于同样原因，俞可平把公民社会等同于民间组织或"第三部门"。第五，遵循法治的原则。第六，倡导合作、信任与宽容。[①]

可见，公民社会与民间组织是一种相辅相成的关系。公民社会是依托于民间组织的广泛发展而存在，一个拥有广泛的、独立的、规范的民间组织的社会是公民社会发达与否的标志。反过来，一个成熟的公民社会又为民间组织的发展提供良好的社会环境。因此，王名综览学术界观点之后，从宏观角度对公民社会进行了总结：在一个社会中，各种形式的民间组织都能够得到较为充分的发展，它们作为公民自发和自主的结社形式能较容易地获得合法性支持，作为公民及其群体的社会表达形式能多渠道地进行沟通、对话、协商和博弈，公民及其群体因民间组织的存在而增加社会资本，企业等营利组织因民间组织的存在而富有社会责任，党和政府等公共部门因民间组织的存在而更加民主、高效和拥有更高的问责能力，整个社会因民间组织的存在而富和谐性、包容性、多样性和承受力。这样的一种由民间组织的充分发展所带来的社会状态，我们称之为公民社会。[②]

三、民间组织与公共外交方面

公共外交通常是由一国政府主导，借助各种传播和交流手段，向外国公众介绍本国国情和政策理念，旨在树立国家和政府的良好形象，获取外国公众的理解、认同和支持，营造有利的国际环境，以达到维护国家根本利益的目的。同样，公共外交也是中国总体外交的组成部分。由于中国政治制度、意识形态、

---

① 孙发锋：《公民社会的涵义及基本特征》，《重庆科技学院学报》2010 年第 3 期。

② 王名主编：《中国民间组织 30 年：走向公民社会（1978—2008）》，社会科学文献出版社 2008 年，第 9 页。

价值理念、文化传统等方面与西方的差异以及出于对中国快速发展的担心，一些外国政府和民众对中国的误解和疑虑不减反增，"中国威胁论"等论调在一些国家和地区仍有一定的市场。因此，中国需要动员一切民间资源，对外宣介中国的文化传统、内外政策和发展道路，解释中国和平、发展、合作、共赢的旗帜和理念。树立中国负责任的大国形象。这些民间资源就是中国的各类名人、学者以及各种类型的民间组织。他们利用各种场合和途径向国外同类人员和组织介绍中国，使中国在国际上更具政治影响力、形象上的亲和力和道义上的感召力。

关于民间组织在公共外交方面的作用，学者们的研究分两方面：一是民间组织在国际事务中的协调和抗争行动。这些研究多是从国际关系理论的视角分析政府间的国际组织的作用。如盛红生、贺兵《当代国际关系中的"第三者"》从国际关系和国际法的角度对国际非政府组织进行深入、系统的研究。作者对非政府组织的基本问题及其在当代国际关系中的地位与作用进行分析、探讨，从中归纳出一些带有规律性的认识，不仅有助于全面了解认识非政府组织理论和实践发展新动向，而且还能为中国在参与非政府组织活动、制定非政府组织政策和正确处理与非政府组织关系时提供参考意见。

国际政治不只是国家间政治，还包括大量的跨国政治和非国家间政治现象和政治空间。刘贞晔全面分析了国际政治领域中非政府组织概念的内涵特征、价值属性和目标属性。作者选取了国际禁雷组织和非政府组织国际刑事法庭联盟等重要非政府组织在国际政治中的活动进行案例分析，在此基础上，探讨了非政府组织与主权国家和国际政府间组织的互动关系，分析了非政府组织的活动在推动国家的社会化、权利政治和公益政治等新的非国家政治空间的现象，以及影响国际议事日程、促进国内政治问题的国际化和增强国际政治的合法性等方面所具有的重要作用。[①]

刘华平《非政府组织与核军控》主要研究独立于政府之外的致力于核军控、核裁军目标的非营利性组织的行为。核军控非政府组织的最大特点是不受或力求不受政府干预，独立地进行有助于推动国际核军控进程的活动。作为国内政治的压力集团，对政府核军控决策起咨询、监督、制衡的作用。作者系统考察了国际核军控非政府组织对国际核军控的谈判与条约的达成和实施的促成与监

---

① 刘贞晔：《国际政治领域中的非政府组织：一种互动关系的分析》，天津人民出版社，2005年。

督的全过程。当然，刘华平的研究还是以欧美发达国家的非政府组织的活动为主，中国虽未有这类组织，但非政府组织参与国际政治的理论是普遍适宜的。

另一方面，民间组织在公共外交方面的潜能和条件也有学者作了探索。吕晓莉《中国民间外交的基层力量》即是这方面的代表作，作者选取了八个在环保、经贸、人权等领域具有代表性的民间组织，基于对这些组织相关人员的访谈以及这些组织提供的相关资料。详细介绍了这些组织的概况、运作特征、具体的对外交往活动以及这些社会组织在当前发展中的困境。通过对这些组织的介绍，使更多的人意识到社会组织是整体外交中的重要力量，在一定程度上扮演着国家利益的积极维护者、政府间外交的友谊补充者、国家形象的多元塑造者的角色。但要想进一步发挥其积极作用，政府还要在合法性身份赋予、有效突破资源瓶颈及提高国际交往能力等方面给予政策引导和扶持。①

除了这部专著之外，吕晓莉还研究中国的非政府组织走向国际参与中国对外事业的活动领域：一是联合国系统涉及非政府组织的活动；二是重要国际多边会议的非政府组织平行活动；三是有重要影响的大型国际非政府组织活动。中国的非政府组织可在这些宣示中国对外政策和中国文化。②刘磊对非政府组织参与公共外交的主要路径作了研究，认为非政府组织可在开展对外宣传、塑造国家形象、促进官民交流、组织社会运动方面发挥作用。还可参与国际会议，开展游说活动，影响公共决策。政治游说是非政府组织在表达利益诉求的常用手段，特别是一些草根非政府组织，它们可以通过游说政府官员、民意代表等，寻求国际支持，募集国内外资源，敦促参与外交活动的主体重视非政府组织关心的议题。但另一方面，非政府组织在参与公共外交的过程中也有成为政府附庸、被消极势力利用等潜在风险。③这方面的研究成果还比较多。但对大陆和台湾地区的非政府组织的交流还比较少，只有杨丹伟对跨两岸的非政府组织进行了探索。认为在"两岸族"中成立跨两岸的社会组织，成为联结两岸个体与社会的中介组织。在两岸的公共领域也发展社会组织，能提供两岸关系发展所需求的公共产品。④

① 吕晓莉：《中国民间外交的基层力量——中国社会组织在民间外交中的作用研究》，中国政法大学出版社，2014年。

② 吕晓莉：《中国非政府组织的国际化路径研究》，《当代世界与社会主义》2012年第6期。

③ 刘磊：《非政府组织参与公共外交的路径研究》，《山东行政学院学报》2014年第9期。

④ 杨丹伟：《两岸社会组织：跨两岸社会的生成机制探讨》，《台海研究》2013年第1期。

第三节　关于两岸民间组织的比较研究

关于两岸民间组织的比较研究目前成果数量有限。明确对两岸民间组织的组织结构、管理方式进行比较的成果更是不多。学者们研究取向多是在研究大陆行业组织时再借鉴台湾的社会组织发展模式。

一、关于两岸民间组织全方位比较

全面比较的论文有贾西津《两岸 NGO 发展与现状比较》，作者利用 2002年 9 月在清华大学举办的"两岸三地 NGO 座谈会"的机会，利用港、台与会者提交的论文及其他可能搜集到的相关文献、信息，对台湾和大陆 NGO 的发展进行比较研究。希望能对大陆 NGO 的发展，及两岸 NGO 的相互借鉴、交流，提供参考。这篇论文是最早、最全面地比较两岸 NGO 发展状况的文章。作者从 NGO 的概念的差异、两岸 NGO 的分类之区别、两岸 NGO 的管理体系的差异。两岸 NGO 的分类体系中有许多概念是大体对应的，如大陆的五种基本NGO 类型中，社会团体、经济团体、基金会、实体性公共服务机构，在概念与范围上分别对应于台湾的社会团体、职业团体、基金会、特别财团法人；另一方面，二者在分类和管理上，又有一些不同的特点。这一概念的对应和差别，也是对两岸 NGO 管理体系相比较的基础。关于两岸非营利部门与公权力机构的关系。台湾或大陆 NGO 的发展都是在公权力机构密切相关的条件下形成的。台湾 NGO 的发展在"国家"机器自主性弱化的过程中进行，民间社会的发展又反过来推进了社会结构的转型。成熟的公民社会（私部门，尤其是企业）是NGO 独立自主发展的基础。因此，台湾 NGO 与公权力机构的关系是一种互动关系。而在大陆经济体制转轨和社会转型中，NGO 与公权力机构的关系更多是一种依赖关系，它们既要从公权力机构获得资源，同时也对公权力机构政策的制定有一些影响。关于两岸 NGO 的经营和管理方面。台湾"解严"后的环境，给非营利部门提供了发展空间，民众通过社会的行动，推动"立法"和组织建设的进程，更好促进了 NGO 的发展。此外，台湾社会对传统文化、宗教精神的保留、对心灵教化的认识等方面比大陆要发达，这也更有利于民间组织的可持续发展。①

郑振宇选取了台湾和福建的非营利组织进行了比较研究。之所以选择闽台非营利组织进行比较，是因为福建是大陆与台湾交往的前沿，闽台具有"五缘"关系，人员往来与文化交流非常密切。作者对闽台非营利组织的管理体制及其内部经营与管理进行了比较，并比较了闽台非营利组织外部运行特点，发现台湾非营利组织与宗教文化关系密切，有向基层化发展，为全社会提供更为细致的公益服务的趋势。台湾非营利组织注重向岛外发展，包括大陆和国际舞台，影响力不断扩大。台湾志愿者参与热情也比福建为高，包括志愿者积极的志愿行为以及向社会志愿捐赠。通过对闽台非营利组织发展状况比较研究，作者发现尽管近年来福建非营利组织发展迅猛，但与成果斐然的台湾相比，仍处于初步发展阶段，存在着整体实力、法规和制度、内部经营和管理、外部运行等方面的差距。福建应正视差距，认真借鉴台湾的经验和做法，闽台携手，共迎挑战，以促进闽台非营利组织的共同发展。②

在对闽台非营利组织进行比较研究后，郑振宇又专门撰写《台湾社会组织管理的经验、问题与启示》，探讨了台湾社会组织的管理经验与存在的问题，以期对大陆民间组织的发展提供借鉴。大体来说，台湾社会组织管理方面，理念比较先进，在制定法律规范、构建合作关系、登记管理、日常监管以及政策引导等方面都是成功的，建立了严密的管理体系、完善管理机制以及运用多样化的管理手段等。台湾社会组织管理存在的问题有法规未统一、监管体制有漏洞、政策措施需完善等。台湾社会组织管理对大陆的启示包括完善社会组织立法、整合监管力量以及发展合作关系等。③

二、两岸民间组织分类比较

徐晞《两岸行业协会治理比较及评估实证研究》专就两岸行业协会的发展进行了比较。作者利用在台湾清华大学访学期间，对台湾大量行业协会以及相关主管部门的实地访谈、调研。取得了台湾行业协会发展的第一手资料和相关数据，为进一步研究两岸行业协会发展演变、管理体制等问题提供有力的实证依据。作者就两岸行业协会的发展演变过程、立法制度、职能作用等方面，比

---

① 王名、贾西津：《两岸 NGO 发展与现状比较》，《第三部门研究学刊》2004 年第 3 期。
② 郑振宇：《闽台非营利组织发展状况比较》，《台湾研究集刊》2011 年第 5 期。
③ 郑振宇：《台湾社会组织管理的经验、问题与启示》，《探索》2013 年第 3 期。

较其差异，并借鉴台湾经验提出大陆行业协会发展的改善措施。[①]

朱双一《发展非营利组织与社会和谐——借鉴台湾的经验》，肯定了台湾各种非营利组织所从事的慈善事业在促进社会和谐方面发挥了特殊作用，成为社会生活的润滑剂。台湾在这方面所取得了丰富的经验，福建可利用与台湾的"五缘"关系，先行先试，将有助于海西更快地实现小康和现代化，同时也可促进两岸社会生活的融合，促进社会的和谐和两岸的和谐。[②]

陈萍《福建非营利组织的构建与发展——台湾非营利组织经验借鉴》，围绕非营利组织对经济社会的促进，借鉴台湾及其他发达国家非营利组织的先进经验并结合福建省非营利组织发展现实情况，提出福建省非营利组织发展的相应对策，以促进经济发展。[③]周爱萍《台湾非营利组织在大陆的行动策略探析——以台湾慈济慈善事业基金会为例》，以台湾慈济慈善事业基金会（以下简称台湾慈济基金会）为例，分析了台湾非营利组织在大陆发展所需的关键资源和掌握这些资源的社会主体，以及组织如何获取这些资源所采取的各种行动策略。台湾慈济基金会所采取的行动策略主要包括去宗教化的社会参与、去政治性的生存策略、致力开展活动，获得社会大众的广泛参与，等等。[④]

马丽《非营利组织的发展对促进两岸公民社会实现的研究》以台湾"社区总体营造"策略在推进公民社会发展起到的推动作用为例，论述台湾非营利组织的发展情况，分析非营利组织在推动民主发展上的作用。作者因从事对台事务工作，有机会与各领域的台湾同胞接触，从多角度、多方面搜集了台湾非营利组织的发展现状、当局扶助、社会贡献、民众基础等情况资料，并参阅大量岛内相关学者观点、论述及高校学术成果内容。在这些基础性研究上进而从两岸关系发展的瓶颈——民主入手，分析、归纳、研究非营利组织将有助于助推两岸关系良性互动，为两岸最终实现统一奠定基础，并对发展非营利组织提出自己的观点。[⑤]

---

① 徐晞：《海峡两岸行业协会的比较研究》，《福建工程院学报》2010年第5期；《台湾行业协会发展概况及对大陆的启示》，《亚太经济》2013年第2期。

② 朱双一：《发展非营利组织与社会和谐——借鉴台湾的经验》，《东南学术》2010年第1期。

③ 陈萍：《福建非营利组织的构建与发展——台湾非营利组织经验借鉴》，《福建行政学院福建经济管理干部学院学报》2007年第3期。

④ 周爱萍：《台湾非营利组织在大陆的行动策略探析——以台湾慈济会为例》，《江夏学院学报》2013年第6期。

⑤ 马丽：《非营利组织的发展对促进两岸公民社会实现的研究》，天津大学硕士论文，2010年。

从现有的研究文献来看，学术界对两岸民间组织进行了全面深入地研究，但尚缺乏对两岸民间组织作纵向的系统比较。本课题认为，只有将两岸的各类民间组织置于纵横比较的视野中，才能更好地理解其生成路径、资源整合方式以及行动策略等方面的差异性，并进而对新世纪以来两岸民间组织交流历史进程的内在规律性有一个更为全面的把握。

其次，在两岸民间组织生成路径、运作管理方面，学术界也存在一些研究薄弱环节，如两岸民间组织的生成路径的比较。两岸由于社会结构和政治制度的差异导致民间组织的生成路径就有显著不同，台湾以自下而上生成为主，而大陆则是以自上而下生成为主，自下而上为辅。此外，两岸民间组织的转型方面也存在着差异。民间组织成立之后，有一个随社会转型而转型的问题，大陆民间组织随着政府政策的转变其活动宗旨也相应地转变，而台湾民间组织则是随着目标的达成而不断调整其服务宗旨。关于两岸经济、文化的交流的研究也是学者研究的热门，但在交流研究中很少发现有民间组织的合作与交流。因为，无论是经济、文化领域都有其行业组织，组织化的交流更能整合更多的个人与资源的交流。

再次，对两岸民间组织的生成过程的比较可发现两岸公民文化的差异。台湾民间组织与社会运动紧密相连，多数组织是在社会运动中产生的。社会运动是人们不满政府失灵而发起的群众运动，在运动过程中，人民的公民意识被唤醒。及至运动结束，社会运动组织转型为民间组织后，随之而来的是公民社会得以实现。长期以来，台湾所发展出的公民社会与公民文化，可以说是中华文化在现代化实践中形成的可贵资产，值得大陆重视与发扬。

当前，两岸关系和平发展，经济、文化等各个领域的交流都在有序展开，两岸民间组织的交流合作成为各个领域交流的一部分。通过对两岸民间组织的比较研究，能够更好地理解两岸民间组织的生成路径、资源整合方式以及行动策略等方面的差异性，这些差异性有利于我们正确把握六十年来两岸民间组织发展进程的内在特征。以此为基础，可以为进一步推进两岸民间组织交流并完善其交流机制，提供对策参考。

第二章 传统社会两岸民间组织的同根同源

第一节 中国大陆传统的社团

中国传统社会中的结社活动和各种慈善互助行为，有着悠久的历史，这些组织被称"民间结社"。中国自古就存在着民间自发的结社组织活动，它们通常被称为"社"或"会"。从先秦到清末长达两千年时间里，中国社会几乎各个主要领域都有民间结社。通常，结社是指人们出于共同的目的，按照一定的章程，组织起来开展活动而结成的社会团体。但是，结社的"社"字，并不一定指"团体"，从"社会"辞源来看，它至少应当包括祈愿、祭祀、聚集、集会、团体五种含义。所以，"结社"可以理解为人们以一定的组织形式，开展特定的活动。在观察中国历史上的结社现象时，需要特别注意"活动"与"组织"这两个方面，前者侧重于其活动的领域、地区、时代、影响等，而后者则侧重于其名称、规模、构成、功能等。古代民间组织类型有慈善类团体：善会和善堂；互助类团体：合会；工商类团体：行会、会馆、商会；文化团体：诗文社与讲学会；政治团体：朋党；宗教团体：会党。

一、中国古代慈善组织

春秋战国时期，"善人"大多以个人为主体，以赈济为手段，在路上设食救济饥民。这些早期救助，属于临时行为，并未形成一种长效机制。魏晋时期，佛教兴起，它促使慈善行为由自发变为自觉，摆脱了应急性、个人性的特点，第一次有了清晰的文化理念。佛教创立了许多延续至今的重要慈善理念：如悲田、福田思想，以这些思想为指导所产生的广泛存在于佛教寺院中的慈善组织成为当时最有代表性的慈善组织。

宋代出现的"义庄"成了慈善组织发展史上第一件具有里程碑意义的事件。"义庄"是一种家族事业，宋仁宗皇祐二年（1050 年）由政治、文学家范仲淹创立，主要作用是救济族中贫困无告之人，为本族贫寒子弟设立义学，对于遇到天灾人祸或者婚丧嫁娶等大事的人实施临时求助。其后，范氏义庄受到其他家庭的认可和效仿。义庄体现了中国传统宗族观念的现实影响，表达了儒家"达则兼济天下"的理想。

慈善组织发展史上第三次飞跃发生于明末清初。"明末民间慈善组织之中以同善会最为突出"。最早出现的同善会，为杨东明于万历十八年（1590 年）在河南虞城建立的。同善会（筹募善款和其他救助）、会馆（救济同乡）、清节堂（救助贞女孀妇）、族田义庄（救助族人），这些都是当时民间慈善组织发展的硕果。明末清初出现的民间慈善组织，是最接近现代意义上的"慈善"，代表着中国古代慈善组织发育的最高点。

二、互助团体——合会

合会是中国古代民间的一种互助型的经济合作制度，或为以救济会员为目的的民间金融组织，或为通过合作共同负担地方事务的团体。中国人素重伦理，"朋友有通财之谊""缓急相济""有无相通"，历来是同姓宗亲经济往来的一条道德准则，是符合"义"的，此种"通财"，最简单的是发生在两人之间，即所谓的借贷或无偿的周济，赠送。倘若聚集多人，互相济恤，有相当的约束规则，就构成了"合会"。合会是江南一带的通行名称，吴方言中"合"有"邀""约"的意思，所以名之为"合会"，应是从集会的角度而言。对于合会的名称，各省不一，王宗培就曾提到："江南通行之合会，俗称曰蟠桃……各省名称，亦因地而异。如集会、邀会、聚会、请会（山东）、打会（安徽）、纠会（浙东）、约会（湖北）、做会（广东）、赊会（云南）等皆是也。"① 当然，这仅是用词不同而已，本质仍然是相同的，王宗培将它们统称为合会。

合会的基本动作方式：即由一位需要金融或财物支持的人（会首）邀请若干人参加作为会员，约定每期应为给付之金钱或财物（稻谷、白米之类），集成一笔会金首先给付于会首，嗣后即以约定之方法（预定、抽签、投标等）先后给付于各会员，直到全部会员均得到给付后才结束。

---

① 陈宝良：《中国的社与会》，浙江人民出版社，1996 年。

合会兴起的原因：1. 社仓、义仓流于形式。2. 平民贷款机构不完备。3. 高利贷过分盘剥。4. 民间储蓄机构不发达；5. 遇到自然灾害或婚丧大事普通平民无法独立承担。

合会的意义：合会的兴起，其本意是秉持一种互助精神来共同解决自力不能的大事，并协办帮助平民给付官府赋税的征收。从某种意义上说，它是中国民间的一种互助精神，并从根本上改变了农民分散的势孤力单的局面，使平民组织成为一个互助的利益相关体，共同抵御天灾人祸。同时，合会的出现，养成了一种乡里互助之风，善风由此大炽，再通过社庙的会饮以及宗族家族内的集资义祭，给乡里社会蒙上一层温情的面纱。

三、工商团体

中国工商业者中很早就有行业性的结社，这就是行会、会馆与商会。中国商业性行会组织，大约从唐代已经形成行会。唐初，依靠政府行为建立行会制度，主旨在于通过诸"行"行首贯彻法令，协助官府向业户征收赋税、科买、定价等。中国行会制度的这一传统，一直延续到明末清初。也就是说，中国行会从其形成一开始，便兼有协办和代行政府某些行业监督职能的性质。在唐、宋朝的市肆中出现了"行"，行业组织为首者有"行头""行首""行老"之称。但在明代之前，我国商人的活动大多是单个分散的，没有出现具有较为固定联系的商人群体，即有"商"而无"帮"。明代中叶后具有龙头作用的行业在一些地区逐渐兴起，传统"抑商"政策的削弱，商人地位的提高，人们从商意识的转变，其必然的结果之一就是在全国各地出现了不少商人团体——商帮。这些商帮作为中国行业组织雏形，一直维持到清朝。在清朝康乾盛世后各地出现了许多手工业行业组织，同时，商业行会，或称"公所"等应运而生。

传统的行会只是商人之间松散的团体，无固定的聚会场所，不过凭行以示区分而已。相对于行会而言，会馆的崛起，则使商业团体无论在规模上还是组织结构上，都前进了一步。会馆的产生是基于传统社会人口流动而又思念乡土而产生的。处于异乡的来自同一个地区的人员自发组成互助共同体，并集资建立起定期或不定期聚会的场所，在集会场所奉祀乡土神及行业神，并做一些公益事业，于是形成了会馆（公所）。当代学者王日根给会馆的定义是："会馆是明清时期异籍同乡人士在客地设立的一种社会组织，它适应社会的变迁而产生，又不断改变着自己的形态，在对内实行整合的同时，又不断谋求与外部世界的整合。在会馆的演进过程中，不但存在着时代发展的阶段性，而且又包含了地域发展的差异性。"① 会馆大致有三类：

第一种类型是科试会馆，或称官僚会馆。它的背景是科举制度。各地在京的会馆，每临考试前后，提供同乡士子食宿，向应试弟子提供考试资助。同乡中的高官姓名也被展示于会馆中。科试会馆是激励同乡子弟和拉拢同乡关系的一个重要场所。

第二类是移民会馆。在四川、两湖、江西、东北、台湾等地都有移民会馆。清代"湖广填四川"，迁入四川的移民，以四川移民会馆最多。以绵竹县为例，该县外籍移民集中，有会馆 31 所，其中县城 5 所，其余分布在各乡场。② 这些会馆多以宫、庙、寺、观等乡土神庙形式出现，庙内有戏台建筑，节庆日祀神，演地方戏，以此联络乡情。移民建会馆的动机出于团结原籍乡人，把移民地区的土著人排外，这是一种自我保护和求生存的机制。移民会馆的另一个功能成为联结乡情"乡土之链"。③

第三类商人会馆。明清之后，由于商人力量的崛起，商人为逐利而周游天下，在商业繁华之处设立会馆。在客地经商的同籍商人，为了减少生存与发展的困难，依靠同乡团结互助，成为普遍现象。他们集资建立起聚会、娱乐、祀神的场所，这便是商人会馆。近代以后，同一城市，同一行业的商人，组建了规模稍小的场所，这种组织又叫"公所"。会馆规模较大，偏重地缘；公所规模较小，偏重于业缘。

1. 会馆向同乡会的演变

随着商会的兴办，传统的以地缘为纽带的会馆也向近代化转型。在上海这样开放的工商大都市，各地同乡会取代了会馆。如，广东旅沪同乡会、徽州旅沪同乡会等。同乡会与会馆不只是名称上的差异，其实质同乡会较会馆更趋于现代化。其区别：第一，会馆的建筑形式模仿故乡建筑样式，以增强同乡或商帮的凝聚力。同乡会不讲究故乡建筑，有的甚至租借房舍为办公处。第二，会馆均有祀神的庙堂，庙堂对面是建有戏楼，供演戏祭神和同乡商帮集会时娱乐。同乡会则演变为崇拜乡土名人，庙堂悬挂着故乡名人。第三，会馆的成员一概是工商业者组成，上海尤甚。而同乡会的成员虽以工商界人士为主体，但其成

① 王日根：《乡土之链：明清会馆与社会变迁》，天津人民出版社，1996 年，第 29 页。
② 民国《绵竹县志》卷 12《祠祀》。
③ 王日根：《乡土之链：明清会馆与社会变迁》，天津人民出版社，1996 年。

员不受限制，也有学界和其他职业者。第四，会馆在组织制度上，其权力集中于创办的董事手中，甚至还存在世袭制。同乡会普遍规定以会员大会或会员代表大会为最高权力机构。同乡会还规定女性同籍公民均可入会，不像会馆成员一律男性构成。

2. 商会的兴起

清朝末年，义和团运动之后，清政府面临着空前的统治危机，财政上出现严重的亏空，军队腐朽不堪一击。以慈禧为首的清统治集团认识到必须改弦更辙才能挽救统治危机，他们结合当时形势再吸取戊戌变法时维新派的一些政纲，推出了"新政"。"新政"的重要内容即兴办实业、实行商战。在中央设立商部，统一领导实业，鼓励商人创办商会，避免内耗，一致对外，巩固利权。

1904 年初，清政府颁布《商会简明章程》二十六条，谕令各省设立商会，规定："凡属商务繁富之区，不论系城系埠，宜设立商务总会，而于商务稍次之地，设立分会。"①商会章程颁布后，各地纷纷照章成立商会。上海绅商于这年年初，在商业会议公所的基础上改组设立上海商务总会，修正章程。这是中国近代最早的商会。该会"修明章程"，推举严信厚为总理，徐润为协理，周金箴为协办。②同年底，天津商务公所也改组为天津商务总会。此后，全国各通商大埠和重要城镇相继创立商会，外洋各埠的华侨商人也纷纷创设中华商务总会，仅 1904 年就创立了 6 个商务总会和 23 个商务分会。1905 年，全国共创设商务总会和分会约 70 个。而次年，一年之内所设立的商会就达 108 个。

由商人会馆、公所演化而成商会，是商人社团一种质的飞跃。商会出现之后，其宗旨和目标更加明确："商会者，所以通商情，保商利，有联络而无倾轧，有信义而无诈虞。"就过去的商业公所而言，不过是地区性的商业联盟团体，而商会则是全国性的资产阶级法人社团性质的社会团体。商会作为全国性的工商统一组织，自总会、分会乃至更低一级的分会之分会，从属关系相当明确。就组织机构和管理制度来看，商会管理人员的选举更具有民主色彩，凡商会之会董、执监委员"皆由商家投票公举"。各行有代表一人，每月初一、十五均需到会议事。可见，商会是资产阶级法人社团性质的商人组织。商会成立后，原来的商人会馆、公所都纳入商会的系统内，成为商会的基层组织。

自清末以来，商会无疑是实力最强的社会组织。商会除管理商人经营的行

① 《商部奏定商会简明章程二十六条》，《大清光绪新法令》第十六册。
② 《上海总商会概况》，上海总商会 1928 年编印。

业性事务外，还肩负着社会公益事务，民族利权的维护等事务。

3. 各种民族主义社团

1931 年"九·一八事变"之后，日本占领了东三省，接着又觊觎华北。为了掠夺中国的资源，日本在中国华北采取倾销政策，拟垄断和控制华北市场。由于国民政府多次修改税制，进口税率比较高，日本倾销政策收效不大。因此，在本国政府暗中支持下，一些日本浪人扩大了在华北地区从事走私活动。随着1933 年热河沦陷和冀东伪政权的建立，日本走私遂由沿海商埠延伸至长城沿线，走私规模也与日俱增。在东北和华北地区走私活动十分猖獗。走私的货物有人造丝、卷烟纸、砂糖、纺织品、石油及玻璃、食盐、海产品、罐头食品、脂粉、香水等杂货，尤以前者五大项走私数量最大。① 这些走私活动不仅侵犯了中国的国家主权，而且直接侵蚀了中国的财政基础，对社会经济和国民生活造成了严重的影响。为维护国家主权和恢复经济发展，南京国民政府不断向日本提出强烈抗议，同时也采取了相应的缉私行动。潮水般涌入的私货不仅冲击着各地的市场交易，也沉重打击了当地民族工业的生产。

在反走私活动中，商会一方面与政府一道抗议日本的走私活动，当抗议无效后，商会协助政府呼吁政府分行缉私法规，国民政府在商会等社会团体的帮助下颁行了《防止路运走私办法》《惩治偷漏税暂行条例》《稽查进口货物运销暂行章程》《缉获私货从优给奖办法》等缉私条例。除了这些行动之外，商会还积极联络社会各界组织缉私团体。组织缉私团体，凝聚民间力量是商会防止走私的重要举措。1936 年 6 月 26 日，上海市商会特设检私委员会，专门负责缉私事宜。汉口市商会成立"汉口市商界缉私协会"；重庆成立"防止运销私货委员会"；1936 年 7 月 20 日，13 家县市商会代表，决定在各地商会组织的基础上组建"中华民国各地检私委员会总会"，制定了工作纲要和办事细则，任务是协助政府，指导各地商会查缉漏税私货，维护正当商品之运销。1928 年 5 月，中国各地成立"反日会"的民众团体，"反日会"初是各地独立组织，后组成全国总会。1928 年 5 月 7 日，上海总商会、商民协会、农民协会、学生会、妇女协会等 21 个民众团体，在上海成立"反对日军暴行委员会"（简称"反日暴行会"）。1928 年 8 月 15 日，全国反日总会将各地反日民众团体，统一改为某地反日会，同时派代表赴各地组织分会。②

① 袁成亮：《试论抗战前日本华北走私及其影响》，《苏州大学学报》2009 年第 1 期。
② 周斌：《1928 至 1929 年的反日会》，《近代史研究》2004 年第 2 期。

除了"反日会"之外，还有许多民族主义社会团体，如"中华国民拒毒会"等。"拒毒会"由30多个团体联合组成的，这些团体的骨干有商会、教育、宗教、卫生。领导成员则由商会的执行委员充任。

"拒毒会"自1924年成立后，开展了多种形式的禁毒活动。活动内容有：第一，作为一个民间组织，"拒毒会"向政府呼吁、建议，促使各级政府采取更积极的禁毒措施。因"拒毒会"影响力大，领导成员又具有一定的社会地位，所以对政府的决策起到了很大的影响作用。"拒毒会"还通过它在各地的分会，监督各地禁烟禁毒进展情况，向各级政府施加压力，使禁毒工作在全国普遍展开。第二，调查毒情。"拒毒会"为了及时掌握全国各地的毒品泛滥情况，曾派人到各地甚至海外调查毒情。他们发放调查表，并且通过其他组织进行调查，掌握了大量的第一手材料。"拒毒会"的干事曾到过北京、张家口、山东、安徽、厦门、长江流域各省。编辑了《中国烟祸年鉴》《全国烟祸特刊》等，公开发布各地毒况。第三，"拒毒会"除了向政府施加影响，更组织了广泛的禁毒宣传活动。其主要形式有：出版刊物；编辑图书；组织"拒毒日""拒毒周"；召开大会、组织演讲、举行全国巡回拒毒活动广泛宣传禁毒与戒毒。并且开展对外宣传，开展国际禁毒合作。"拒毒会"出版的《拒毒》月刊，共出版了100多期，在当时是中国最有影响力的禁毒刊物。《拒毒》月刊内容丰富，刊载的文章质量高，且图文并茂。内容包括各种法规、新闻通讯、学术文章等，更包括一些与禁毒有关的小说、诗歌、散文等文学作品。随着全国范围抗日战争的爆发及上海的沦陷，"中华国民拒毒会"不复存在。

第二节　台湾传统的民间组织

台湾自古即为汉人所开拓而成为中国人生活的领域，只要有中国人在海内外生活的地方，就会成立一种或多种社会组织。所以，随着汉人的入垦与开发，台湾移民便从大陆移植各种必需的社会组织，使得台湾传统的民间组织成为大陆民间社会的延续。台湾民间组织有宗教组织、血缘组织、地缘组织、趣缘组织、秘密社会组织等。学者均认为，台湾有关传统中国的民间组织乃是依据血缘、地缘、业缘、宗教信仰、经济需要、共同兴趣等关系而组成的。这些组织都包含了中国文化的精髓，乃是中国传统文化的一部分，在过去的台湾社会与政治、文化等变迁、重整、组合等过程中，发挥了极大的缓冲力及稳定社会的作用，在三百年台湾开发史中，使得中国传统文化深植于每一个台湾同胞心中。正因为台湾中华文化的韧性，虽经历日本同化政策仍能不衰。回顾台湾历史，可看出台湾传统的民间组织与大陆有很深的渊源关系。

一、神明组织

宗教组织在早期台湾以神明会为代表。神明会是专为祭祀神佛而设立，多由同乡、同姓、朋友、读书人等志同道合的者组成，其范围有广义神明会与狭义神明会之分。广义神明会乃是民众组织的团体以崇奉神明为目的，均可归为神明会，如同业公会、祖公会、父母会、村庄庙等均可称为神明会。狭义的神明会，则仅限于特定神明为主要崇拜对象，并由特定多数人所组织的团体。神明会均以崇拜某特定神明为主要目的，除此之外，可以增进会员间亲睦、友善的现世作用。

神明会以崇拜特定神明为主要目的，由特定多数人所组织成的团体。以崇拜物定神为目的，用以整合更多的人为一个中心。这是以人为中心的社团性质神明会；还有的神明会置有一定田产，用维护神明会的开销，这种会稳定性比较强。

设置神明会的主要动机或目的有哪些？祈求平安和避免灾难是神明会的首要目的。台湾垦辟之初，自然条件恶劣，既有瘟疫的肆虐，又有土著或其他族群的侵害。因此，无上的神明是他们获得精神慰藉的源头。另一个重要功能就是为处理纷争或共有地，以及处理共同财物的需要。当人们遇到纠纷时，一时难以断明，就请神明来进行神断。

表 2-1　台湾宗教组织

会名	地址	所祀神灵
圣母会	台中	妈祖
德兴会	桃园	福德正神
福仁季	桃园	开漳圣王
土地公盟	台北	福德正神
云台社	台北	大师公
孝义堂	台北	观音

续表

会名	地址	所祀神灵
敬义阁	台北	文衡圣帝
树人书院	台北	文昌帝君
圣王公祀	桃园	开漳圣王
聚奎社界	台南	文昌帝
五谷王	阿猴	五谷大帝
三界公	桃园	三官大帝
金联兴	台南	神农大帝
和义记	新竹	三山国王
聚奎阁	嘉义	文昌帝

神明会之追求生命与财产安全乃是设会之最初愿望。先民垦台之初，官方政治力量尚未稳固，地方治安尚未安宁，垦拓民为了维护生命及财产之安全，便企求自卫团体，而台湾开拓的形态以地缘关系之同祖籍与血缘关系之同宗族渡海来台的群体最为普遍，此种条件更易于促成团结与组织之出现。因此，宗教信仰与宗教组织二者相互为用，乃造成台湾的宗教团体与其他各种民间组织之特别盛行。当汉人社会逐渐推广，而政府的司法权却未能同时树立之际，一般社会上的冲突也就多由原始地方自治单位自行解决。直到1895年日本占据台湾后，推行同化政策，强迫台湾人民信仰日本神明，台湾的神明组织有所衰落。

二、地缘组织

人类社会一般以初级群体为维系的纽带，当一个社会成员日多，范围日广的情况下，血缘关系难维系的时候，地缘关系就会取而代之，成为社会整合的纽带。从台湾垦辟的过程来看，最初来台的垦民以闽南、粤东的家族为主。随着从大陆来台的垦民越来越多，各地垦民杂处共存，冲突与合作也是时常发生。当一个人迁移到别地区以后，原来所居住的地方就成了故乡，成为思念的对象，在风俗习惯不同而陌生的新环境里，同乡的意识更为强化。尤其在亲人人数稀少的情况下，同乡之间就自然结成一个同乡的组织，同时也是为了团结力量，共同应付自然灾害和其他族群的侵害。这种由祖籍地缘到新的社会圈，便形成了同乡地缘组织。这类地缘组织名称有会馆、村落、公庙等。据民国时期的调查，台湾民间团体总数有 5993 个，依地缘关系所组成的团体有 3631 个，占总数的 60.5%。[①]

会馆是一种同乡的地缘组织，以团结乡人，保护乡人，促进乡人互相济助为目的。因此，会馆都有一定的规约。规约在慈善工作、经济互助、调解纠纷方面都有详细细则。为了整合同乡情感，会馆内都供奉着家乡的守护神或同乡的先贤先辈。会馆都置有会产或田产，其收入相当可观。在现代银行业兴起之前，会馆实扮演了钱庄的角色，以帮助在外遭遇困境的乡人。

在台湾一些开发较早且较繁华的城市都建有很多会馆，见下表：

表 2-2 台湾市镇所建会馆

城镇	会馆
台南	银同祖庙（同安人）；潮汕会馆；两广会馆；三山会馆（福州）；浙江会馆；安平五馆（提标馆、闽安馆、海山馆、金门馆、烽火馆）；桐山营公寓。
鹿港	金门会馆；泉郊会馆；厦郊会馆
彰化	三山会馆；汀州会馆；
台北	金门会馆；汀州会馆；
澎湖	妈宫城四馆（驻军同乡组织）；烽火馆；实业会馆（台厦郊的会所）

三、金融互助的合会组织

与大陆一样，台湾也有金融互助的合会组织，台湾的合会俗称会、会仔。意指钱会，比较盛行的方式有摇会、标会及摇干会，都属于金融性质之合会；其他尚有属于保险性质的父母会。以上各类合会，有助于平民金融调剂并纾解危困。这些合会完全是以人信用为基础，加之以情感。农业社会，民风淳朴，故少有倒会之事。当台湾经济起飞之后，台湾已成为高度发达的工商业社会，人口流动性大，社会民风崇尚功利而乏信义，会员之间缺乏了解。尤其在城市，很容易发生流弊，倒会之事经常发生。随着现代金融业发展，合会渐渐消亡不存，但在此前，乃是台湾的重要民间组织。

[①] 周宗贤:《台湾的民间组织》，幼狮文化事业公司，1986 年，第 107 页。

四、日据时期的民族主义组织

关于台湾近代及以前的民间组织我们择其要者作如上介绍。1895 年，《马关条约》之后，腐朽无能的清政府被迫割台湾给日本，台湾民众经过激烈的抗争之后，终于沦陷入日本殖民者手中。

为了同化台湾人，把台湾拖入日本发动的战争体制，日本台湾总督小林跻造发起了"皇民化运动"。"皇民化"的核心内容在于同化台湾同胞，摧残中华文化，消灭台湾人民的民族意识。同时，处心积虑地灌输大日本臣民意识，要从思想上消除台湾人民的祖国观念，使台湾同胞具有日本皇国精神。强化台湾同胞为日本皇国牺牲的决心，变台湾人为其侵略战争的人力资源。

"皇民化运动"实际上是日本殖民者的一种民族同化运动。粗暴地侵犯和践踏台湾同胞十分珍视的民族文化传统和民族独立精神，破坏了台湾同胞世代相传的宗教信仰和生活习惯。其根本目的是要消除中国文化在台湾的主导地位，改造台湾中国人的人性，进一步改造台湾的中国人对中国文化、中国历史的认同感。

"皇民化运动"不仅是从语言、文字上做文章，宣扬"日式文明"，还强迫中国人从生活习俗、宗教信仰、文化艺术、时令节气等方面向日本方式看齐。为减少中华民族的色彩，日据当局下令禁演传统的布袋戏、歌仔戏、歌谣，禁止汉文文学作品，组织演唱戏剧、青年剧、日本军歌等，"灌注大和魂"，宣扬日本精神、日本军威、国体明证、大义名分等。

所以，日本殖民者推行"皇民化运动"是为了挖掉台湾人身上的中国根。它不仅残酷地压榨和掠夺台湾人民的经济资源，还极其野蛮地侵犯和践踏了台湾同胞十分珍视的民族文化传统和民族独立精神，破坏了台湾同胞世代相传的宗教信仰和生活习惯。不仅如此，"皇民化"作为一种复杂而残忍的"洗脑"机制，它对于台湾人民的精神荼毒与戕害，更是遗患于后世。随着日本的战败，"皇民化运动"也就最终消失。

"皇民化运动"遭到广大台湾人民的普遍抵制。就在"皇民化运动"甚嚣尘上的时候，台湾民众中许多人的祖国意识、民族意识、反日情感并未泯灭，他们仍然暗中学习汉语，不少家庭仍然聘请中文教师给自己的孩子传授中华民族的传统文化。公开场合不得不讲日语，但回到家后人们还是用闽南话交谈。殖民当局推行的更改日式姓名的运动也遭冷遇。中国传统的祖宗崇拜依然在民间悄悄流行。中国传统的节日、婚丧嫁娶也沿旧风，不因日人取缔而废止。《台湾文学》杂志不断发表祖国大陆作家的作品，不少作家坚持用中文写作，吴浊流的反战小说《亚细亚的孤儿》就是其中的代表。日本在台推行的"皇民化运动"从根本上讲是失败的。日本末任台湾总督安藤利吉也承认："台湾人虽已受日本统治四十余年，至今风俗习惯、言语信仰等方面却仍袭旧貌，不轻易抛除汉民族意识，且视福建、广东为其父祖之地，深具思念之情，难于拂拭对祖国的情感"。"能同化有几千年历史传统的几百万人之民族，是对绝没有先例的"。①

为了对抗"皇民化运动"，台湾士人结成各种社团来保存中国文化，传统"诗社""文化协会"即是其代表。台湾精英结成诗文社由来已久，早在清初就有爱好吟诗的士人结成团体，互为唱和。清代台湾诗文可追溯到明郑时期。明郑时期是台湾诗文社创立时期，重要诗社有"海外几社""东吟社"，这时的诗社成员主要是明遗民，这些诗社对台湾文教事业的发展有很大影响。清朝统治台湾后，乾嘉时期，嘉义优贡生陈震耀等在台南创办了"引心文社"。嘉庆二十五年（1820年），陈廷玉在台北创办了聚奎社。道光至光绪割台期间，由于大陆移民定居日久，加上清政府的鼓励，科举逐步兴盛起来，诗文结社愈发增多。

日占台湾后，最早的文化诗社是1902年成立于台中雾峰的"栎社"，由林朝崧所倡。"栎社"几乎网罗了台湾中南部能诗之大家，诸如林朝崧、林幼春、庄太岳、连横等负盛名的诗人都是"栎社"社员，他们的集会带动了台湾中部的文学风潮，共结诗社的行动也凝聚了台湾文人致力保存汉文化的信念。

继台中"栎社"之后，连横、蔡玉屏等人在台南又成立了"南社"。连横在《台湾诗社记》中记录了"南社"成立的因缘：

"余归自沪上，乡人士之为诗者渐多，而应祥忽没，乃与瘦云、吴枫桥、张秋浓、李少青等结浪吟诗社，凡十人。月必数会，会则赋诗，春秋佳日，复集于城外之古刹，凡竹溪、法华、海会诸寺，靡不有浪吟诗社之墨渖。朋簪之乐，无过于斯。乃不十数年，相继徂谢，今其存者惟余与蔡老迂而已。回首前尘，宁无悲痛。始丙午科，余以社友零落，复谋振起，乃与瘦云邀赵云石、谢籁轩、邹小奇、杨宜绿等改创南社。"

由此可知，"南社"前身是连横等人所创的"浪吟诗社"。"浪吟诗社"是小

型文友团体，改创成"南社"后，不但社员人数增多，且一跃而成南台湾诗坛的执牛耳者，成员包括今台南县市、嘉义等地区诗人，每月拟定课题征诗唱和，一时声气颇盛，成为台湾南部文人的重要活动中心。南社成员众多，老中青三代都有，且大家辈出，既有前辈诗人丘逢甲、施士洁，又有正值盛年的连雅堂、胡南溟、蔡玉屏等。南社中青年文学成就最可述者要算连横（连雅堂）了。

台北的"瀛社"虽成立于1909年，但后来居上，由谢汝铨、林馨兰倡首。成立之初，社员约八十人左右，其中领有秀才以上功名者即达二十余人，其他亦皆岛中硕儒。洪以南被推为首任社长。嗣后亦有闽省俊彦及旅居日本侨商慕名加入，可说是济济多士。

这一时期的社团还具有明清以来的趣缘社团的性质。文人雅士经常聚会，给聚会起个诗性名称，大家定期聚会，交流自己的创作所获与心得。

历史进入20世纪之后，随着帝国主义对世界殖民地瓜分完毕，被压迫民族的民族主义也开始觉醒，朝鲜、印度等殖民地都发生了民族主义运动，史称"亚洲的觉醒"。与此同时，也即20世纪初期，祖国大陆掀起了"新文化运动"，古典汉文学逐渐式微，小说、散文、戏剧都开始使用白话。旧体诗因其格律的限制，难以抒发人们强烈的情感，渐渐不被新一代读书人所使用。台湾受大陆"新文化运动"的影响，传统诗社的成员越来越少。但并不是说新知识分子就淡忘了台湾历史，相反，新台籍精英爱国热情已超出了传统的种族之分，而是民族主义和新文化运动的结合，部分人还接受了阶级观点。他们更加注意组织文化社团，此时的社团与纯粹的诗社有所不同，一是注重研究中国文化，以保持台湾与大陆的文脉；二是带有一定政治色彩，有着政治动员的作用。1920年之后，台湾同胞的反抗日本同化运动，多以社团组织形式进行。这一时期所成立的，其中最有代表性的社团为"台湾文化协会"。

表2-3　日据时期的台湾文化社团

社会组织	发起者	成立时间	地点	宗旨
同化会	板垣	1914年	台北	加强中日合作，共同抗拒白种人，善待台湾人。
高砂青年会	留日学生	1912年	东京	同乡会基础上成立青年团体。
启发会	林献堂、蔡惠如	1919年	东京	台湾人是要选取何种政治形式来解放从来之桎梏以引导至解救。

续表

社会组织	发起者	成立时间	地点	宗旨
声应会	林呈禄、蔡培火	1919 年	东京	取"同声相应"之义，响应"启发会"所倡。
六三撤废期成同盟	林献堂	1918 年	东京	要求撤销 1896 年公布的六十三号法律，此法乃保护在台日人及官吏特权的恶法。
新民会	蔡惠如	1920 年	东京	研究台湾所有应予革新之事项，图求文化之发达。
台湾议会	蒋渭水、蔡培火	1920 年	台北	在殖民体制内寻求参政，寻求有限的地方自治。
台湾文化协会	蒋渭水、林献堂	1921 年	台北	"助长台湾文化之发达"；"自助的启蒙文化运动，谋求台湾人的社会解放与文化提高"。

在此我们重点介绍一下"台湾文化协会"的特点。台湾文化协会是当时规模最大，影响最广的文化政治组织。台湾文化协会的一个重要特点是它覆盖全岛。上述的诗社和文化团体都有一个共同特点，就是分散性，也就影响了它的抗争力。为了抵制日本的同化政策，台籍精英认识到需要组建一个全岛性的文化社团，于是，覆盖全岛的"台湾文化协会"就应运而生。也是日据时期台湾影响最大的全岛性的文化组织。

第二，台湾文化协会有明确的宗旨。"文化协会"成立的首要目标即以"助长台湾文化之发达为目的"；"自助的启蒙的文化运动，目的是在谋台湾人的社会解放与文化提高，平时的工作，则在各地召开讲演会；并且成为唯一而全部台湾人民族运动的团体。"然而文化协会的真正目的，或曰真正使命是要借文化启蒙来唤醒台湾同胞的民族自觉，促使台湾同胞在被异族统治下的种种政治压迫、经济剥削、文化消灭、社会同化及民族沉沦等方面的觉悟，培育出台湾民众民族自决的勇气，最终脱离日本殖民统治。

第三个特点，台湾文化协会的成员覆盖台湾各界精英，成员的职业也比较全面。这些精英包括地主、学生、公务员、医师、律师、资本家，甚至有不少的"御用绅士"，在协会刚成立阶段即拥有一千多名会员。组织结构分总理、协理、事务理事、理事。其中，事务理事相当于常务理事。从理事会成员来看，他们的职业主要是地主、医生和记者，平均年龄在二十至四十之间。地主阶层提供了他们拥有的地方宗族势力，并以他们的地位和声望来号召群众，且在活动资金上有一定的支持能力。而医师因职业关系与民众接触的机会多，民报记者群则从事文化宣传工作。他们在制造舆论，唤醒民族意识，揭发日本统治罪恶方面发挥了重要作用。

　　台湾文化协会为贯彻其宗旨，开展一系列活动，经常举办各种文化演讲，涉及台湾历史、中国文学、通俗法律、西洋通史、新闻学、社会学等。还组织文化剧团下乡演出，唤醒台湾民族意识。成为推动全岛新文化运动的中心。在台湾文化协会的影响和指导下，台湾各地又成立了许多新的青年团体，见下表：

表 2-4　日据时期台湾的青年团体

组织名称	成立时间	宗旨	发起人	人数
台北青年会	1923.7	图谋地方文化发达，奖励体育及会员彼此之相切磋和亲睦	翁泽生	
台北青年体育会	1923.8	专为谋求体育之发达	杨朝华	100
台北青年读书会	1923.9	会员间的亲睦切磋之宗旨	郑石蛋	30
草屯炎峰青年会（南投）	1924.10	团结中坚人物，为指导社会起见	洪元煌	105
通宵青年会（新竹）	1925.3	图社会文化之发达	陈发	40
大甲日新会	1925.10	研究地方各种问题，而促进地方的改良、发达	郭戊己	34
基隆美丽也会	1926.5	研究思想	邱德金	40
彰化妇女共励会	1925.8	世界潮流须以女界觉醒，组织团体研究学问，贡献社会。	杨咏絮	40
嘉义台湾诸罗妇女协进会	1926.7	改革家庭，打破陋习，提倡教育，修养道德及图妇女社会地位向上（提高）	许碧珊	30余
宜兰青年团	1924.8	巩固团结，尊重人权		
基隆平民俱乐部	1927.1	补助贫民、参与社会公益活动	邱德金	100
台北励学会	1924.6	切磋学术，修养品格		
苑裡青年读书会	1926.11		陈南辉	
梧棲青年会	1924.8	从事风俗改良		
彰化青年读书会	1926.9	研究学术，交换智识		20

续表

组织名称	成立时间	宗旨	发起人	人数
埔里青年会	1924			
台南丽明俱乐部	1925.8			

资料来源：林柏维《台湾文化协会沧桑》（表格格式有改动）。

回顾 1949 年之前台湾社会结社情况，可以看出台湾传统的社会组织多是移民从大陆移植而去。这些社会组织成为中华文化在台湾的构成部分。其后台湾受到日本半个世纪的殖民统治，台湾的知识精英组建了许多文化研习的社会组织，用以对抗日本的文化同化政策。

比较 1949 年之前的台湾和大陆的民间组织发展情况：

第一，明清时期的台湾的合会、休闲类民间组织都是移民从大陆移植过去的。台湾的宗族社会组织都与大陆相一致，这从一个侧面说明，台湾的文化是中国文化的一部分。

第二，大陆与台湾都遭受到日本帝国主义的侵略，台湾甚至完全被日本占据。两岸的中国人都建立了形式不同反日组织。1895 年，日本占据台湾后，台湾人民奋起反抗。1910 年之前的反抗，以武装斗争为主。在这些武装斗争失败之后，台湾的精英分子转而从文化领域抵制日本殖民者的同化政策，他们以学术研究为由组织文化社团，这些社团中以"台湾文化协会"最为著名。而中国大陆的反日组织以商会领导的抵抗日本经济侵略的社会组织最具特色，其成员以工商业人士为主，如以抵制日货为主要目标的"反日会"；以抵制日本鸦片走私的"拒毒会"为代表。由于日本占据了台湾的经济命脉，台湾的资本主义发展并不充分，商人组织不是很发达。因此，台湾的反日组织都是乡村士绅和公职人员领导。如"台湾文化协会"的领导者，林献堂为台中的地主，蒋渭水是医生。

第三章 对峙时期两岸主要的民间组织

1949 年，国民党政权退据台湾，为了稳固最后据点，国民党在岛内实行严密的控制。但为了获得"美援"和应付大陆去台的自由主义知识分子对民主自由的聒噪，国民党实行威权主义统治，允许社会有一定的活动空间。因此，这一时期，台湾还有少量外部输入的社会组织及部分基金会之类的组织。除此之外，就是国民党党办的"救国团"之类的社会组织了。同一时期，大陆的共产党建立了一体化的社会控制，先是取缔传统的秘密社会组织，接着接收并改造了具有中性色彩的工商行业组织和慈善类组织。在此之后，中共建立了工会、共青团、妇联这样党的外围组织。通过三大改造为契机建立起社会主义公有制经济体制，国家力量逐步强大，对于公职人员和分散的个体工商业者，新中国通过实行单位制和居民委员会制度进行管理，所以，在 20 世纪 50 年代，大陆几乎没有独立的民间组织存在，只有工、青、妇等官办性质的社会团体。

第一节 威权统治时期台湾官办社会组织

台湾威权统治时间大致包括 1949 到 1980 年代中期。这一时期非营利组织受到国民党政权的严厉压制和控制，自主性的社团几乎不存在。国民党威权统治期间，"戒严体制"是一个对社会实行高压与渗透性统治的体制，社会的自主性被挤压得几乎不存在。国民党实行"党禁"，虽没有正式地取消人民的结社权利，但是实际上却将各种结社全部纳入到国民党的"党政"体系中，几乎所有的社会团体或组织都必须在官方的控制之下，或由官方包办。所有的职业性公会及工会都由"政府"出面成立，国民党垄断其代表成员的产生。非职业性社团每一类型岛内只能组织一个，而且被限制在单一区域的层次上。这些团体实际上由国民党的特种党部组织负责其运作，工会、商会、农会、渔会、妇女等社团组织基本上都由国民党把持。其他零星存在的一些慈善性组织如红十字会、基督教儿童福利基金会等，获得了生存，因其显然不会触及政治敏感线；而一些联谊性组织如青商会、扶轮社、狮子会等，因属于工商业精英进行社交联谊等活动的机构兼有海外背景，国民党也不敢过分干预。许多公共政策的制定过程，缺少公开的参与和辩论，所有相关公共政策的形成只能依赖于国民党一党偏好。对于普通民众而言，根本没有机会也没有什么兴趣进行政治与社会结社。

一、台湾威权统治与民间组织存在的可能

在西方社会科学语系里，现代政治体系有以下主要类型：民主政体、权威政体和极权政治。[1]20世纪60年代，美籍西班牙理论政治学家胡安·林兹（Juan J .Linz），观察世界各国政治体制的变化，发现"二战"之后，在南欧、拉美出现了一批介于极权政治和民主政治之间的较温和的专制政体，他发表《西班牙的威权政体》一文，提出"威权体制"的概念并首次对之作出界定，用以指称佛朗哥统治下的西班牙。

按照林兹的界定，威权政体有四个基本特征："具有责任不分明的有限的政治多元主义；没有一套提炼过的主导意识形态，但有相当清楚的特殊心态；除了某一发展时期之外，没有广泛深入的政治动员；威权领袖个人（或有时是由少数人组成的集团）的权力行使虽然不受限制，但实际上却是在完全可预测的范围内。"[2]威权政体与极权政治有所不同，极权政治是一元化的统治；极权政治有强烈的意识形态，而威权心态则重视现实问题的解决或者对过去事迹的反应，是一种务实主义的理念；极权政治是广泛的社会动员，甚至泛政治化，威权统治则是有限的政治动员；极权政治有较强的理想主义，威权政治领导人权力行使比较务实。林兹还指出威权主义的出现都是主导政权面临很大的外部压力而建立的。

以林兹的威权理论盯衡50年代初的台湾政治，可以看出国民党在台湾的统治较之于大陆，不自觉地建立了威权统治形态。国民党之所以调整统治政策，非是主动开明，而是内外重大统治危机的压迫所致。

---

[1] 林兹（Juan J. Linz）著，陈文俊译：《极权与威权政权》，Fred I. Greenstein & Nelson W. Polsby 主编《政治科学大全》第3卷，幼狮文化事业公司，1983年，第350页。

[2] Juan J.Linz. *"An Authoritarian Regime :Spain"* .in Erik Allardt and Stein Rokkan，eds.,Mass Politics：Studies in Political Sociology.NewYork：Free Press，1970.

外部压力首先来自于对外合法性危机。1949 年初，国民党在内战中的失败已成定局。重要的是，国民党在内战中的失败，引起了美国对它统治能力的怀疑。内战前，美国出于地缘政治考虑，扶植国民党政权，以抵制共产主义的蔓延。然而，国民党政权内部腐败丛生，派系倾轧，令美国感到失望。后来，美国发表对华白皮书，准备放弃国民党。这对依靠外力承认而起家的南京国民党政权是致命的打击，蒋介石不得不调整统治政策，以取悦美国。在用人方面，分别任命有留美背景的吴国桢、孙立人为台湾省主席及陆军总司令。显示出国民党决策层的多元构成，以博得美国"回心转意"。

内部压力主要来自于岛内的省籍矛盾。台湾人本来也是从大陆迁移过去的，但经过日本殖民者的"皇民化运动"，台湾后起一代对祖国文化有所疏远。光复后不久出现的"二·二八事件"，给台湾人民造成了严重的心理创伤，长期的省籍问题就此形成。国民党以少数人统治占人口多数的本省人，要想保住最后一个统治据点，在外部合法性有可能丧失的情况下，就要寻求内部的支持。必须给予本地人民一定的经济上、政治上的实惠，以取得岛内民意的支持。这种压力迫使国民党进行政治、经济改革。一方面延揽部分台籍人士加入体制内；另一方面又实行土地改革和地方自治。土地改革之后，国民党又筹划地方自治，1950 年 7 月 2 日，省主席吴国桢宣布开始地方自治。

国民党在大陆的统治行将崩溃的时刻，国共之外的自由主义群体却活跃起来，协助挽救国民党政权。"五四"之后，一批留学欧美的上层知识分子聚集在胡适周围，形成以胡适为旗帜的"胡适派学人群"。他们依据自由主义理念曾对国民党政权提出过批评，但在本质上，自由主义者还是亲国民党政权，害怕共产党暴力革命。胡适等从他们自由主义理念出发，认为国民党之所以有今天的失败，乃在于其不施民主宪政，失去民心所致。他们认为，应该办一份刊物，让国内民众了解真正的民主政治，同时结合海外第三势力，共同对抗共产主义，并用舆论"反共"，用文化作战。于是，胡适、雷震等在台北创办了《自由中国》；徐复观在香港创办了《民主评论》，这两份半月刊在草创阶段都到国民党的支持。正如台湾政论家南方朔总结的："对于《自由中国》半月刊的创刊，我们一定从当时台湾所处的国际环境情势和地位来看，大陆'沦陷'后，台湾的国际形象很坏，因此从大陆出来的知识分子，他们大多数在香港，形成差不多从民国四十年到五十年代的所谓'海外的第三势力运动'……《自由中国》的创刊大概是国民党运用来改善国际形象的刊物，是一个对海外第三势力作统战的刊物"。[1]国民党也需要利用自由主义标榜自己在社会意识方面的多元化，以此联合流散海外的知识分子。因此，它和《自由中国》曾有一段"蜜月期"。

朝鲜战争爆发后，美国从自身利益出发，一改"弃蒋"政策而为"援蒋"，对台湾的国民党政权予以政治承认、军事保护和经济援助。"美援"使处于风雨飘摇中的国民党获得了至关重要的"外部合法性"，也缓解了军事上和财政上的危机。然而，"美援"既是助力，也是压力。美国从冷战逻辑和地缘政治出发，虽然支持台湾提升军力，但不希望国民党政权变成一个军事独裁政权。如，美蒋在签订《共同防御协定》时，附带条件是要求国民党放弃"反攻大陆"、进行社会经济改革等。从国民党方面来说，为了维持长久偏安统治也必须要以实际行动来改善"国际观瞻"。所以，"美援"亦是敦促国民党进行政治、经济改革、保持"自由中国"形象的重要原因。

上述的内外压力迫使国民党在台调整策略，建立了威权统治形态，实行有限多元，而自由主义者出于"救亡"目的，创办《自由中国》，它成为自由主义者宣传民主理念的重要阵地。"美援"到来之后，国民党欲借《自由中国》作为政治装饰的希望与自由主义的政治理念发生了冲突。国民党迫于内外压力，对《自由中国》一直持"容忍"态度。但最终，两者由冲突而对立直至决裂。

1949年以后，国民党因为是败退到台湾，而且有"二·二八事件"的背景，因此在台湾建立起一个威权体制，严密地控制所有社会组织，并灌输威权主义意识形态，在社会各产业与职业，用一套细密的政党和国家相结合的办法进行控制。国民党威权主义的一党专政虽然在早期对台湾社会的控制非常严格，但是并没有达到消灭社会的程度，大量的社会组织，例如宗教、民间社团等继续存在，私营经济继续发展，地方选举照样进行。因此，台湾的公民社会虽然受到严密的控制，但仍然有一些活动的空间。

威权主义的最主要特点是"有限多元"，不像"极权主义"的"一元化"全能政府。但又对民间组织发展有各种限制。因此，台湾的非营利组织的产生是由于乡绅、家族与宗教寺庙等自发性的集结，而表现出一种乡里慈善济贫行为，区域性强且规模较小。尔后，虽然有国际组织来台设立非营利组织，但因其规模较为庞大，且部分属于俱乐部形式，参与之民众相当有限。直到80年代解除戒严之后，本土性的非营利组织才逐渐萌芽，甚至到了"9·21大地震"后乃真

---

① 王杏庆谈"海外第三势力运动与自由中国"，载《中国民主运动发展史（二）台湾部分》座谈记录，《八十年代》四卷一期，1982年2月。

正唤起民众对非营利组织的关心和参与。①

二、威权统治时期台湾"官办"民间组织

国民党在大陆统治时期的《宪法》第四十四条明文规定：人民有集会、结社的自由。但1949年后，旋即在台湾实行戒严，人民的结社权和言论遭到了不合理的限制，社会成员自我组织的可能性遭到了限制。早在大陆时期，国民政府就颁布了"非常时期人民团体组织法"，对人民结社有种种束缚。其中第十三条、十五条规定：人民结社必须请求主管机关的许可，经许可后，主管机关有权"派员指导"及"派员监选"。第二种限制措施是报告制：人民结社只须事先报告主管机关，不必经许可即可成立。而"非常时期人民团体组织法"是以最严格的许可制为基准，再加上直接的行政监控，例如第八条规定"同一区域内，同性质同级之人民团体，以组织一个为限"。其次，即使人民依法组成社团，但依据"戒严法"第十一条第一项规定，在戒严地域内，最高司令官有权力停止或解散人民之结社。因此，"宪法"的保障形同虚设。各级情治机关更任意介入学校、工厂，甚至私人领域，收集"非法"集会或结社（如读书会、地下工会、新兴宗教团体等）之情报，并通过约谈、调查、判刑之手段，制造"白色恐怖"气氛，以达到"寒蝉效应"。

国民党在台湾不仅以"戒严法"粗暴禁止人民的结社活动，还要消除人民的政治参与的公民意识。政府藉由掌控的司法、教育、传播媒体等工具，不断训练一批批缺乏批判能力，自发组织力弱、参与精神不足的"顺民"。这与现代社会所需要的"公民"有着实质上的差异。

1970年代，面对严峻国际和岛内的压力，蒋经国实行"革新保台"策略，定期举行的增额"中央民意代表"的选举，使台籍精英可以通过选举进入"中央"政坛，民意也开始可以通过选举在"中央"发声。相对于蒋经国的主政路线，选举活动和出版刊物，持续发声。而"台湾基督长老会"在70年代面对台湾的"国际生存"危机，更陆续通过"以台湾作为政治主体"，以及"关心台湾前途"和"政治改革"的三个宣言。

1945年之后，光复后的台湾在国民党威权统治下，民间组织成立和发展的政治空间极其有限。

---

① 萧新煌：《非营利部门：组织与运作》，巨流图书股份有限公司，2011年，第431页。

1949 年 5 月 20 日，全台各大报刊报道了台湾省政府及台湾省警备司令部公告，宣布即日起实施戒严。1945 年之后，台湾的社会团体是以官办的为主。1945 年 9 月 1 日，张士德来台发展"三青团"。"三民主义青年团"，是 1938 年7 月在武昌正式成立。成立宗旨是与 CC 系相抗衡。成立后，在组织上由蒋介石任团长，陈诚任书记长，蒋经国任第一组织处处长。张士德来台发展三青团组织，台湾各地青年加入者甚众，并担任了重要干部。如台北的陈逸松、嘉义的吴新荣等。当时，台湾青年加入的原因一是与国民政府发生联系；另一方面，国民党明确表示在台湾行"一个政党""一个人民团体"。政党自然是国民党；团体就是"三青团"。已存在的团体或准备要组织的团体都要消解或吸收纳入三民主义青年团。[①]

1946 年 1 月 6 日，蒋渭水之弟蒋渭川筹组了"台湾民众协会"的政治团体，并推当时台湾行政长官公署参议张邦杰为主任委员。协会的宗旨是致力于民主政治的提升与改革。由于依托其兄蒋渭水生前组建的"民众党"的人际网络，使得这一团体的势力迅速及于全台，全岛设有各地分会。为行政长官公署所忌。后来，"民众协会"改组为政治色彩较淡的"台湾省建设协会"。这一事件表明，光复初期国民党当局对台湾本土精英组织政党和政治团体的疑忌。

1946 年 4 月，官办组织"台湾省国语推行委员会"正式成立，隶属于台湾省行政长官公署教育处，下设调查研究组、编辑审查组、训练宣传组及总务组。主要工作包括订定台湾省国语运动纲要、树立标准国语、办理国语讲习班等训练工作，成立国语小学、印行国语书刊及辅助国语教材。

1946 年 8 月，台湾部分绅士丘念台、林献堂等成立了"台湾光复致敬团"。该组织成立宗旨希望疏解台湾上层士绅与大陆国府领导层的隔膜，沟通台胞与中央层的情感，让他们了解中央和国内同胞对台湾实有深厚的民族爱。"致敬团"于 1946 年 8 月首访大陆，行程如下：（1）拜谒中山陵；（2）晋谒蒋主席及中央各首长，致敬并献金抚慰阵亡将士家属，救济战乱灾胞暨充实教育设备；（3）恭祭黄帝陵。[②]"台湾光复致敬团"在大陆受到"台湾同乡会"及国民政府的热情接待。

1949 年 5 月 19 日，台湾各大报报道台湾省政府及台湾省警备司令部公告，

---

① 陈逸松：《台湾光复的时候——陈逸松回忆录》，《自立晚报》1992 年 11 月 25 日，第 19 版。

② 丘念台：《岭海微飙》，见戴国辉、叶芸芸：《爱憎"二二八"》，台湾远流出版股份有限公司，1992 年，第 174 页。

自 5 月 20 日起，全台戒严，基隆港与高雄港并实施宵禁，此后台湾进入长达三十八年之久的戒严统治之中。在戒严之初，台北市里民大会的召开问题，也因为触犯戒严令而决定请示延期。根据戒严令：非经许可不准集会结社；禁止游行、请愿、罢课、罢工、黑市、罢业等一切行为。在戒严体制下，"宪政"体制所保障的基本人权，形同具文。

戒严时期，唯一代表在野议论的杂志《自由中国》于 1949 年 11 月 20 日创刊。这份由胡适挂名领衔，实由雷震主导的半月刊。《自由中国》创办的前提是"拥蒋反共"，由此才得到国民党的支持。但其宗旨重点在于向国民宣传自由与民主的真正价值，并且督促当局改革政治、经济，建立自由民主的社会。自台湾从朝鲜战争中等到美国的安全保证后，《自由中国》逐渐放弃"拥蒋反共"的言论取向，转而对国民党当局的不当施政，采取批判的态度。此后，双方政治理念背离现象日渐突显。《自由中国》对自由、民主理念的宣传、落实也更为用力。最后，国民党当局采取强力打压手段，终以 1960 年 9 月的"雷震案"收场。《自由中国》因对自由民主宣传、推广的贡献，而成为当时台湾民主运动的代表刊物。

此一时期，还有一些"台独"性质的社会组织，如廖文毅在海外组建的"台湾再解放联盟"，其支部潜回台湾发展地下组织，后被情治单位破获，黄纪男等七人被捕。

另有一些组织，是原来业已存在行业性组织还有少量的存在，如，台北市报业公会。这种组织与大陆时期的同业公会这样的行业组织相类似。1952 年 7 月 19 日，"台北市报业公会"，就奉国民党之命封锁奥运会消息。这一年，奥运会在东京举办，国际奥委会排除"中华民国"为唯一代表的机制，让中华人民共和国代表队参加奥运会。因此，台北报业公会一致通过今后所属会员报纸将封锁奥运新闻，以抗议奥委会的决议。[①]

1960 年代，台湾社会经济起飞，商业经营中的欺诈行为越来越严重，医疗纠纷也随之频频发生，为了缓解医患矛盾，医界希望"协助司法当局审判医疗业务责任"而创立的。1962 年 9 月 9 日，由一群医务专业人士发起了"民间医疗纠纷鉴定委员会"。根据规定，本来法官审理有关医疗纠纷案件时，可以指定委托医疗机构或其他适合的单位进行鉴定，而且可以依"自由心证"决定是否

---

① 《中央日报》1952 年 8 月 18 日，第五版。

采信鉴定结果。当时担任台湾省医师公会理事长的苏振辉与前述医界重量级人士魏火曜、杜聪明等乃筹组此一团体。

1970年，台湾的"国际处境"日益"困难"，此外，在维护钓鱼岛等领土主权的问题上，台湾一直显得进退失据的样子，这引起了青年学生的不满。他们纷纷成立社团，呼吁当局在领土问题持强硬立场。各大专院校学生不仅成立组织，而且各院校社团还有跨校际联合的现象。为了安定校园的考虑，当局推出规定：各大专院校学生社团活动范围应该以在校内为限，不得有跨校组织，不应参加校外团体活动。①

1971年12月16日，"台湾基督教长老教会"发表《对国是的声明与建议》。针对台湾当局已退出联合国，国际上有些国家主张将台湾归并于中华人民共和国，也有国家主张由台北跟北京直接谈判。"长老会"认为这些主张基本上已出卖台湾的人民，反对任何国家罔顾台湾地区一千五百万人民的人权意志，作出任何违反人权的决定，并强调台湾人民有权利决定自己的命运。另一方面，"长老会"也要求执政当局，必须在所谓的自由地区，进行"中央民意代表"的全面改造，以求彻底革新内政，维护在国际的权利与地位。②

1972年6月8日，"行政院长"蒋经国提出十项革新指示。

1972年12月26日，"日本交流协会"成立，此组织正式名称为"日本财团法人交流协会"，因应日本与台湾"断交"后，处理双方经贸、文化相关事务的日本方面的"非官方组织"一定程度上取代原"日本大使"的功能。

1975年11月18日，"长老教会"的"教会与社会研究会"通过《我们的呼吁宣言》，这一宣言中，强调必须"促进居住在台湾的人民和谐与团结"，主张"面对当前困难局势"，应该使人民"享有权利与义务平等之机会"，以"消除省籍党籍之差异，不应存在彼此之优越感"，也要求政府"采取有效措施以保障人民之安全与福利"。"长老会"此一宣言，既有为台湾前途担忧，也有为自身处境的考量。国民党不允许"教会自由参加普世教协等国际性教会组织"，使民间力量自行走入国际舞台，推展"国民外交"的努力，不仅得不到"驻外官方机构"的助力，反而在"国内"先遭到官方的阻碍。所以，"长老教会"特别呼吁，要求执政者改弦易辙，以"突破外交孤立困境"。国民党当局为了实施"国语政策"，打压其他族群评议，没收包括"长老会"传教使用的少数民族语

---

① 《中央日报》1971年2月19日，第四版。

② 《长老教会公报》，1076期，1970年12月，第10页。

《圣经》及"白话字"《圣经》。因此，"长老会"要求"维护宪法所赋予人民宗教信仰之自由"，认为"每一个人应享有自由使用'自己的语言'去敬拜上帝"，同时也应该准许"出版任何语言的《圣经》"。

1977年8月16日，"长老会"发表著名的"人权宣言"，向世界教会表示：在"面临中共企图并吞台湾之际，基于我们的信仰及联合国人权宣言"，坚决主张"台湾的将来应由一千七百万住民决定"。同时，"促请政府于此国际情势危急之际面对现实，采取有效措施"。使台湾成为"新而独立的国家"。这在"动员戡乱"时期，主张成立"新国家"的少数"独派"组织的"宣言"。

以下是威权统治时期台湾官办和民办的社会组织：

表3-1　威权统治时期台湾成立的社会组织

名称	时间	发起者	宗旨
扶轮社	1950年	美国移入	慈善
"基督教长老教会"	1950年	基督教会	宗教慈善医疗教育
"中华民国"青年创业协会	1972年	"行政院"青年辅导委员会	初期是由一群获得政府创业贷款补助；创业有成而且又热心服务的有为青年所组成，青创会在相关单位的辅导、培植之下，逐步成长、茁壮。
国际青年商会"中华民国"总会	1953年	"外交部"任职的王国铨等人	鼓励青年服务社会、创造事业，发扬杰出成就
"中华民国"红十字会总会	1950年	医学博士刘瑞恒担任红十字会来台后首任会长	慈善救难
"中华民国"妇女联合会	1950年	"中华民国"妇女联合会，简称"妇联会"，是"中华民国"的一个组织，最早名为"中华妇女反共抗俄联合会"，由宋美龄于1950年4月17日时成立，干部多为"中华民国""三军将领"夫人。	成立的目的在团结全国妇女以照顾军眷，使其前线将士无后顾之忧而能专心"抗敌"，具体事迹包括成立缝衣工厂、母职讲习班，以及播放劳军电影与捐建眷舍等

续表

名称	时间	发起者	宗旨
"中华民国"律师公会全国联合会	1951 年	"国民政府前社会部"指定江一平、戴天球、王国鸿等负责筹组"中华民国律师公会全国联合会"	全联会之宗旨为： 1. 促进司法及法律制度之革新； 2. 砥砺律师之品德及提高律师之地位； 3. 阐扬中华法系，沟通世界法律思想。
"中华民国"童军总会	1950 年	蒋介石	童军活动是一种生活教育，童军活动可补充学校和家庭的不足。童军活动是以发展自我的智识、冒险的精神，以及好奇的心去发现新事物。
狮子会	1953 年 6 月 24 日在台北市成立第一个狮子会	曾虚白、杨继曾、汪竹一、丘汉平等 20 位社会知名人士为创会发起人，并由马尼拉狮子会为推荐母会	尊重自由、运用智慧、增进国家的安全
慈济会	1966 年	证严法师	为贫苦世人服务
国际同济会台湾总会	1974 年在花莲成立第一个同济会	苏哲辉	国际同济会为全球性的志工社团，秉持一步一脚印的精神，致力服务儿童与社区，改造世界。

第二节　新中国成立初期党和政府主导的社会组织

新中国成立初期，1951 年，中央人民政府内务部公布了《社会团体登记暂行办法施行细则》。该细则将社会团体分为人民群众团体、社会公益团体、文艺工作团体、学术研究团体、宗教团体，其他符合于人民政府法律组成的团体。由中国共产党领导的人民政权与过去的旧政权在领导权威和控制能力方面已是不可同日而语，作为党和国家联系人民群众桥梁与纽带的社会组织在社会生活中仍有着充足的活动空间和现实需要。中共对社会组织分两个步骤。首先，对业已存在的、政治性特征并非十分突出的各种社会组织，人民政府在对其组织进行清理与重新发展的基础上进行保留，以使其在新的历史时期发挥更为重要的作用。第二步：重起炉灶，成立由党绝对领导的新的社会组织。

一、对旧中国存留下来的社会组织进行改造

中国共产党凭借其在长期的革命斗争中已经形成的较为成熟的组织化的经验，迅速对新中国的城镇进行全面组织化，形成了具有中国特色的"单位制"的城镇基层社会组织。各级城市在 1949 年之后迅速建立起单位组织，并且使之成为涵盖城市政治、经济、文化、社会等主要社会生活领域的基干组织。单位的主要特征是通过将包括党群团体、军队、政府机构、公营企事业的公职人员全部纳入供给制的范畴而实现资源的充分利用和成员的全面控制。① 以上海为例，到 1956 年，上海市按工厂、企业、学校、机关等不同类型单位组织起来的人口占全部城市人口的比例甚至达到三分之二。②

通过单位制，全国大部分城市民众被组织到行政权力的控制范围之内，国家的触角延伸到了全国的每个角落和社会生活的每一个领域，从而有利于新政权实现对整个社会的高度控制。对于原先已经存在的非政府的社会中间组织，中国共产党采取认定、改造和取缔的办法。第一步是全面建立以中国共产党为核心的外围组织，这些组织主要有工会、共青团和妇联，使这些明显具有政府背景的组织成为"国家机构的左膀右臂"。其次，对民国时期就已存在的政治特征并不明显的社会组织，进行清理和重新认证之后上予以保留。这类组织最多的便是原来的会馆、公所、行会、同业公会及各类同乡会等。这类组织在工商业发达的上海数量最多。1949 年以前，上海是会馆、同业公会、同乡会最为集中的城市。据统计，到 1930 年，上海的同乡会馆共有 62 所，几乎涵盖国当时来上海的各个省区的人口，尤其是江浙一带的同乡会，人员组成甚至细化到以县为单位。新中国成立后，人民政府对这些组织的政策是："采取审慎等待的促进改造方针，欢迎他们内部能以民主的自我批评的精神，检讨自己的群众基础和他们历来的政治主张，选择真正能为人民事业努力的人出来办事，如果合乎军管时期群众团体的组织程序，则军管会和人民政府是定予以赞助的。"③ 而这些组织确实也还发挥一些稳定秩序的作用。如，1952 年 4 月，绍兴七县旅沪同乡会对于那些"贫苦落难同乡不能在沪生活来会请求救助者"，经过核实后，都由同乡会发给到杭州的火车票或再酌给救济费送其回籍。但是，这些组织毕竟

---

① 杨晓明、周翼虎：《中国单位制度》，中国经济出版社，1999 年。

② 上海市委：《关于里弄居民工作情况和今后建立城市人民公社打算的报告》，上海市档案馆馆藏档案，全宗号 A29，目录号 1，案卷号 2。

③ 见《陈毅在上海》，中共党史出版社，1992 年，第 63 页。

与旧政权有着千丝万缕的联系，因而也必须对其进行重新登记与整理，"不论是一般社会公益团体或是会馆之类，都是封建的堡垒，旧中国军阀官僚的御用机构"，^①必须对其进行改造。

这些团体在过去曾有过积极协调社会的作用，所做的社会救济功能有：儿童福利救济、义务教育救济、卫生医药救济、失业生产救济、施棺与义务殡殓寄柩掩埋义冢、互助其他慈善团体福利救济等事项。这些团体在新中国成立初，有的被改造，有的自动解散。解散的缘由是因为经费不足。因为捐资给这些团体的资本家纷纷逃离上海。因此，到1954年，许多同乡组织都纷纷自动宣告结束。如广东旅沪同乡会于1954年9月召开执监第21次联席会议，"金以本会业务范围不大，且具有封建和地域性，无存在的必要"，因而"一致同意申请结束"。最后，全部财产器物账册档案移交中国人民救济总会上海分会接收。其属他们的事务皆全部由各职能部门取代，此类组织也最后全部退出历史舞台。由此可见，由于无经费来源，人员流散，加上新政权的不支持，这些旧的社会团体逐渐走向消亡。

对于城市中封建色彩浓厚，对社会秩序的稳定具有突出破坏性质且与旧政权有紧密联系的反动组织，人民政府进行了全面镇压与取缔。对于国民党组建的具有白色恐怖性质的特务组织，新中国予以坚决镇压。对于那些封建色彩比较浓厚的帮会组织，如青帮、红帮等帮会组织，新政府予以坚决取缔。1950年9月政务院通过《社会团体登记暂行办法》中的第四条规定："凡危害国家和人民利益的反动团体，应禁止成立；其已登记而发现有反动行为者，应撤销其登记并解散之。"^②另有一些封建色彩浓厚的组织如"一贯道""一心天道""绿营社"等各式各样封建迷信组织也在城市基层社会中广泛存在，其危害性虽然不如帮会黑恶势力，但仍然是危害社会秩序和人民正常生产生活，人民政府仍然依法取缔。

二、新成立的社会团体

中共在对旧有封建团体的取缔改造的同时，迅速开展了新的人民群众组织的建立工作，这些群众组织主要包括工会、青年和妇女组织以及各种社会救济

---

① 《上海市社会公益团体登记具体计划（草案）》，上海市档案馆藏档案，全宗号B1，目录号1，案卷号1113。

② 周育民、邵雍：《中国帮会史》，上海人民出版社，1993年，第548页。

组织。第一，工会组织。工人是城市社会人数众多的一个群体，如何对这一群体实现组织化，是中共早就注意到的一个问题。最后，中共采取按产业和地方相结合的原则，实行全国性产业工会和建立各级地方工会两个体系同时进行的办法。所谓产业工会就是把同一个工厂、企业、事业、机关、学校等单位的工会会员，不分工种、职业组织到一个基层组织之中，根据实际情况，采取同政府产业部门对口的原则，建立全国性的产业工会和其所属的产业工会地方组织。所谓地方工会，是按地域，即当时的大行政区、省、直辖市、自治区，以及省属的市、县，建立各级地方工会组织。如上海，作为全国最大的工商业城市，工人数量众多。1949年后，人民政府成立了"上海总工会筹备委员会"，采取自上而下的组织方式和自下而上发动群众来配合，广泛吸收群众领袖，成立了一百多个工作组下厂协助工人组织工会，逐步在铁路、邮政、电信、海员、码头、纱厂、染织、针织、毛纺、五金、化学、橡胶、烟厂、面粉、食品、印刷、市政、金融、百货等几十个产业部门建立了基层工会。

工会基层组织是密切联系职工群众开展工会活动的基础，各城市在新中国成立初的短短几年就基本建立了覆盖城市街道和单位的基层工会组织。可以说工会已基本上把全国工人阶级组织起来，紧紧团结在共产党周围，形成一支强大的统一的国家建设的主力军。

第二，青年团体的发展。为充分发挥青年作用，将广大青年组织起来，巩固新生的城市新政权，中共着手加强青年组织工作。1949年元旦，中共中央正式颁布了《关于建立中国新民主主义青年团决议》。4月11日到18日新民主主义青年团第一次全国代表大会在北平召开，选举产生了新一届中央委员会，为全国建团工作创造了有利条件。1957年，中国新民主主义青年团第三次全国代表大会决定，将中国新民主主义青年团改名为中国共产主义青年团，这个名称沿用至今。

第三，妇女团体的组织工作。中国共产党非常重视妇女工作的开展。争取妇女解放是中共革命的重要目标之一。1949年3月下旬，中国妇女第一次全国代表大会在北平召开，到会代表474人。大会通过了《中国妇女运动当前任务的决议》和《中华全国民主妇女联合会章程》。新中国成立后，中共的妇女工作方针，就是要把城市的各个阶层的妇女组织起来，各城市新政权普遍开展了建立妇女组织的工作。各城市建立的妇女组织全部是全国民主妇女联合会的下属组织，全国妇联形成了一个自上而下的组织系统，一直深入到城市基层社会的各个单位和居民委员会。

总的来说，新中国成立后，所建立的自上而下的工、青、妇的组织，都不是标准意义上的非政府组织，它们是被高度行政化的具有一定管理职责的社会组织。这类社团被定位为人民团体，"系指从事广泛群众性社会活动的社会团体，如工会、农民协会、工商业联合会，民主妇女联合会、民主青年联合会、学生联合会等。"当时的人民团体的具有如下特点：

第一，具有很强的行政化色彩，类似于政府组织的性质。新中国成立后的工会、妇联、青年团等社会团体均不是群众自发组织起来的，而是在各级党委和政府的直接领导下建立起来的。中国共产党进行社会控制的基本策略就是组织化，这种政治和经济上的组织一体化管理，使得国家行政几乎覆盖了社会生活的一切。国家管理的泛行政化也使得这些组织也带有强烈的行政化色彩，它们在职能和运作方面出现了异化，往往作为党和政府助手的角色出现，具有准政府组织的性质。这些组织既是中共扶持建立的，那么，其组织体系在纵横两方面都受到中央政府的控制。纵向上，这些团体在全国范围内按行政区划划分的层级制，这种层级结构又使上下级团体组织间拟化为领导关系，上级团体对下级团体有指挥、命令权力。这些团体各个层级都对应相应的行政单位，其中央机构相当于政府部一级单位。横向来看，这些团体都被置于各级党委政府的绝对领导，其人事和财政资源都具有很强的依附性。[1]从职能上看，新中国后成立的这些社会组织都要承担一些行政性较强的功能。其主要功能是围绕党和政府的中心工作，组织动员广大工人、青年、妇女参加政治活动、经济建设、思想文化改造等，以维护和巩固新生的人民政权。

第二，除了在职能上应承担党和政府助手的角色，在具体行动上，工青妇的承担工作可分为如下：

（一）政治动员。各级工、青、妇组织都围绕党和国家的中心工作，积极动员其成员投身于新中国成立初期的各项政治运动，推动中国共产党制定的各项政治运动的展开，维护新生的人民政权。新中国初建即展开了抗美援朝运动，各地工会充分发挥了工业生产和政治动员的功能。工会除了组织加快生产提高效率之外，还开展了捐献飞机、大炮运动，带头推动、做好优待军属烈属工作，把抗美援朝运动推向了高潮。工会明确提出"工厂就是战场，机器就是武器"

---

[1]　高中伟：《新中国成立初期城市基层社会组织的重构研究》，四川大学出版社，2011年，第186页。

的口号，开展生产竞赛和捐献飞机大炮运动。

（二）经济建设领域的参与作用。各级社会组织发挥其组织优势，激发其成员开展生产劳动的热情，积极动员其成员参与经济建设。如，各级工会在城市中发动工人开展劳动竞赛，有力地促进了生产的恢复和发展。以四川省成都市为例，到1956年底，全市工会组织广泛发动职工开展各种形式的社会主义竞赛，到年底，全市工业企业和基本建设单位有70%—90%的职工参加了比学赶帮超和技术互助活动，部分单位有70%的职工达到本单位制定的先进定额。①生产竞赛的开展，有力促进了城市工商业的发展，使成都市提前一年完成了第一个五年计划。

（三）社会改造方面的积极参与。新中国成立后，为了获得政权的合法性，必须进行大规模的社会改造，以显示新社会的新气象和新制度的优越性。进行大规模的社会改造，需要动员社会各阶层的普遍参与。于是，新政权调动工、青、妇等人民团体，动员其成员积极参与社会改造，推动了社会改造的顺利进行。妇女团体在新中国初期的社会改造中的作用尤为明显。它们为改造传统的婚姻家庭制度和妇女解放做了大量卓有成效的工作。如，1950年5月1日，中央人民政府颁布了《中华人民共和国婚姻法》，废除了包办强迫、男尊女卑的传统婚姻制度，实行男女婚姻自由，一夫一妻、男女平等，保证妇女合法权益的新婚姻制度。宣传贯彻《婚姻法》于是成了各级妇联义不容辞的职责。其次，在教育和改造妓女的运动中妇联也发挥着重要的作用。对于中共领导的新政权来说，清除娼妓是让中国变成强大、健康的现代国家的必须动作之一。取缔娼妓"最复杂最困难的事情则是对妓女的改造"。上海市政府不惜代价给解救出来的妓女进行治疗，调配各性病诊所的医生，在教养所安装医疗设备，需要更复杂处理的新一代人则被送到附近医院，费用由政府支付。妇联组织知识青年在教养所开办文化补习班，教学以识字为主，还结合生活实际教一点文字、常识和地理。还组织她们观看建国后北京取缔妓院并使妓女重获新生为题材的电影等。经过上海妇联"从日常生活的改造入手"，②进行改造使许多妓女重获新生，成家立业，成为自食其力的社会公民。

工会、青年团也在新中国成立初期开展的禁绝烟毒、改造乞丐游民等社会改造活动中发挥了积极的作用。工青妇等群众团体充分利用其广泛的网络和组

---

① 《成都市志·群众团体志》，四川辞书出版社，2000年，第55页。

② 曹漫之：《上海娼妓改造史话》，上海三联书店出版社，1988年。

织性，深入成员群体之中，广泛发动群众支持和参与社会改造，有力保障了新中国成立初期各项社会改造的成功。

以上海为例，新型的工会、农会、青年、妇女、工商等团体纷纷建立起来。其中，新成立的上海总工会根据新的工会组织原则将各种劳动者组织起来，组织产业工会 25 个，基层工会委员会 2555 个。农民组织农民协会，全市性的有 1 个郊区农民协会，区级有 10 个交警农民协会。农的学术团体如市植物学会、市海洋湖沼学会、市数学会、市造船工各学会、市物理学会、市植物病理学会、市天文学会、市中医药学会、市昆虫学会、市微生物学会、市建筑学会、市解剖学会、市护理学会等。另外新成立的中华全国文艺工作者联合会上海分会，下设文协、美协会、音协、戏剧协、影协、舞协、译协 7 个协会。截至 1956 年 4 月，上海新成立的社团已发展到 287 个。[①] 数量与 1949 年前留存下来的社会团体日趋接近，而其功能却更加完备，全面取代了旧有的社团。更为重要的是它们都是由新政府一手打造而成的，政治过硬。

除此之外，新政权以组织力量将城市里的各种人群组织起来，实现了城市社会的全面组织化。为解决单位组织留下的空白，在单位体制之外，还建立了城市基层居民的自治管理组织，以加强对非单位人群的控制，这一组织就是城市居民委员会。居民委员会名义上是群众自治组织，但在实践中居民委员会组织被政治化，具有浓厚的行政性组织的特征。

表 3-2 新中国建立初期政府主导成立的社会组织

名称	时间	发起者	宗旨
中国人民对外友好协会	1954 年 5 月 3 日		增进人民友谊、推动国际合作、维护世界和平、促进共同发展
中国科学技术协会	1958 年 9 月	中国科学社、中华自然科学社、中国科学工作者协会和东北自然科学研究会等 4 个科学团体共同发起	中国科技工作者的群众组织
中华全国归国华侨联合会	1956 年 10 月 12 日		以侨为本、为侨服务

① 杨丽萍：《建国前后上海旧式社团的清理整顿》，《江苏社会科学》2012 年第 5 期。

名称	时间	发起者	宗旨
中国人民对外友好协会	1954 年 5 月 3 日		增进人民友谊、推动国际合作、维护世界和平、促进共同发展
中国国际贸易促进委员会	1952 年 5 月		促进对外贸易、利用外资、引进外国先进技术及中外经济技术合作，促进中国同世界各国的贸易和经济关系的发展，增进中国同世界各国人民以及经贸界之间的了解与友谊。
中华全国新闻工作者协会	1957 年 3 月	周恩来	团结全国各族新闻工作者，贯彻执行党的基本路线，坚持新闻为社会主义服务、为人民服务的基本方针，加强新闻队伍建设，维护新闻工作者的合法权益，推进新闻改革，繁荣和发展社会主义新闻事业，开展国际交流，推进社会进步，维护世界和平。
中华全国妇女联合会	1957 年 9 月		代表和维护妇女利益，促进男女平等。
中国科学技术协会	1958 年 9 月		建设创新型国家，促进科学技术的繁荣和发展，为经济社会发展服务、为提高全民科学素质服务、为科学技术工作者服务，推动社会主义经济建设、政治建设、文化建设和社会建设
中华全国青年联合会	1958 年 4 月（前身：中华全国民主青年联合总会）	周恩来	中国各族青年的爱国统一战线组织
中国科学技术协会	1958 年 9 月	中国科学社、中华自然科学社、中国科学工作者协会和东北自然科学研究会等 4 个科学团体共同发起	促进科学技术发展和普及
中华全国工商业联合会	1953 年	周恩来	人民团体、民间商会

名称	时间	发起者	宗旨
中国聋哑人福利会	1956 年		弘扬人道主义思想，发展残疾人事业
中国盲人聋哑人协会	1960 年	由中国盲人福利会和中国聋哑人福利会合并而成	协助政府有关部门，安置盲人、聋人的就业，发展特殊教育，开展盲、聋的防治和文体等工作，关心残疾人疾苦并为之谋福利，维护其合法权益

　　总之，新中国改造了早已存在多年的会馆、商会、同乡会、慈善组织等社会中间团体。与此同时，在政府主导下建立了许多官方性质的社团，其中最主要的是工、青、妇等共产党外围组织，这些新社团与旧社团相比，性质和功能都发生了转型和演化，新团体成为忠于党和政府的准政府组织：职能上政府部门化，管理上组织官僚化，事务上政府功能化。社会组织的全面官方化，既是国家社会一体化的要求，也是国家社会一体化的助推器。在 20 世纪 50 年代，大陆几乎没有独立的民间组织存在，只有工、青、妇等官办性质的社会团体。

　　1949 年，国民党败退台湾，出于"反共""防共"的需要，在台湾建立威权体制，用一套严密的政党和国家相结合的办法对社会进行控制。但威权主义有限多元的特点，使得国民党虽然对台湾社会进行严格控制，但并没有达到消灭社会的程度，大量的社会组织，如宗教、国外输入型的社会组织依然存在，私营经济继续发展，地方选举照样进行。因此，台湾的民间组织虽然受到控制，但仍然有一定的活动空间。到 60 年代末 70 年代初，台湾经济起飞之后，社会组织开始活跃起来。政治反对运动通过族群抗争的形式在各地展开，通过办杂志、串联等方式逐步组织化。但总体讲，社会还在党国体制的严密控制之下。这些族群抗争和组织化为 80 年代的自力救济的维权行动打下了组织基础。

　　在大陆，新政权首先通过军事力量镇压了过去的具有秘密社会性质的黑帮团体；其次通过政治运动的形式取缔和改造了具有慈善性质的中性组织，如会馆、商会、同乡会等。对城市居民，通过单位制度，几乎把所有的城市人口都纳入单位之中，单位不仅是人民的工作场域也是人们获取生活资源和思想改造的场所。居民委员会是单位制的补充，把城市每一个分子都网入国家的行政管理范畴之内。这样通过单位制和居民委员会，几乎所有城市民众被纳入了行政权力的控制范围之内，国家的控制力伸入到每一个角落和社会生活的每一个领域，使得新政权对社会实现高度控制。最终基本取消了以前的旧团体，只剩下大量官办社团（工会、妇联、共青团等），真正的民间社团失去了生长的土壤。

第四章 "解严"与改革开放后
两岸民间组织的发展路径

现代社会民间组织生成、发育路径的主要类型包括：自上而下型、自下而上型和外部输入型。自上而下型源于政治体制改革过程中政府主动分离出部分社会领域的管理职能，由政府设立或主办的"官办民间组织"来承担，西方学者称之为 GONGO（Government Organized NGO），这在后发型由国家主持其现代化进程的社会中较为普遍。自下而上型则是因社会的多元化需求而组建的社会团体，具有体制外的特点，由社会决定其成立、活动和注销的全过程，是为社会选择模式。外部输入型主要指海外在华非营利组织，如资助型的基金会、外资企业的行业协会等。一个国家或地区的民间组织生成路径都不可避免地打上其社会结构、历史文化传统、经济和政治制度等方面的烙印。在中国大陆和台湾地区，也因两地不同的社会结构和文化背景而存在着不同民间组织生成模式：台湾以自下而上在社会运动中产生大量的民间组织为主。而中国大陆则以自上而下的 GONGO 为主，再辅以一些草根生成的民间组织。

第一节 "解严"后台湾民间组织的兴起

一、台湾经济起飞与公民意识的"觉醒"

（一）台湾经济起飞与"社会力"的形成

台湾著名社会学家萧新煌指出：台湾社会结构变迁的历史可分三个阶段，20 世纪 50 年代是"政治力"时代；60 年代是"经济力"时代；70 年代是"社会力"蓬勃发展的年代。

经过 60 年代台湾经济的发展，台湾社会结构和社会意识都出现了新的变化。在结构的转变趋势上，最突出的表现是新生阶级的出现。曾出现过大量的小农阶级，然后又大量转流变成都市的劳工阶级；之后，在都市里更又出现为数众多的独立及领薪的"中产阶级"。经过经济的飞速发展，生产方式和生活方式的改变，导致社会结构在质与量上都有了显著的转型。社会呈现出多元化趋势。最明显的表现就是：新行业不断出现，使得从农村解放出来的剩余劳动力在城市找到了工作。战后赴海外留学的学有所成的青年回到台湾创业，这样使得台湾社会结构中出现了增长速度很快的"中产阶级和劳工阶级"，摆脱了传统社会中阶级二元对立的困境。这是前所未有的新现象。到80年代，这两个阶级几乎均衡发展，使得台湾社会的多元化日益明显。

社会的多元化，不只体现在结构的层面，更表现在社会意识的层面。社会意识的多元化，表现在社会中间层对社会中出现的新现象有一定的包容性。同时对社会新问题也有一定的敏感性，能预见这种社会问题对自身威胁的严重程度，当他们认识到这些社会现象是一种不利于大众生活的情况，只有通过集体的社会行动才能加以改善或解决。对这些社会问题的认识往往凝聚成"集体意识"。中间阶层对台湾社会中所产生的种种问题，都能快速地获知，皆能有自己的判断。如，对来自社会结构转型时期的规则失调，或经济变迁对自身利益的冲击，所有新问题的产生都较快地引起民众的强烈感受，由对社会问题的共同关心，进而促使民众凝聚成一个群体。

在社会意识的变动趋势上，到70年代，表现在新生价值和意识的转变上面。对"社会"的体认有了提高，对"社会人权"的内容和应争取的范畴也扩大了；对高水准和高品质的国民生活内容也有了进一步的界定；对若干曾经是禁忌的社会议题也有了讨论的愿望。

上述社会结构和意识的转变积聚，一旦集结起来，整体表现在社会生活上的，便是"社会力"的展现。"社会力"逐渐突破"政治力"绝对的主宰和"经济力"的完全控制，而形成另一种推动台湾社会变迁比较独立生存和生长的力量。所谓"社会力"，具体而言，就是民间力量集体的伸张。这里的民间力量不是一般营利性的民间（团体）力量，包括职业团体、工商社团等。因为它们所争取的利益较局限于某一特定的阶级行业或团体，对于较大的社会利益或是较宽广的社会主题则比较不关切。

相比较而言，真正可以代表"社会力"的则是存在于民间，以促进公益为目的而组织起来的社会团体。这类民间社会力量，通常超出血缘和地缘关系的组织原则。在50年代,这类团体也有所发展,但这些团体多半以发挥"慈善"功能为主,而且采取的运作方式也并非可以长期而持续的特点。而"社会力"的勃兴,导致了较多具有强烈"社会主题"的民间组织出现了,不再以"慈善"功能自限,也不只是着眼于即兴式的活动,而是以"改革"功能自许。同时,较多采取持续性的"社会运动"方式进行。这种社会组织的出现是与五六十年代台湾社会结构的变迁所产生的中产阶级以及社会意识的提升是有很大关系。这种社会力的出现并非一朝一夕就可出现的,是经过长期孕育才有可能形成对"政治力"和"经济力"发生制衡的作用。当"社会力""政治力"和"经济力"呈鼎足而三之势,其社会就会出现良性运行态势。"社会力"除了制衡和约束后两者力量的滥用之外,还具有更多的功能,对政治力而言,它可以靠持续的社会运动,提醒政府扩大其关切的面向,要关注因社会变迁而出现的新问题。督促政府加强其改革的意愿;对社会而言,社会组织更有可能来提高社会知识的水准和扩大带动民众的参与进社会治理。总之,一个健全的"社会力"有多种的角色,它即是"呼吁者""辩护者",也更是"协助者"。

(二)台湾中产阶级的兴起

台湾经过几十年的经济发展,社会结构出现了"富裕化"和"多元化"。其突出的特点就是中产阶级的兴起。通行的定义认为,中产阶级大多从事脑力劳动,或技术基础的体力劳动,主要靠工资及薪金谋生,一般受过良好教育,具有专业知识和较强的职业能力及相应的家庭消费能力;有一定的闲暇,追求生活质量,对其劳动、工作对象一般也拥有一定的管理权和支配权。同时,他们大多具有良好的公民意识、公德意识及相应修养。换言之,从经济地位、政治地位和社会文化地位上看,他们均居于现阶段社会的中间水平。20世纪70年代,台湾中产阶级正式形成,它是介于富有者与最贫者之间的阶级,也是台湾在六十年代后所产生的稳定阶层之一。它的成员包括:知识分子、工商企业经营者及中层以上经理阶级等人士。虽然他们尚未构成支配性的力量,却也有其不可忽视的存在意义。

随着台湾自60年代经济"起飞",台湾社会迅速由农业社会变为多元化的工商社会,导致社会结构的第二次大变化。这影响了台湾阶级关系的转变,直接或间接导致了中产阶级的兴起。台湾的中产阶级的构成可分为以下几种:第一,国民党退据台湾后,带去了一个庞大的党、政、军机构和一些官僚资本。伴随到台湾的还有从大陆去的一大批军、公、教人员,这些人是台湾最早的外省籍中产阶级。建立了纵横交错的行政机构，来自大陆的文官及管理人员以及加入官僚体系中的一些台湾省民，他们共同提供了二战后台湾社会初期中产阶级的来源。20世纪50年代到60年代，台湾的中产阶级主要是由服务于这些政权部门的中上级公务人员组成。第二，1953年，台湾当局完成土地改革之后，提出"以农业培养工业，以工业发展农业"的方针，大力推动台湾资本主义工业化进程。经过以"进口替代"为主的内向型经济发展和"出口导向"的外向型经济发展两个阶段及三个"四年计划"，到1963年，台湾全省工业生产净值在全部生产净值中的比例第一次超过了农业。

到80年代初，台湾的产业结构发生了变化，农业人口进一步下降，工业人口由于生产技术、工艺、产业的升级而大幅度减少。一些服务性行业、部门，如金融、保险、资讯、新闻媒体、工商服务、咨询等迅速扩张，服务业取代工业成为台湾经济的主导地位。到90年代初，白领工人已经达到近400万人，而蓝领工人则下降到300万左右，中产阶级的规模基本形成。

中产阶级的最重要特点是以其学识获得较高收入和处于社会中上层次，他们大多有海外学习的背景。较高收入和学识，决定了中产阶级具有独立的社会问题思考能力，在政治、社会文化、经济、教育消费、族群等领域都有自己的基本理念，有很强的社会参与意愿。政治理念方面，台湾中产阶级追求西式自由民主观，包括民主直选、言论自由、普适人权观以及公权力的分立与制衡等方面。在社会文化方面，台湾中产阶级坚持本土化，不再相信依靠美国来维持对外关系和两岸关系，意识到必须依靠自己的力量来处理对外关系，"以经贸为本""以台湾为本"的观念逐渐成为台湾民众考察对外关系和两岸关系的主流民意。本土意识比较注重台湾岛内的发展问题以及岛内的民生问题，而不再纠缠于"光复大陆"等不务实的话题。

台湾在经济"起飞"的过程中，不可避免地出现各种社会问题。这些问题是由于工业化与都市化进程中，新科技、新观念的不断发展，导致社会发生急剧变迁，而原有的规范无法适应，新的规范尚未形成，于是，整个社会在规范丧失或规范冲突的情形下，出现个人解组、家庭解组及社会解组之现象。

对社会问题的最为敏感察知的仍是中产阶层。虽然，中产阶级的个体分别从事不同职业，但他们对生活中司空见惯的问题最先感知，并分析它的成因以及对这些问题加以定性。如交通混乱、环境污染、犯罪治安、失业贫穷，等等。观看察觉社会问题的职业群体有哪些人，我们发现是新闻界、文学界、学术界、法律界人士居多，等等。这些职业的从业者都具有较高学历和较高收入，是中产阶级最稳定的队伍，他们分别从不同的学科领域感知新出现的社会问题，并向社会揭示。新闻界可以说是揭发社会问题的先锋。新闻记者工作性质决定他们要及时报道、发掘某些社会问题的实况，从而唤起社会大众的重视并促使有关行政单位采取行动，以保护社会的正常秩序。文学界的作家多以社会现实为其创作来源，早在十九世纪，西方很多作家就对工业化过程中下层社会的悲惨生涯进行描写，期望众多读者体会到自己所处的社会环境。二十世纪以来，美国文学以社会小说为主流，许多社会小说对娼妓、贫穷、失业、酗酒、吸毒及种族隔离等问题加以描述，以促成美国社会对于这些问题的警觉。台湾文学界也是如此，70年代"乡土文学"兴起之后，台湾乡土文学作家都以台湾本土问题为取材，作品也是对社会上崇洋媚外和社会道德下滑现象进行批判。作品勇于揭露台湾的社会问题，挖掘社会"病灶"，关注下层民众的生活。如乡土作家黄春明的系列作品就揭露美、日资本家在台湾的种种特权。法律界人士认为社会犯罪频繁发生，是对社会秩序的破坏，应加强相应的法制建设，修补法律的空白和漏洞。学术界以大学教师和专业的研究机构为主，他们多从理性角度观察社会问题，分析问题属性并提出相应的对策。而这些人员无不是中产阶级，他们是对社会问题最为敏感的群体。因此，自70年代以来，台湾中产阶级随着台湾经济、文化教育的发展而迅速成长起来，并发展成为台湾社会的中坚力量和重要经济支柱，深刻影响着台湾社会、政治与经济的演变。

但是，威权体制下的台湾，国民党除了采取高压的统治政策之外，其配套的统治机制也相当完整、严密，使得台湾的社会问题和阶层冲突很难暴露出来。首先是国民党利用长达38年的"戒严"将政权牢牢地掌握在"两蒋"的手中。在"戒严"体制之下，各种社会的矛盾和斗争被强力压制下去，民众实际上失去了很多出版、言论、集会、结社的自由，社会的呼声无法传递，整个社会如死水一般。其次是严密的配套机制。如对台湾的劳资纠纷，国民党当局则建立起官方的"工会"，以此来控制住劳工，防止劳工反抗；对于台湾的农民则建立"农会"来控制；对于台湾的地方士绅，则建立了士绅与国民党"侍从关系"，限制士绅全岛性的串联，通过地方派系政治有效地模糊了台湾民众的对自身的阶级意识。终70年代末，台湾的社会问题并未引发全台的社会运动。

到了80年代初，台湾强人政治进入倒计时，此时期正是台湾社会力蓬勃发展时期。中产阶级所关心的议题也比较多元化，不一定涉及生产关系上的利益冲突。在台湾的快速工业化过程中，劳工阶级和中产阶级迅速膨胀。在成员数量上，80年代初即超过自耕农而成为台湾社会中的主干。[①]但在国民党的严密社会控制、有效的意识形态灌输及严峻的的戒严体制之下，社会结构的巨大变迁并未立即带给政治结构明显的冲击，工业化对政治结构的影响直到70年代初期才开始出现。中产阶级对社会运动的支持，首先，上层中产阶级在经济上有相当的独立性，相对于大型企业主，他们在生产活动中比较不那么明显依靠当局的保护或特惠政策。在台湾以中小企业为主干的出口导向的工业化过程中，这批经济安全感高、充满自信的上层中产阶级已成为人数可观的一股新兴的社会力量。当台湾"国际生存"环境受到变动时，上层中产阶级更是首当其冲。其次，在信息资源方面，上层中产阶级有比较便捷的国外资讯管道。尽管国民党有效地控制了所有主要的大众传播媒介，但官方对现行体制所提供的合理化解释已越来越不能自圆其说，对中产阶级的说服力正日益减弱。第三，国民党的社会整合能力有所下降。原先由国民党所控制的各级职业、产业公会或直属的特种党部，由于功能的萎缩及组织的僵化，并不能有效地统合新兴的上层中产阶级。于是，上层中产阶级在其成员之间已出现一些比较自主性的横向联谊组织（例如青商会的本土化），一种新的团体意识已逐渐在形成之中。

当社会力厚积到一定程度，独立性较强的中产阶级形成之后，再遇到社会问题的刺激，社会运动自然产生了。到80年代，消费者运动率先兴起，其次是反污染自力救济运动。据萧新煌《多重性格的本土社运出击》一文，到80年代台湾有各种诉求的社会运动达十七种之多，这些运动是：消费者保护运动、反污染自力救济运动、生态保育运动、"原住民"人权运动、妇女运动、教师人权运动、新约教会抗议运动、老兵返乡运动、老兵福利自救运动、残障及福利弱势团体抗议运动、农民运动、政治受难者人权运动、劳工运动、反核电运动、台湾人返乡运动、客家人权益运动等。尽管这些运动诉求不同、目标不一，但都在80年代中期的集中涌现，交织成一张社运的网络，显示出一股巨大的社会力量正在形成和发展。

[①] 朱云汉：《台湾中产阶级与民主政治》，见萧新煌《台湾中产阶级》，台北：巨流图书公司，1989年。

二、台湾社会运动与民间组织的生成路径

（一）台湾的社会运动

国民党退据台湾以后，接受大陆失败的教训，注重民生的建设，以此与中共竞争。尤其当"动员戡乱""反攻大陆"的许诺幻灭之后，国民党更以经济发展强化当局的统治能力与政权合法性。经济起飞依赖于工业化发展，但盲目的工业化必然带来严重污染公害。以国民党所标榜的 70 年代"十大建设"来说，这些工业投资所带来的环境支出与社会成本亦是巨大而沉重。当时，一些有识之士也对这种牺牲环境为代价的发展模式提出质疑，创办《新环境》杂志，反对开发主义和权威主义。对这些置疑，国民党一概以经济发展、厚植"国力"的必要性而拒绝，其制度更新和公共政策的制定完全受制于"资本的逻辑"。不仅环境领域，经济发展动员下掩盖的社会问题涉及社会各个层面，包括劳工、妇女、农民、学生、少数民族等。这种"民怨"的暴发最终选择在环境领域，污染受害民众在忍无可忍的情况下被迫冲击工厂进行"自力救济"。环境与人人有关，不分社会层次都需要良好的生活环境，当局也不便镇压；环境受害者是社会的草根，也是国民党控制末梢，草根阶层利用其社区网络，容易发起集体行动；环境运动以追求环境正义为旨归在道德层面占优势，易取得知识分子的支持。知识分子的介入再结合抗争实践，集体行动中产生了环境运动组织，运动组织的成立能够集结组织性的力量，把运动的影响扩大到最大化。环境运动中产生的社运组织不仅领导了社会运动，而且对其他社会阶层又有一种示范作用，形成台湾八九十年代风起云涌的社会运动。社运组织随着社会运动的目标达成部分转型为正式的非政府组织。

关于社会运动，台湾学者认为是"一群人组织起来，为了寻求或抗拒社会改革所引起的一种持续性的集体行动"。[①]大陆学者排除了社会运动抗拒社会变迁的因素，突出其促进社会变革的面向，认为"是由多个个体参与、有一定组织和领导，在主观动机或在客观后果上使社会和政治现状沿自由、平等、公正、和平和民主的方向发生改变的制度外群体政治行为"。[②]综合两岸论者的意见可以看出，社会运动具有某些基本属性：自下而上的集体行动、组织性、持续性、体制外及诉诸目标的正义性。社会运动虽然也企图发挥政治作用，但并非以夺取政权为目标，而是透过间接影响来改变政府决策。其终极目标在于通过政治

---

① 蔡文辉、李绍嵘：《社会学概要》，台北：五南图书出版公司，1998 年，第 219 页。
② 李文、赵自勇等：《东亚社会运动》，社会科学文献出版社，2009 年，第 3 页。

部门以改变现状，成功途径有两种：一种是通过建立影响力，培养道德声望、塑造舆论压力，迫使执政者改变权力施行方式；另一种是社会运动与执政者策略性合作，形成一种政治交换关系，以政治支持取得运动目标。

关于社会运动兴起原因，西方学者已有大量研究，代表性理论有相对剥夺论和资源动员论。早期研究认为，社会结构中的阶级矛盾发展到不可调和时，被压迫阶级就会起来进行集体行动，推翻压迫阶级的统治。但随着实证社会学的发展，社会学界已深入到运动内部的发生机制方面，情感心理被应用到社运领域，认为相对剥夺感和怨恨感是社会运动的起因。具体到台湾的实际情况，岛内学者也多使用西方社会学界的理论加以解释。他们认为，台湾地区四十年来"经济挂帅"的模式，让社会大众为经济成长的目标付出了相当程度的牺牲：工厂企业污染排放，政府偏袒生产者，农产品进口伤害到本地农民。经济成长与大众期望有很大差距，无限的希望在等待之后转化为失望、不满与愤怒。[①]60年代，美国社会学家麦卡锡和扎尔德提出了资源动员论，认为外部资源和外力挹注（包括时间、金钱、领导精英等）是促使弱势群体发起社会运动挑战的最重要因素。台湾学者何明修也认为，社会运动是弱者的武器，因缺乏体制内解决问题的管道，只有制造负面的诱因，迫使政府接受负面后果或解决问题。[②]弱势群体由于缺乏资源或集体行动的知识与技术，在抗争中，急需外来人力或资源的投入，以克服行动的困境。再看台湾社会运动，初始的自力救济行动多数是由草根阶层发起的集体抗争，随后知识分子加入其中，政治反对势力也提供支持，这些都是台湾社会运动兴起的重要外部资源。

回顾台湾地区的社会运动史，在威权统治时期社会运动并没有多少作为。在国民党早期的严厉控制之下，台湾几乎没有社会运动，只有部分自由主义知识精英对国民党的一党独大表示疑议，出现了反专制控制的自由主义运动。[③]但早期的政治运动并未深入台湾社会的草根层面，以失败而告终。其后，台湾在六七十年代的施政重点则放在经济发展方面。70年代台湾经济开始起飞，造就中产阶级的崛起，民众自主意识日渐提高，台湾的党外政治运动开始抬头并活跃。但随着"美丽岛事件"所带来政治反对运动领袖的入狱，台湾的政治运

---

① 张茂桂：《民国七十年代台湾地区"自力救济"事件之研究》，"行政院"研究发展考核委员会，1992年，第19页。

② 何明修：《社会运动概论》，台北：三民书局，2005年，第160页。

③ 王仲：《20世纪50年代至60年代初台湾自由主义运动述评》，《台湾研究》2008年第5期。

动一度沉寂。80 年代初,针对各种社会问题的民众自力救济运动开始兴起,这是台湾大规模社会运动的前奏。这些由各种民生问题引发的民众抗议都与民众切身利益有关。如环境问题和劳工、妇女、农民、学生、少数民族等社会问题。在针对这些问题集体行动中,涌现出一批社会活动家,也出现了一定数量的社运组织。这样,社会运动的层次也由关注自身问题提升到对普遍社会问题的关怀。我们以台湾的环保组织为例来考察台湾环境民间组织是如何在环境运动中生成的。

(二)社运组织与社会运动的动员

社会运动的重要特征即是以组织的形式作持续的抗争,其力量之源在于组织性。分散的个体行动,其政治风险也是最大。一般威权政府总是希望民众处于原子状态,以便于使国家的控制达到个体身上。从政治机遇的考量,组织起来还能均担政治风险,中国自古就有"法不责众"的说法。以组织形式从事高风险的集体行动,可以随时结束抗争,以有限的胜利捕捉妥协和退出的时机;组织起来还便于分工、决策机制和激励—约束机制,也可以克服"搭便车"的个体行为。具体到台湾的环境运动,起初并无现成的民间组织领导集体行动。"美丽岛事件"之后,国民党对公共场所的聚众,超过三人以上就得事先申请,否则即为非法。超过十数人聚集,警察即要驱散人群,集体行动几无可能。在污染日趋严重的情况下,受害民众在上访、陈情失灵的情况下愤而集体围堵工厂,由资方承担停产的损失。在抗争的实践中,地方精英筹组了专门用于抗争、谈判的社运组织,有了专职的社运组织,立即增强了动员能力及抗争的实力,统一行动,突出议题,抗争情形立刻改观。

首先,社运组织增强了集体行动力量。以台湾最早发生的台中三晃农药厂抗争运动为例,三晃农药厂排放废气所造成的灾变已有十多年之久,当地民众透过各种管道,如,陈情、请愿、连署签名,都没有结果。居民从乡、县、省、"中央"一路陈情,但是到处受挫,有记录的陈情至少有 396 次之多。[①]一些受害深重者不得不采取单独行动来维护权益,以肢体手段进行自力救济,包括阻街、挡路、围厂、暴动。这种抗争的风险也是最大,甚至被当局以妨害公共秩序而扣押。受害农民在冲突过程中体会到集体行动的必要性,共同的受害经历使他们有了较高的认同感。据李丁讚对"台中公害防治协会"发起人黄登堂的

---

① 粘锡麟:绿色主张工作室,http://greenproclaimworkshop.wordpress.com/.

调查：

> 问：成立组织之后，还会不会这样一群人冲入工厂？ A：我组织起来后，人家就不会了！问：为什么？ A：啊，有组织，人家就都来找我，就是发生事情，人家也会跟我联络。问：成立组织之后，工厂对待居民的态度，有没有转变？ A：组织成立之后，我们有什么去找他们，都会好好和我们那个。问：没组织前呢？ A：你要进去，人家不让我们进去。问：有组织之后？ A：肯！肯！ [1]

从调查资料可以看出，在社运组织成立之前，连起码的沟通、协调、谈判的机会都没有，以至污染问题延宕多年而无法解决。集体行动发生后，为了使抗争有序进行，部分精英倡议成立常设的维权组织。1984年年底成立"台中县吾爱吾村公害防卫会"，这是台湾最早的草根社运组织，初始目标仅为了抗争和维权的需要，这一名称突出了防污染的地区性。1986年4月27日，运动精英为了扩大动员效果把组织改名为"台中县公害防治协会"。社运组织成立后，便由专职民间团体与厂方谈判，无需围堵厂区。最终达成协议：厂方以一年为期停工迁厂，抗争取得胜利。可见，组织是分散群众面对强大势力时，增强力量、掌控形势的最佳选择。

第二，社运组织可以吸附更多的资源。集体行动的意识形态（不满情绪或被剥夺感）即使形成，也并不必然地转化成集体行动。集体行动需要时间、金钱和成员，这些必要的资源和成员需要人们去组织和动员。没有社运组织和动员的中介过程，集体行动就会成为泡影。社会资源的获得必须以具有一定公信力的组织方可获得，社运组织在这一过程中，通过拓展议题、招募群众、鼓舞士气，接受更多的外界资源，获得更强的施为能力。

在鹿港反杜邦运动中，地方精英成立了"彰化公害防治协会"，接着便以该组织名义动员对等的团体支持。发起者粘锡麟在筹组协会骨干时就是邀请一些"合法"团体的负责人充任。在威权时代，国民党也允许组建一些职业团体及闲趣团体，但常受情治单位的关注。粘锡麟第一个邀请鹿港教育会会长、国民党员许再兴。许再兴得知是"公害防治协会"相邀便很快应允了。彰化其他社团，

---

① 李丁讚、林文源：《社会力的转化：台湾环保抗争的组织技术》，《台湾社会研究季刊》第52期，2003年12月。

如羽球协会会长施能杰、彰化县茶艺协会理事长徐智雄、彰化县木工业职业工会常务理事施招阳、鹿港区渔会理事陈景祥、文开诗社负责人施文炳也都成为"协会"的理事。① 这些被动员的团体再扩展动员，既提高了动员的效率，又扩大了动员的社会面。

社运组织成立后，还能够突显集体行动的正义性。有了正规的组织免除了集体行动被污名化的可能，知识分子也免除顾虑参加进来。"新竹公害防治协会"成立后，台湾清华大学教授黄提源积极参与并支持。教授的参与反过来又赋予了草根抗争的正当性。从下表可看出社运组织之成立与集体行动发起数是成正比例关系。②

时间	1982年	1983年	1984年	1985年	1986年	1987年	1988年	1989年	1990年
新成立环保团体	1	0	1	5	6	15	25	19	28
环境抗争案件数	22	11	25	23	30	29	67	122	70

第三，社运组织还可以通过建构社运意义、形塑地区意识来创造出社会运动。社会问题本身并不必然引发集体行动，只有当社会问题被人们感知并赋予其意义时才会成为问题，这就是公共意识的动员。也就是麦克亚当所说的认知解放。共意动员的重要手段就是劝说性有意识地影响他人的信仰。这种劝说能否取得成效，主要要看劝说内容与目标群体集体信仰的切合程度、劝说信息来源的可信度、集体认同感的包容性、组织者的动员技术、政治机遇等。通常情况下，以组织的形式去劝说必然增加其可信度。反杜邦运动，杜邦并未设厂，还没有造成事实上的环境问题。"彰化反公害协会"从经验和爱家乡的公共意识建构出反杜邦运动的意义，硬是建构出"宁要鹿港，不要杜邦"的口号，从而动员民众进行集体行动。其次，对集体行动目标意义建构的共意性越高，其动员人员和资源的能力也就越强，人们能自觉地参与集体行动之中，从而克服"搭便车"行为；再次，环境运动还能被建构成一定的政治意义，从而获得更多的资源。如，环境的危害，可以被社运组织建构成国民党基层政权行政能力的缺失。环境运动把防止或改善污染与争取民主、渴求改革、争取人权以及政府应发挥更大服务和消减社会不公捆绑在一起。上述的地区意识及政治意义的建

---

① 粘锡麟：绿色主张工作室，http://greenproclaimworkshop.wordpress.com/.
② 何明修：《绿色民主》，群学出版社，2005 年。

构如果没有社运组织的发起，仅是个人行为，很难形成公信力，也就达不到集体行动的目标。

（三）社会运动促进社运组织的发展

社会运动固然需要社运组织的动员和领导，而社会运动本身也是一个巨大的"气场"，促进社运组织的发展。从横向看各种同质、不同质的抗争运动都乘势而起，相互模仿成立组织，争取抗争胜利；从纵向来看，单一集体行动的在取得阶段性成果之后，还要继续巩固抗争的胜利果实，并扩大该运动组织的知名度。社运组织往往是通过社会运动获得更多的社会支持和更大的知名度，使自己揭诸的议题引起社会重视。在台湾威权统治时期，民间结社是被禁止的，但在这社会运动宏大场景中，当局无暇顾及，这样给各类民间组织提供了发展空间。社运组织借运动之势大致沿着如下路径而迅速扩张：同类组织的发展；跨行业的联盟；扩大社运组织知名度。

社会运动成立组织初始目的乃是为了抗争的需要而组建的相当于行动指挥部的组织，随着第一个社运组织的出现并达到预期的效果，同质的社会运动必然跟随成立类似组织。当环境运动首个组织"台中防治公害协会"产生之后，其他同类组织接踵而至，如"彰化防公害协会""新竹市公害防治协会"等。名称仅见地域差异，均以环境保护为志矢。环保组织兴起后，游行、集会次数及影响力均大为增强。台湾的环境运动揭竿在前，其他社会运动，如妇女、劳工、老兵等运动的也相继成立类似组织。据何明修研究，"解严"前一年，台湾有六个环保团体成立，"解严"后，环保团体数量迅速成长，从1987到1990年的四年间，分别有15、25、19、28个组织成立。尤其，1987年成立的两个专业团体最为重要，分别是"环保联盟"与"台湾绿色和平工作室"。专业团体的成立，突破了过去以地域为主的运作模式，形成以专家学者、草根民众、政治反对势力相互结合的运动模式，环保运动于是进入新的阶段。萧新煌1997年调研显示，1971年至1986年，台湾的环保团体平均每年增加0.73个，而从1987年开始，环保团体每年增长数为8.4个，为"解严"前的11.5倍。[①]这些组织增加与"解严"前反公害胜利有很大联系。

其次，社会运动促成社运组织结成联盟。民间抗争发起之后，同质的社运组织应声而起，异质民众组织也会起而声援，这是公民社会发展的标志。为了

---

① 萧新煌：《台湾的地方环保抗争运动：1980至1996》，香港海峡两岸关系研究中心，1999年。

声援行动的一致性,同质、不同质的社运组织结成了联盟。当面临需要集体行动的场合,这些团体都会分别号召群众,共同参与,形成跨区域的草根力量携手登场。何明修把这种跨地区的组织联合称之为中层动员。集体力量的形成是通过许多团体的合力,中层动员是建立在众多草根组织的基础之上而成的,也显示了台湾环境运动组织的稳定成长,成为新生的民主体制中的一个能够发挥作用力的行动者。[①]

年度	1991年	1992年	1993年	1994年	1995年	1996年	1997年	1998年	1999年
联盟组织数	1	1	2	7	6	3	3	8	2

社运组织联盟成立后,不同组织可进行协调与整合,共同从事一个议题的抗争。运动发起之后,运动联盟使一个地区的所有团体整合起来,共同投入一个事关每个个体利益的行动。在环境抗争中,有的议题涉及民众很多,组织联盟通过活动与媒体的互动,将地方性事务推展为全岛性议题,从而获得全台人民的同情及文化界、学术界等舆论的支持。

以美浓反水库斗争为例。美浓反水库运动起始组织只有本地毕业学生成立的社运团体"第七小组工作站",以草根文化工作自我定位,吸引了艺术和文化方面的知名人士。在此基础上,工作站联合地方政府、社团、学者及环保人士兴办"美浓水库公共听证会"。然后以第七小组为骨干成立了"美浓爱乡协进会",进一步推动美浓反水库大联盟的组成。他们摆脱简单的草根悲情动员方式,代之以更丰富的、全方位的和灵活多变的组织动员策略拉动运动层级、延伸其广度和深度。同时,不断确立刺激性议题,"美浓爱乡协进会"将本地反水库运动与全球环保运动结合,派人参加了第一届"国际反水库大会"。又邀请境外专家来讲解水库危害,"国际河流组织"应邀访问了该地。民进党为了取得美浓地区的票源,介入并承诺不建水库。"台南爱乡文教基金会"发动为期一周的"爱乡土、反七轻、南瀛苦行",反对兴建水库及滨南工业区的设立。"美浓爱乡协进会"会同"湿地保护联盟""高屏溪清流护鱼志工团"等组织会勘断流的危害,共同成立了"反水库大联盟"。[②]在这场反水库运动中,成立的组织有:湿

---

① 何明修:《社会运动的制度化:以台湾的环境运动为例(1993—1999),"中研院"社会所研讨会论文。

② 李丁讚、林文源:《社会力的转化:台湾环保抗争的组织技术》,《台湾社会研究季刊》第52期,2003年12月。

地保护联盟高雄分会、保护高屏溪绿色联盟、柴山自然公园促进会、高雄市绿色协会、卫武营公园促进会、文化爱河协会、美浓八色鸟工作室、环境监督联盟等。同时也得到非在地组织的声援。

第三，社会运动使运动组织更具知名度。在早期的社会运动理论中，群众往往被视为"乌合之众"。一旦情绪得到一定程度的宣泄，或短期目标达到之后就迅速溃散，对于市民社会发育不完善的社区而言，这个理论是有效的。真正在具有一定公共意识的社会运动中产生的社运组织不会像自力救济仅为自身局部利益，而是为公民的权利而战，提升其道德的形象，扩大社会影响。社运组织通常通过刺激议题的方法扩大其知名度。一般一个组织只有一个抗议议题，但为了扩大影响，动员更多群众共同参与，设置刺激性议题，以扩大影响。"在地"即是本地的精英人士，除了组织群众游行，还有策划行动。在反杜邦运动中，出现了粘锡麟、陈秀贤等一批社会运动老手，他们策划出很多引起媒体注目的活动。如"看板大展""观音乡大潭反公害之旅"，"我爱鹿港，不要杜邦"的制服等。再如"三晃案"结束后，"台中公害防治协会"会长黄登堂建议将太平、大里交界一带受工业污染的地区，变更地目，设立公害防治示范区，以提升该防治协会的知名度。[①] 台湾环境运动中三大"公害防治协会"成为具有一定品牌效应的民间组织。

（四）社会运动组织向民间组织的转型

在社会运动中产生的社运组织还不是真正意义上的民间组织，社运组织在运动达到目标之后有两种可能：有的社运组织因资源枯竭或人员离散而趋向解体，如1987年"后劲反五轻"运动中的"自救会"组织；[②] 另一些在社会运动胜利之后享有很高的声誉，进而参与治理过程。这些组织有其固定的资源渠道，又获得承认，渐渐向民间组织转型，成为代表公民利益的第三部门。

社运组织与民间组织还存在一些显著的差别。从组织建制化过程来看，社会运动是一种群众参与的集体行动，参与者无须效忠一个团体，可以在社会运动风潮中参与许多不同的抗争组织；民间组织则需要向主管单位登记备案，并有固定的章程且受政府法规的制约。从组织内部关系来看，社运组织通过共意

---

① 何明修：《民间社会与民主转型：环境运动在台湾的兴起与持续》，见张茂桂《两岸社会运动分析》，新自然股份有限公司，2003年。

② 具体参见何明修、萧新煌：《台湾全志》（卷九），《社会志·社会运动篇》，"国史馆"台湾文献馆，2006年，第85页。

动员和初级群体网络关系建立起凝聚力,进行内部整合;而民间组织则是根据协议明确成员的权利和义务。具体差别详见下表:

表 4-1 社会运动组织与民间组织差异

	社运组织	民间组织
成员构成	参与者	会员
组织形式	短暂、非正式组织	长期、正式组织
组织运作	草根直接参与	草根参与、行政管理
领导模式	魅力型领袖领导 符号象征 领袖是凝聚组织的象征符号	董事会 行政协调 执行长负责协调会务
与政府关系	以抗争为主	抗争、合作、其他行为
对外形态	魅力领袖化身为议题代言者	由专家代言议题

那么,社运组织为什么会向民间组织转型呢?

首先,从资源动员角度来看,社会运动根据外部资源供给和群众情绪的消长而存在一个"抗议循环周期"。社会运动外部资源的重要来源是政治反对势力,而当政府调整政策,反对势力有了进入体制内的管道时,其对社运组织的投注势必会有所减弱。在台湾环境运动中,随着政治民主化的到来,环境运动的盟友民进党为了赢得选票,在对待资本势力的态度方面也渐趋保守,不再像以往那样坚定地支持环境至上的理念。因此,环境运动组织在风云际会之后无可避免地走向解体。运动取得初步成效后,运动组织联盟内部也会出现裂痕。但具有一定品牌效应的环运组织因有其固定的资源渠道,会转化为民间组织而长期存在,如"台中公害防治协会""彰化公害防治协会"等。

第二,从政治机遇角度来看,台湾独特的社会政治条件影响了社会运动的组织策略。对社运参与者来说,他们因无法在体制内找到实现其价值主张的可能性,从而投身于社会运动,对政府施加压力以推广其信念。当执政者迫于运动压力或为了取得政治支持而不得不调整政策、满足社会运动的需求时,抗争就失去了必要性,但却需要相应的组织通过体制内协商进行解决。"当机遇从最初的挑战者扩展到其他的集团,并转向高层精英和当权者时,运动失去了它们原来的力量来源。在短暂的时期里,运动中的力量似乎不可抵抗,却很快消失,并无情地变成体制化的形式"。① "解严"之后，民间结社成为合法，但合法化本身也会增加动员的成本。标准化、常规化和科层化等额外的资源要求被引进。这种资源需求条件，使许多小的社运组织无力再维持下去，在完成自身历史使命之后势必走向解散。部分大的社运组织则转化为民间组织。民众还可在合法条件下直接成立基金会，共同构成压力集团，影响公共政策的方向。

第三，社会舆论也呼吁有组织地解决问题。单纯肢体抗争的结果是破坏了公权力的行使，使整个社会秩序遭到威胁，也容易使社会运动被"污名化"。"根本消弭法外自力救济以从根本上解决问题，自然要从鼓励并协助人民组织以保护环境为宗旨的人民团体等方面着手，使受害人真正能够经由公力救济的途径，及时解除其切身之痛，自能消弭法外的自力救济于无形"。② 为了消除社会乱象，社会有必要帮助这些抗议民众组织起来，让他们更有理性、更有秩序进行抗争。

上述原因使得台湾早期社运组织或消亡或转型为正式的民间组织。经过转型后的环境运动组织及后来成立的环保组织共同构成了体制内的压力集团。主要成就表现在：经过压力集团一连串的立法院游说、施压，当局把主管环境议题的机构"行政院卫生署"下的"环保局"升格为"环境保护署"；又通过了"环境影响评估法"等各种"法规"，把环境评估纳入经济开发考虑之内，不再盲目开发。环境团体在环保署内的"野生动物保育委员会"与"环境评估委员会"中争取到了席位。这样，激进的街头抗争转变成专业的代理人参与，构成固定的民间代理角色。环境运动走向制度化，以体制内的讨价还价取代体制外的抗争，这对环境本身和社会秩序都是有利的。社会运动也不再是某种过度的、异常的现象，而是常态民主生活的一部分，成为例行的民众诉求。

（五）民间组织对于社会运动发展的推动

二十世纪八十年代前期台湾的社会运动多以社运组织发起和推动，运动结束后，部分社运组织转型为民间组织。1987年"解严"之后，民间结社成为合法，社运组织和社会运动在数量和规模上都成倍增长。具有一定意义和拥有资源的社运组织直接获得政府承认，转型为民间组织。在整个八九十年代台湾民间组织对社会运动发展有着直接的推动效应，其作用主要表现如下几方面：

---

① ［美］西德尼·塔罗：《运动中的力量：社会运动与斗争政治》，吴庆宏译，南京：译林出版社，2005年，第271页。

② 《联合报》，1985年9月15日。

首先,民间组织整合群众资源,增强了抗争力量。社会运动的重要特征即是以组织的形式作持续抗争,其力量之源在于组织性。分散的个体行动,力量弱、政治风险大;以组织形式从事集体行动,可以随时结束抗争,以有限的胜利捕捉妥协和退出的时机;组织起来还便于分工、决策和制定激励、约束制度,克服"搭便车"的个体行为。回观台湾环境运动,受害民众在上访、陈情失效的情况下愤而集体围堵工厂,由资方承担停产的损失。在抗争实践中,地方精英筹组了专门用于抗争、谈判的社运组织。有了专职的社运组织,立即增强了动员能力及抗争的实力,能够统一行动,突出议题,进退自如。在没有成立社运组织之前,起码的沟通、协调、谈判都很难进行,甚至连进门谈判的机会都没有,而有了组织之后,斗争形势立刻改观。①

其次,民间组织便于接受外部资源并与提供资源的社会力量产生联动。社会运动的意识形态(不满情绪或被剥夺感)要转化为集体行动还需要一定的条件。集体行动需要时间、金钱和人力,这些必要的资源需要人们去组织和动员。社会资源的获取必须由具有一定公信力的组织去承接再投入到集体行动之中。民间组织以其必备的公信力,通过拓展议题、招募群众、鼓舞士气,吸附更多的外界资源。例如,1994年3月,台湾反核行动联盟开始成立,即由环境保护联盟、主妇联盟、新环境基金会等80多个民间社团所组成。这个组织成立的初始目标只是为了筹备该年度的反核游行,但它很快就成为各个组织领导者的沟通网络,并且此后都是以这个集体名称来对外发言。民间组织认识到彼此合作、任务分工的重要性,并试图以集体的名义,走上专业化挑战的路线。它们整合了不同社会群体的力量参与抗争,那些群体的着力点各有不同,包括核电厂、核废料、辐射污染等②。这都有利于吸收和反核运动相关的一切社会资源,形成更强劲的团体力量。

最后,民间组织还可以通过建构社运意义、形塑地区意识创造出社会运动。社会问题本身并不必然引发集体行动,只有当社会问题被人们感知并赋予意义时才会成为问题,这就是公共意识的动员。共意动员的重要手段是劝说性地影响他人的信仰。而劝说能否取得成效,主要看劝说的内容与群众集体信仰的切

---

① 李丁讚、林文源:《社会力的转化:台湾环保抗争的组织技术》,《台湾社会研究季刊》第52期,2003年。

② 何明修:《绿色民主:台湾环境运动的研究》,台北:群学出版有限公司,2006年,第196-197页。

合程度、劝说信息的可信度、组织者的动员技术、政治机遇等。民间组织能够产生就说明该社会问题与民众利益有关，以组织的形式去劝说增加了信息的可信度并能提高动员效率。此外，环境运动还能被提供资源的反对势力建构出一定的政治意义。反对势力和社运组织可以把环境问题归结为国民党基层政权行政能力的缺失而造成的；也可以把防止污染与争取民主、渴求改革以及政府应发挥服务功能、消减社会不公捆绑在一起，创造刺激性议题吸引更多的民众。地区意识及政治意义的建构，如果没有民间组织的发起，仅是个人行为，很难形成公信力，也就达不到集体行动的目标。

总而言之，二十世纪末，台湾经济的快速发展不可避免产生大量的社会问题。台湾威权统治所保有的有限政治机会使得环境运动率先发生，成为整个社会运动的突破口。在对抗性很强的环境运动中，民众在抗争行动实践中认识到组织化的必要性。环运组织在动员资源、构建认同、创造政治机会方面发挥了不可或缺的作用。社会运动的风潮促进了民间组织的发展。社会运动和民间组织之间存在着一种互动关系。"社会运动需要民间组织的动员，而民间组织往往也是通过社会运动获得更多的社会支持和更大的知名度"。[1]在环境运动中，环境民间组织得以产生、发展，环境运动所带来的政治机遇又促成其他领域社会运动的兴起。风起云涌的社会运动及在运动中产生的民间组织是推动台湾政治解严的重要因素之一。随着抗争运动的胜利及民主化的到来，在社会运动中产生的社运组织多数转型为正式的民间组织，环境运动也转变为制度化的专家咨询型模式。大体说来，民间组织有多种生成路径，但产生于社会运动之中则是台湾民间组织生成的重要特色。

第二节　改革开放后中国大陆民间组织的发展路径

一、民间组织生成路径的两种主要类型

王名在《民间组织的发展及通向公民社会的道路》一文中，曾对中国民间组织的生成原理进行了深层的剖析。他认为，由于"政府失灵"而形成的国家与社会之间的断层中，产生了可被称之为"公共空间"的民间组织。[2]这些民间

---

① 李友梅：《民间组织与社会发育》，《探索与争鸣》，2006年第4期。

② 此处就王名原文概括而成，具体论述可参看《民间组织的发展及通向公民社会的道路》，选自《中国民间组织30年——走向公民社会》，社会科学文献出版社，2008年，第35-40页。

组织的生成与发展在一定程度上,既润滑了政府的行政能力,又增加了公民的参与意识和主体意识,成为中国走向公民社会的重要一环。虽然,"有自由和独立的人格并具有主权意识和公共参与意识的公民,是民间组织得以存在和发展的基石"[①],但不难发现,中国的民间组织自其生成之日起,便肩负着国家与社会的双重使命,即使是作为基石的"公民"本身,也带有国家与社会的二元身份。因而,在中国民间组织内部,政府职能与民间力量的相互博弈,使民间组织产生了以下两种不同的生成路径:

(一)政府主导型:自上而下的生成路径

"自上而下"是指由政府或相关职能部门主导建立,由民间组织或个人广泛参与的一类民间组织。通过这一路径生成的民间组织,呈现出高度行政化的特点。

首先,这类民间组织在发起动机上并非是以市场或社会的需要为根本依据,而是以迎合政策导向为主要目的。如新中国成立后的第一个基金会——中国儿童少年基金会就带有很强的政府部门痕迹。其宗旨是:为抚育、培养、教育,辅助国家发展儿童少年教育福利事业,特别是贫困地区和少数民族地区的儿童少年教育福利事业。[②]可见,其发起动机是以辅助政府公共事业的基本政策作为主要目的。但也正是政府部门的干预,使这一类民间组织在统筹社会资源,整合社会人才方面具有无可比拟的天然优势,并且通过运用这一优势,能够有效解决政府行政能力的不足之处,对社会既有问题的缓解和解决起到了良好的作用。在某种程度上,成了融合政府与社会优势资源的公共平台。

其次,这类民间组织在运作方式上带有极强的政府行政化色彩。这主要体现在其具有浓厚的官办色彩、庞大的组织机构和较强的依附关系上。政府的主导性始终居于高位,公民民主参与的过程往往受到过多的干预而演变为政府管控下的一种招募,因而决策权力总是以直接或间接的方式掌握在政府主管部门或领导者的手中。这就导致"政府很难从大量具体的社会事务中解脱出来,'小政府、大社会'格局难以实现。"[③]换而言之,这类民间组织并未转型成为真正意义上的"第三部门",它们与国家、政府的粘连,使其始终游离于政府与社会

① 王名:《民间组织的发展及通向公民社会的道路》,选自《中国民间组织30年——走向公民社会》,第39页。
② 吴玉章:《中国民间组织大事记(1978—2008)》,社会科学文献出版社,2010年,第40页。
③ 李勇:《民间组织的专项改革与制度创新》,选自《中国民间组织30年——走向公民社会》,第124页。

之间而难以融入公民社会中去，由此引发的便是对现有行政资源的一种重叠和浪费，以及始终带有强烈行政化色彩的运作方式。

就目前而言，通过自上而下这一方式生成的民间组织正发生着变化，总体呈现出去行政化的演进趋势。以基金会为例，截至 2014 年底，全国共有基金会 4117 个，其中公募基金会 1470 个，非公募基金会 2610 个，涉外基金会 9 个，境外基金会代表机构 28 个。民政部登记的基金会（含涉外基金会）227 个。[①] 从数量来看，以大规模公募为特征的基金会正在逐渐减少，继之而起的非公募基金会、涉外基金会及境外基金会代表机构以其多元化的组织身份，正在不断充实着民间组织的公民性和社会性，凸显着"公民"这一基石的重要力量。

例如中国消费者协会，于 1984 年 12 月经国务院批准成立，是对商品和服务进行社会监督的保护消费者合法权益的全国性社会组织。协会的组织机构是理事会，而理事由各政府有关部门、人民团体，以及各省、自治区、直辖市及计划单列市消费者协会以及各有关方面的消费者代表协商推举产生。理事会全体会议每年召开一次。闭会期间，由常务理事会行使理事会职权。协会的日常工作由常设办事机构承担，秘书长、副秘书长专职管理，并向会长负责。中国消费者协会的经费由政府资助和社会赞助。现任的会长是全国人大常委会副委员长张平，副会长是国家工商总局党组书记、局长张茅。从其理事会的成员来看，具有相当的官方行政化色彩，而资金来源主要也是由政府资助。

（二）公民自主型：自下而上的生成路径

"自下而上"是指由公民基于社会或群体的需要而自发组织和运作的一类民间组织，或可将其称为"草根组织"。改革开放后，随着社会民主化进程不断加快，市场经济体制不断完善，公民的生活环境不断呈现出自主、多元和活跃的特点。公民对于社会的关注不再停留于旁观者的角色，而是越来越多的表现为通过自我参与以满足自我意愿的一种公民选择。由于这类民间组织的社会基础广泛，同时又是社会需求的直观反映，因而往往呈现出如下一些特点：

首先，草根组织的发起动力与公民社会的实际需求息息相关，充分体现了公民社会的自主性。陶传进在《民间组织的发育与社会重建》一文中曾将中国

---

① 国家民政部官方网站，中国民间组织网，《民政部发布 2014 年社会服务发展统计公报》，
http://www.mca.gov.cn/article/zwgk/mzyw/201506/20150600832371.shtml

草根组织形成的内在动因归结为"乡土社会的碎片化"①。他认为,随着乡土社会的解体,社会生活发生了巨大的变化,原有的社会格局遭到了破坏。这就使得"传统的社会纽带不再将人们结为一体,人与人之间的距离疏远了。"②那么,当一种旧的社会解体之后,人们便会根据现实的需要,渴望一种新的社会,这便是民间组织,或者更加确切地说,是草根组织生成的溯源。各类草根组织的建立展现出民间生活的异彩纷呈,尤其是一些环保组织、公益组织和志愿组织的成立,为社会发展注入了巨大的活力。当然,由于草根组织的管理存在一定的难度,仍然会出现一些以营利为目的的民间组织,对这类组织的管控问题仍亟待解决。

其次,草根组织的运作模式以精英领头,公民参与为主,带有极强的公民自主性。王名认为在中国的民间组织中存在三大精英阶层,即政治精英、知识精英和经济精英。③对于草根组织而言,由政治精英支持、经济精英投资、知识精英指导的运作方式普遍存在,通过这些精英阶层的领头和运作,为草根组织的良性发展提供了存续的力量,指明了正确的方向。如环保组织"自然之友",无论在政策倡导、环境教育和资金支持方面都得益于三大精英阶层和广大公民的运作和参与,从而在环保公益事业上取得了卓越的成绩。更为可贵的是,"自然之友"还培养出一大批热爱自然的环保人士,其中一部分创办或投身于其他的民间组织,如同一台"绿色播种机",将环保的理念及行为传布开来。

例如,北京"地球村环境教育中心",成立于1996年,是一个致力于公众环保教育的非营利民间环保组织。"地球村"以推动公民参与"构建和谐社会、建设生态文明"的国家战略为己任,倡导身心境和为内涵的乐和理念,践行以乐和社区与乐和家园为特色的城乡生态社区建设,提供能源及化学品安全等环境教育服务和乐和社工的技能培训,营造以关爱留守儿童、建设农村社区为内容的"乐和之家"。1999年,"地球村"还与北京市政府合作,成功进行了绿色社区试点工作,通过电视节目、学校教育等手段把节约用水、用电等最基本的环保理念向基层普及。2000年,创办人廖晓义女士获国际环境大奖"苏菲奖"。像这样的民间组织主要依靠自身的力量转型发展,由精英的个人魅力来吸引人

① 陶传进:《民间组织的发育与社会重建》,选自《中国民间组织30年——走向公民社会》,社会科学文献出版社,2008年,第225页。
② 同上,第226页。
③ 王名:《民间组织的发展及通向公民社会的道路》,选自《中国民间组织30年——走向公民社会》,第43—46页。

才加入发展壮大。环境组织在长时间的发展中已经逐步成为民间组织最前沿最完备的组织，并且与政府能够紧密配合，从而使自己的理念得到最大程度的宣传。资金的来源主要依靠社会资助。

草根组织是公民权力生长与公共空间延展的重要载体。然而这类组织的发展目前仍存在许多困境。贾西津在《民间组织与政府的关系》一文中曾将这一困境的症结归于"社会正当性和法律正当性之间的悖论"[①]。社会化的民间组织往往难以得到政府政策的承认，而以非法组织的形式存在。而在一些合法的草根组织中，由于政府行政介入，往往又呈现出对政府管理模式的拷贝复制。作为衔接政府与社会的重要纽带，草根组织在社会正当性与法律正当性之间的游走，仍是现行体制下，民间组织发展中亟待克服的一大难题。

二、两种生成路径下的民间组织模式

在经历过一段特殊的政治时期后，一直低迷的社团活动开始活跃起来。随着改革开放，思想禁锢被打破，发展起来的民间组织有雨后春笋之势。这时，出现了两条明显不同的生成路径，其一，是"自上而下"的路径，其二，是"自下而上"的路径。应该说这两种途径各有其特点，也各有优势、劣势。此处拟将这两种途径的建构为标准，对与之产生的几种不同的民间组织模式进行比较论述。

民间组织的分类是多样的，可以从不同的角度对其进行分类，如根据组织结构、组织性质、资产来源等等，虽这些模式所各有不同，但万变不离其宗。我国与西方国家社会发展的情况不同，在社会领域的改革与民间组织的发展方面几乎都是由政府的主导下进行的，政府与民间组织的关系错综复杂，不是替代也非冲突，而是互动合作、相互依存、相互补充、相得益彰的关系。结合一些案例，可以发现当前的民间组织可分成以下几种模式：

（一）"自上而下"途径

模式一：

完全由政府发起，法律身份免于登记，政府主导，领导人由政府直接任命。决策权力在于政府部门，经由政府审批、指导、干预决策。资源结构比较单一，主要依托政府，经费也来源政府。工作人员多属于政府公务员或者事业编制人

---

① 贾西津:《民间组织与政府的关系》，选自《中国民间组织30年——走向公民社会》，第198页。

员,由政府招录,工资和福利由政府发放。应该说这一模式下的民间组织是在政府严格的管理和控制之下的,依托政府的行政体系建立垂直、等价化的组织结构体系。但从功能上来说,这类组织发挥的功能却是较为强大的,其帮助政府实现对服务对象的管理和控制。

比如八大人民团体,它们都被定位为政府与人民群众之间的双向的桥梁与纽带。八大人民团体是指在全国政协拥有议政席位的八个人民团体:中华全国总工会、中国共产主义青年团、中国科学技术协会、中华全国工商联合会、中华全国妇女联合会、中国全国归国华侨联合会、中华全国台湾同胞联谊会、中华全国青年联合会。

一方面,人民团体协助执行政府的各项政策、命令,并向人民群众传达;另一方面,了解和收集人民群众的意见、观点和利益,并带回到政府政策制定过程当中。过去20多年的改革中,人民团体的政治角色实际上有所弱化,而功能性角色则在加强。

模式二:

合法的宗教团体,包括四大宗教的宗教协会。这一类民间组织也是由政府直接发起成立,治理结构属于政府主导型,也由政府部门审批宗教活动。从资源结构上看,主要经费来自政府拨款、地方宗教团体等组织的上缴以及社会捐赠,人事安排也由政府管理。这一模式的民间组织在一定程度上满足了信众的信仰需求,并加深了宗教团体间的交流合作。

如中国佛教协会,它是中国各民族佛教徒的联合组织。中国佛教协会于1953年6月3日成立。中国佛教协会的最高权力机构是全国代表会议,其最高执行机构是理事会。此外,全国绝大多数省、自治区、直辖市设有佛教协会或中国佛协分会,它们在佛教内部事务上接受中国佛教协会的指导和检查,贯彻执行其决议和决定。

模式三:

包括各基层街道、村委,经营性收入的事业单位、各类政府发起的基金会、商会、学会、民办非企业单位等。

这种模式下,政府与民间组织关系是互动合作的。这样的互动合作有助于建立起畅通有效的利益表达机制,协调和化解不同社会利益群体之间的矛盾和冲突,实现政府与民间组织的良性互动,使政府与人民群众更加紧密地联系在一起,从而改善政府形象,增强民众的政治认同。

这一模式的民间组织基本按照上级政府的部署开展工作，自主性各有强弱。一部分组织还接管了部分政府职能，有利于政府的机构改革。而一些公益性的民间组织，社会团体、基金会等则强调服务对象的参与，利用志愿者组织活动。

（二）"自下而上"途径下的模式

"自下而上"最普遍的是民间发起成立的各种公益性社会团体和公益性基金会。这些组织是由民间发起成立的，治理结构基本是组织自主型的，独立性强。重大决策和负责人一般由组织自己决定，自己制定法规。

现在大量出现的草根NGO，其为民间的慈善公益组织，这些组织大多以非盈利为宗旨，为社会提供服务的机构。由于官方的慈善组织近年来信誉严重下降，大众都转向了草根组织。之所以叫草根，是因为草根不仅涉及广泛且具有顽强的生命力。

如太阳村，作为非政府的慈善组织，以无偿代养代教服刑人员未成年子女为己任，对服刑人员无人抚养的未成年子女开展特殊教育、心理辅导、权益保护及职业培训服务，以使他们在一个相对安定温馨的大家庭里像其他孩子一样受到保护，得到教育，健康快乐地成长。

"自然之友"全称为"中国文化书院·绿色文化分院"，会址设在北京，是中国民间环境保护团体，于1994年3月经政府主管部门批准，正式注册成立。它致力于推动公众参与环境保护，支持全国各地的会员和志愿者关注本地的环境挑战。"自然之友"最近五年的工作重点是回应中国快速城市化进程中日益凸显的城市环境问题。

这些都是自下而上的民间组织，虽然近年来发展快速，但是也面临着巨大的挑战。首先是资金问题，草根组织的影响力有限，能够获得政府购买服务的机会微乎其微，而国内基金会还没有出现向其提供长期稳定资助的苗头，所以多数草根NGO只能依赖境外资金生存。但是随着国际NGO在中国的发展逐步由单纯资助向项目参与型过渡，中国的草根组织获取境外资助已越来越难。

另外，草根组织自发性为多，不少未进行社团注册或备案管理，没有完善的组织契约，没有有效的约束机制。近期也受到了颇多质疑，皆因财务不透明所致。

三、中国民间组织发生路径的相互关联

黄宗智在《中国的"公共领域"与"市民社会"？——国家与社会间的第

三领域》一文中曾指出:"'资产者公共领域'与'市民社会'等概念,就其被运用于分析中国时的用法而言,预设了一种国家与社会之间的二元对立。……我认为,国家与社会的二元对立是从那种并不适合于中国的近现代西方经验里抽象出来的一种理想构造。我们需要转向采用一种三分的观念,即在国家与社会之间存在着一个第三空间,而国家与社会又都参与其中。"① 中国的历史现实所造就的中国社会从来不像西方世界有着国家与社会之间清晰的界线,并进而在公民与政府的对抗性运动中展现出市民社会的发展脉络。日本学者沟口雄三在其《中国与日本"公私"观念之比较》一文中,曾这样描述中国社会:"在传统中国,民间社会既不是只受国家权力支配的非自立的存在,也不是自立于国家之外的自我完善的秩序空间,而是可将民间社会与国家体制共同视为由持有共同秩序观念的同心圆而连接起来的连续体。"② 因而,中国的民间组织是在国家与社会的交叠之中产生的一种所谓的公共空间。在这一空间中,存在着"国家社会化"和"社会国家化"的两种不同趋势,由此便使民间组织的生成路径产生了自上而下和自下而上的两种不同方式。

两种生成路径在本质上都是政府与民间势力共同参与的结果,它们并非是完全平行的两条线,而是相互交织在一起,以螺旋式的方式推动着中国向着公民社会不断演进。两种生成路径在中国民间组织的发展过程中,展现出对抗与合作的关系,而这种关系的根源还是来自于政府与社会对于公民权力的争夺,并引起了民间组织在运行过程中的一系列问题,同时也出现了民间组织新的发展方向。

(一)对抗关系

所谓的对抗关系,是指在同一社会环境下,通过"自上而下"产生的政府主导型民间组织与通过"自下而上"产生的公民自主型民间组织之间,在运行过程中,相互产生的抑制与被抑制的关系。在中国,这种对抗关系通常表现为政府主导型民间组织对公民自主型民间组织的抑制,而公民自主型民间组织甚少能产生对抗性力量。正如沟口雄三"同心圆"理论所描述的那样,国家与社会的分野在中国向来是"你中有我,我中有你",但在很大程度上民间社会仍

---

① 黄宗智:《中国的"公共领域"与"市民社会"?——国家与社会间的第三领域》,选自邓正来主编《国家与市民社会——一种社会理论的研究路径》,中央编译出版社,2002年,第420页。

② 沟口雄三:《中国与日本"公私"观念之比较》,《二十一世纪》1994年2月。

是包裹在国家这个大的范围之中的，因而它势必会受到源自外部的侵蚀作用。"'国家权威的社会性设计'应在帝国的统治中居主导地位"①，政府主导型民间组织对于优势社会资源的占有，直接导致公民自主权力的压缩，从而抑制了草根组织的发展范围与发展规模。优势社会资源表现在政府政策的倾斜、对精英人士的吸引、对公众群体的鼓动等。由于草根组织对社会资源的占有缺乏优势，因而对社会核心领域，如政治领域的参与效果往往是非常不理想的，所能涉及的领域大多仍然只能停留在文娱类的范畴。许多民间组织为了能使自身得以合法化，甚至选择主动挂靠一些政府机构，以通过放弃组织的"民办性"的方式获取社会优势资源。因而，将民间组织，尤其是草根组织称为是一种具有辅助性的，架设在政府与社会之间的纽带和桥梁，实是一种在对抗关系下的无奈之举。

（二）合作关系

所谓的合作关系，是指在同一社会环境下，通过"自上而下"产生的政府主导型民间组织与通过自下而上产生的公民自主型民间组织之间，在运行过程中，产生的共享与协作的促进关系。这种合作关系，一般是由政府主导型民间组织向公民自主型民间组织分享自身的社会优势资源，同时由公民自主型民间组织提供民间广泛的公众资源用以协作来完成的。中国的民间环保组织便是一个极好的例子。在2008年的汶川大地震中，环保民间组织在第一时间便表现出极强的通力协作能力。通过政府的政策保障，尤其是民间组织发动了广泛的公众资源，使民间募集的救灾资源得以迅速发挥出最大效能，体现出两者合作的巨大能量。"环保民间组织有今天的发展规模，既与其坚守信念和积极作为有关，也与政府对环境保护日益重视有关。"②一方面，公民自主型民间组织能够利用其亲民的优势，借助宣传、教育等手段扩大影响，加深社会理念，积累更多公众资源。另一方面，民间组织对政府机构的有意挂靠，也使政府主导型民间组织与公民自主型民间组织在政策领域达成某种共识，从而双方各取所需，共享社会与公众等优势资源，达到互利互惠，共同发展的目的。当然，在这种合作关系中，公民权力的独立性并没有被完全掩盖。如一些环保组织开展的环境维权、公益诉讼等活动，像"绿色汉江"揭示了汉江流域企业污染的情况，并提交了相关提案。中国政法大学污染受害者法律帮助中心免费代理环境公益诉

---

① 闵杰：《近代中国研究中"市民社会"——方法及限度》，《史林》2005年第1期。

② 吴玉章：《中国民间组织大事记（1978—2008）》，社会科学文献出版社2010年，第126页。

讼，鼓励公众参与环境维权、推动环境立法等。[①] 在这种既协作又监督的过程中，我们所能展望的将是中国民间组织更加有序、更加健康的良性发展前景。

回顾两岸民间组织兴起的历史，台湾民间组织的勃兴是在"解严"后的 90 年代；中国大陆的民间组织是在 1978 年改革开放后的年代，其中 80 年代主要是"自上而下"的"官办"民间组织为主，"自下而上"的民间组织是在 1990 年之后，尤其 1995 年之后，草根型社会组织破蛹而出，发展迅速。总体地看，台湾民间组织是以"自下而上"在社会运动中生成的路径为主；而大陆比较有影响的民间组织由政府主导而生成。台湾之所以在八九十年代出现大规模的社会运动，乃是因为台湾经济起飞较早，形成了完整的中产阶级。中产阶级对社会问题有很敏锐的感知力，他们发展成为台湾社会的中坚力量和重要经济支柱，深刻影响着台湾社会、政治走向。中产阶级是社会运动的重要资源，他们为社会运动提供重要知识和组织技术。为了使社会运动取得预期胜利，运动中形成了大量社运组织，这些社运组织在运动之后多数转型为正式的非营利组织，成为台湾民间组织的重要来源。同期的中国大陆，经历了建国近三十年来的长期政治运动，国家对社会运动并不提倡，改革也是一步一步地探索。因此，民间组织自然而然地由政府主导成立，以补救政府失灵和市场失灵之缺失。这一时期，所产生的社会组织以行业协会为主。新世纪之后，随着改革开放的深入及中国加入 WTO，与国际接轨的需求也日益突显，一些由知识分子发起旨在解决中性社会问题的民间组织，如"自然之友"之类的环境组织迅速发展起来。因此，在中国大陆，民间组织以"自上而下"的政府选择型为主，"自下而上"社会选择型为辅的生成路径。

---

① 吴玉章:《中国民间组织大事记（1978—2008）》，社会科学文献出版社，2010 年，第 132 页。

第五章　两岸民间组织的转型

第一节　台湾民间组织的转型

一、社会运动组织向民间组织转型的原因

社会运动持续了一段时间在基本诉求得到满足后都会消退的。社会运动期间形成的社运组织，有两种命运：一是在强势政府的压力下被强制解散，运动归于失败；另一是政府满足社运组织的诉求，在政治条件成熟后社运组织转型为常态化的民间组织。台湾的社运组织就是第二种结局。那么，台湾社会运动为什么会消失？社运组织为什么会转型？

（一）所获得的外界资源日渐减少

从资源动员角度来看，社运组织所能接收的外部资源日渐减少，运动自然会无以为继。因为社会运动起初都是弱势群体利益受损后被迫奋起抗争的行动，但弱势群体存在着先天的缺陷，即知识和技术的不足。而社会上具备知识和能力的人因被权力边缘化，也对当政者不满，在自己不出面的情况下，全力支持弱势群体的抗争，正所谓"有钱出钱，有力出力"，这就是资源动员理论。20世纪60年代麦卡锡和扎尔德对社会运动的兴起进行分析，认为：社会中怨气最深、最不满的弱势群体，同时也是社会中最没有资源或组织能力，最不能凭自己力量发起社会运动的群体。外来资源和外力的挹注，包括时间、金钱、领导精英等，是促使弱势群体发起社会运动挑战的最重要因素，这就是资源动员论。弱势群体由于缺乏资源或集体行动的知识与技术，在抗争中，急需外来人力或资源的投入，以克服行动的困境。外部资源的注入需要同等的社运组织的接收。这样，社运组织既是集体运动的组织者，又是外部资源的接受者，同时还能在不同的社会运动间进行串联。

　　台湾社会运动最大的外来资源就是政治反对势力，其反对势力的代表就是民进党。民进党作为反对党，最大的愿望就是谋求执政地位。获得执政权的前提：一是现任执政者，施政不力，造成很多社会问题；二是获得选民的支持。因此，支持社会运动可谓是万利无本之事。环境运动发生后，民进党支持弱势的环境自力救济者，一方面可以借之给执政的国民党以污名，指责国民党种种秕政。国民党去台后的戒严体制和族群矛盾一直纠葛在一起，一直引起政治反对势力质疑国民党威权体制的统治能力，政府机关的自主能力受到威胁。及至70年代经济起飞后，"民间社会势力蓬勃崛起，以致社会出现对于公共政策合法性的认同危机。政治反对运动成为环保运动者学习的对象，反政治体制的运动者赋予反公害者抗争的信仰、意识形态、情绪甚至是资源，使得反公害者经常以自力救济方式解决环境污染的威胁，环保意识与反抗势力因而高涨，成为一股锐不可当的社会运动。"① 因此，政治反对运动的斗争方式，也成为环境运动参与者学习和模仿的对象，这本身就是一种学习的资源。如果台湾没有出现政治反对运动，缺少可以学习与模仿的对象，则反公害运动是否能够发展成为一种社会运动，恐怕是有疑问的。

　　然而，1987年之后，由于国际的压力和岛内持续不断的社会运动的冲击，国民党被迫开放党禁，以民进党为代表的反对势力成为合法化，民进党不需要进行街头抗争了。从此之后，民进党对社会运动不再投入热情。1992年，民进党举行一场社运座谈会，广邀各领域的社会运动工作者来交换意见。会上，各团体代表纷纷批判民进党利用社会运动。当时的民进党主席许信良表示：民进党基本上同情社运的诉求，但民进党的目标在于执政，不可能完全与社运团体的想法一致。② 那么，政治民主化之后，民进党为什么会减少对环境运动资源投入。

　　首先，民进党需要迎合资本家。长期以来民进党一直面临资本家的不信任。在民进党草创时期，民进党曾大力参与劳工运动、环境抗争，与企业家站在敌对的立场。进入90年代，民进党一直思考如何取得商界信任：那就是要进行妥协，迎合企业家的愿望。如，1994年德商拜耳公司拟在台中中港区设TDI厂。执政的国民党持支持态度，在土地、税捐、环评程序等方面都尽力配合。起初，

---

　　①　张茂桂：《民国七十年代台湾地区"自力救济"事件之研究》，"行政院"研究发展考核委员会，1992年，第19页。

　　②　《中国时报》1993年5月29日。

民进党是极力反对的，召集反拜耳设厂行动联盟，并举行说明会、文宣会等方式进行动员。其反拜耳设厂行动联盟的负责人是民进党籍的廖永来。廖永来曾向港区居民承诺将举行公投，是否设厂。具有讽刺意味的是，1997 年，廖永来竞选成功，当选为台中县长。此时，廖永来骑虎难下，台湾当局认为公投是一个负面的示范，其他地方也会效仿，影响经济。外商代表此时也向民进党中央施加压力，要求制止廖永来举行公投。面对资本的压力，民进党中央不得不选择了妥协。党主席许信良建议以公听会来代替公投。陈文茜表示，公投的范围要设限，"漫无标准的公投会助长非理性的抗争。"[①] 为了避免被贴上"反商"的标签，民进党中央出面指示各地行政长官，不要采取过激行动。前此高调的廖永来在事后，对拜耳公司表示：只要生产其他低危险性的产品，县政府将持欢迎的态度。

除台中县拜耳设厂之外，同时期的其他民进党籍地方首长也采取了类似的"招商"策略。显然，在通往执政的道路上，民进党永远无法忤逆资本家的意愿。没有资方某种程度上的支持，民进党取得权力是不可能的。

可见，在台湾政治民主化之后，民进党为了其日后执政的长远利益，渐渐拉开了与昔日环境运动盟友的距离，减少或停止了对环境运动的资源投入。随着民进党进入体制，其政治人物的作为也跟着"世俗化"，开始与国民党一样介入工程开发案。在若干开发争议中，民进党反而成为地方环境运动所反对的对象。环境运动更别奢望民进党的资源支持了。环境运动不可避免地走向衰退。

（二）社会力的驯化，由街头抗争转向专家谈判

80 年代是台湾社运的黄金年代，各种社会抗争风起云涌，其中对环境污染的抗争，更开其他各类型抗争的先河。在 80 年代初期，台湾民众在面对各种环境污染时，就以各种剧烈的抗争形式回应，包括各种肢体性的冲突等。从 1982 年开始，环保抗争运动风起云涌，据学者估计，此段期间自力救济运动发生了 1516 次，[②] 相当惊人。其中属于环保抗争事件当不在少数。萧新煌曾将 1981 年至 1986 年台湾地区所发生的公害事件归纳整理，共有 108 个案，其中几个著名个案，如中国合成橡胶碳烟厂污染案、阿米诺酸厂污染案、观音乡大潭村重金属污染案、台中县大里乡反三晃农药工厂案、新竹反李长荣化工厂案、鹿港反

---

① 《联合报》1997 年 12 月 11 日。

② 张茂桂：《民国七十年代台湾地区"自力救济"事件之研究》，"行政院"研究发展考核委员会，1992 年。

杜邦运动等。

萧新煌称这种现象为社会力的兴起。以 1986 年 6 月，鹿港反杜邦设厂，发动台湾第一次环保示威游行为标志。从此，环境抗争的形式也发生了大幅度的改变，抗争的民众逐渐舍弃以前剧烈的肢体冲突，改采比较温和理性的示威形式。各种游行的时间、路线或诉求等，都经过理性安排，肢体冲突的可能性也就大幅降低。

这种游行示威的抗争形式，到"解严"后的 1988 年到 1990 年前后，达到最高峰。但到 1993 年左右，包括环保运动在内的各种游行示威开始大量减少，抗争的形式从街头转移到室内，抗争的发动者，也慢慢地由民众转移到学者专家。一种尝试透过对行政或"立法"过程的干预，以达到环保目的之努力，开始取代过去群众的动员和示威，让环保运动变得更理性、更温和也更专业。这时，暴力发生的可能性大大降低。由这些现象来看，从 80 年代开始，环保运动由肢体抗争慢慢转变成游行示威，再转变成专业游说。在整个过程之中，台湾社会运动出现高度组织化现象，而暴力、冲突的发生愈来愈少，萧新煌称这个过程为"社会力的驯化"。[①]

社会力之所以"驯化"，乃是草根抗争的自力救济行动逐渐被兴起的社运组织所代替，由社运组织中的专家代表民众与资方和政府进行谈判来解决问题。首先，社会运动的参与是需要热忱与投入的，民众在持续不断的抗争中也有身心俱疲的感觉，久之，民众势必对抗争有倦怠之心。其次，为了增强抗争的力量，分散的自力救济行为，开始组织起来，专家学者和政治反对者也参与其中。这种组织化趋势能使社会力以更有效率与更专业的方式呈现，民众也乐于让组织代表自己表达意见。

从政府的角度来看，民主化之后，政府有了执政的合法性，他们不再需要为了保卫自己的权力，而采取压制社会抗议的行动。而在以往，集会游行被视为有潜在的"颠覆政府"的意图，被当成"政治事件"来处理。在威权体制下，失控的抗议事件有可能导致一场大革命，造成改朝换代的结果。然而，在民主社会，这一类的事件最多造成暴动，生命财产可能有损失，但是政府绝对不会被推翻。由于环境议题的多样性与地域性，"中央"政府也很难扮演全方位掌控的角色。在这样情势下，当局勇于把抗议事件转让地方政府来处理，由地方政

---

① 萧新煌：《社会力——台湾向前看》，自力晚报文化出版公司，1989 年，第 276 页。

府与抗议者进行谈判，抗议者队伍中不乏专家学者，由其中的专家与当地政府和"环保署"进行谈判，达到双方利益最大化。

最先确立这种地方政府谈判处理模式的案例是 1993 年发生的"大社事件"。大社工业区长久以来严重的环境污染，也引发了多次的抗争案件。1993 年 4 月 5 日晚间，工业园区发生不明气体外泄，造成数百名民众身体不适。此前，林园工业区由于长期超抽地下水，造成水质盐化，许多工厂不得不减产。翌日，居民进行围堵抗议，并且要求石化业者订出停工时间表，全数迁出大社乡。在抗争压力之下，县长对抗议者表示，若干涉嫌重大的厂商先行停工。抗议群众对此项决定仍不满意，他们希望能够永久免于石化业的毒害。厂商自知理亏，迫于抗议群众的压力，主动表示关停部分工厂。后来，县政府与厂商协商，迁出部分企业，事态平息。

在整个"大社抗争"处理过程中，协调居民与厂商、维持现场秩序等工作完全交付给地方政府执行，"中央"政府并没有明显的干预。因此，"大社事件"建立了"中央"政府退居第二线，地方政府负责协调的模式，避免了这种环境抗争上升到政治事件，从而形成了协商解决的模式。不需要激烈的抗争和肢体冲突才能解决问题的结果。

社会力驯化的表现形式就是分散的、暴力的自力救济行为，让渡于组织化的专家代理的谈判，激烈的抗争被体制内的议价代替了，社会秩序不再受影响。社会运动也从混沌走向有序。

（三）社会乱象不利于人们的生产与生活

80 年代初，台湾环境问题初次出现，环境受害者无法忍受工业废弃物的污染，在向当局陈情无效之后，奋起进行自力救济。何明修认为：自力救济是弱者的武器，因缺乏体制内解决问题管道，只有制造负面的诱因，迫使当局接受负面后果或解决问题。[①]

因无先例可循，民众只能通过肢体抗争制造负面诱因。阻街、挡路、围厂、暴动等，无奇不有，整个社会秩序被严重地威胁，公权力更遭受严重冲击。但是，自力救济也是一把双刃剑，自力救济在给排污企业施加压力的同时，也给群众自己的生活带来了困扰。同时，环境受害者，也会失去人们的同情。在这种危机下，把群众的意见集中起来的组织作为一种达成有效沟通、维持社会秩

---

① 何明修：《社会运动概论》，三民书局，2005 年，第 12 页。

序的新技术形式，逐渐成为社会的共识。除了抗争民众实际操练组织技术的协调过程中获得"理性"效果外，公共舆论也出现了支持各种自力救济正式组织化的声音。如1985年9月15日台北西北区扶轮社庆祝25周年时特别成立"财团法人环境保护文教基金会"，其主要目标之一是："结合各地反污染行动、走向组织、讲求和平合法"。其实，80年代中叶开始，社会之所以出现让自力救济组织化的舆论，是因为80年代前期的自力救济的乱象所引发。因此，所谓机会结构或制度情境，其实是行动的效果，甚至是行动的一环。当台中"三晃案"的行动者进行积极理性的组织抗争时，他们却在这种理性行动的进程中，慢慢被卷入国家的治理范围之中，人们愈积极进行组织抗争，就会愈来愈温和理性，也愈符合国家秩序的要求。

又如《联合报》1986年5月30日2版的一篇评论文就这样写者："根本消弭法外自力救济以从根本上解决问题，自然要从鼓励并协助人民组织以保护环境为宗旨的人民团体等方面着手，使受害人真正能够经由公力救济的途径，及时解除其切身之痛，自能消弭法外的自力救济于无形。"因此，为了消弭社会的"乱象"，整个社会要帮助这些自力救济的民众组织起来，让他们更有理性、更有秩序地来进行抗争。因此，"台中公害防治协会"等民间团体相继获得成立。

社运组织的诞生与运作，会有消弭肢体暴力的效果。我们从上述对台中"三晃案"领导人黄登堂的表述中看到，组织技术的效果之一便是将意见集中，进而协调群体的行动。所以组织成立之后，居民会先和负责人沟通协调，再采取行动，不会像以前一样乱冲，突发性的暴力抗争因此减少。厂方也因为民众有组织存在，也比较愿意和代表沟通、协调。在这种情况下，暴力冲突的发生就大大减少了。尤其，双方都愿意沟通，也有沟通管道的存在，争吵了十多年的案子，在有正式组织介入之后的一个多月期间，双方就达成协议。本案虽然尚未发展出示威游行的抗争形式，但双方以沟通代替以往的肢体冲突，并最后达成协议。证明组织的确具有驯化暴力的功能。

除了"台中公害防治协会"的例子外，我们也看到新竹的水源里抗争中，在历经多年陈情、请愿后，也是以暴力冲突引起社会关注。而在其后的围堵、谈判过程中，一位参与"新竹公害防治协会"的教授说："如果有中介团体的存在，民众意见的反映会更顺畅……有这样中介团体的好处，是至少不得已要进行街头抗议时，能商订纪律和作法，不至动辄挨告。……能清晰明白地表达意见，不会被误认为乌合之众不讲道理。"①而报纸上亦出现相较于之前的暴力行动，围堵期间"民众自制，中介人士疏导有功"等说法。②在此，我们必须注意的是"公害防治协会"不只是一种名号，而真正起作用的是组织。

由此可见，自力救济式的集体行动，虽给企业的资方带来压力，但混乱的局面也给群众自己的生活带来不利局面。如何结束这种一哄而起的局面，最好的办法就是让环境受害者组织起来，由众推的专家代表去和资方乃至政府去谈判。同时，民众组织起来，也增强环境受害者的话语权，如果以独家独户的受害者去理赔，因普通民众缺乏知识，和企业处于信息不对称状态，难以达成维护自身权益的协议。组织之后，众推具有专业知识的代表与资方谈判，既可以解决了问题，又避免带来冲突局面的失控。

总之，在社会运动中产生的社运组织，都要面临着转型为正式民间组织的问题。这种转型既有社运组织资源枯竭和参与者疲态的因素，也有社会组织发展必经之路的因素。就环境运动而言，环境受害者最初自发地冲进企业破坏生产，以进行自力救济。但长此以往，混乱的局面给社会带来的危害。因此自发的抗争变成组织起来的抗争，由具备专业知识的代表与资方进行谈判以解决问题。与此同时，由于此前威权统治时期压抑的社会问题，随着社会力的成长而成为奋起抗争的议题。岛内与族群矛盾纠葛在一起的政治反对运动也如火如荼地展开。国民党当局而对国际和岛的压力被迫开放民主，集会、游行变成合法的民意表达的手段。民意表达的渠道变得畅通，社运组织的抗争行为就显得无必要了。此外，政治反对势力对社运组织的资源注入也渐渐减少。政治反对势力本来是要借社会运动传播自己的政治观点，并给执政党污名化。但是在政治民主化之后，反对党为了执政的终极目标，不得不讨好资本势力，对社会运动不再投入热情。综合上述原因，各种社会运动中产生社运组织，在政治民主化之后，必然要转型为服务于各个领域民众生活的民间组织。

二、转型后民间组织的活动

转型后民间组织作为对政府和市场失灵情况下的一种补充形式，对社会所具有的各种功能也日渐突显。同时，它所具有的非政府性、非营利性、合法性、决定了它在社会治理中能够发挥起更重要的作用。概括地说，民间组织对社会

---

① 《联合报》1987年1月18日。

② 《联合报》1987年8月15日。

的功能作用大致有：动员社会资源、提供公益服务、政策倡导与压力集团、社会协调与治理。① 这些功能都具有普世价值，对于威权体制的国家，民间组织组织还具有：社会协调与治理及促进经济发展的功能。对 90 年代的台湾而言，由社会运动中产生并转型而来的民间组织其主要功能便是：动员社会资源，提供公益服务以及政策倡导的压力集团。我们仍以环境组织为例来加以论证。

（一）转型后的民间组织参与进环境议题

经过多年的抗争，1987 年，台湾当局把环保部门升格为"环保署"，全岛的环境议题正式提升为部门层级。环境政策也成为政府下放的重要一环。昔日环境运动组织被允许参与决策过程，通常情况是运动组织被邀请参与决策过程，那么这些组织就转化为压力团体，激进的告状抗争也就转变成专业的代理人参与。相反，如果体制内参与管道仍是未开放的，要求转型的环境压力则较小，社会运动就会依循着旧有的轨道运行。

1994 年，台湾"环境品质咨询委员会""公害纠纷裁决委员会"与"国家永续发展委员会"之中，邀请了民间代表参与，参与者多是专家学者，再加上各部门的代表。其中的"公害纠纷裁决委员会"，要负责涉及民事赔偿责任的纠纷案件，进行第三者的裁决，以避免产生体制外的环境抗争。基于这个考虑，官方所设定的人选都是"具有环境保护、法律、医学或相关专门学识、信望素孚的公正人士"，避免处理争议的机制反而成为争议焦点。但这些专家学者同时也是环境运动组织的精英，他们在参与"环评会"时，必然把民众对环境的意见表达出来。

环境团体真正取得席位的地方是"野生动物保育咨询委员会"和"环境影响评估审查会"（简称环评会），表决权只给受聘专家学者，但是关切环境团体、地方民众、政治人物也有机会可以出席。环境团体之所以能够参与"野保委员会"，是通过一连串的"立法院"游说、施压，终于在 1994 年 10 月通过的"野保法"修正案中获得通过。据"野保法"规定，这个委员会拥有同意野生动物保育区设置的权力。有了这个权力，在一系列面临开发或和保育两难的重大抗争中，环境团体拥有相当有力的权力。他们可以以设置保育区为由来抵挡企业的过滥开发，野生动物保育也就成为反污染的延伸。

---

① 范和生、李红梅：《论民间组织的主要功能》，《合肥工业大学学报》2009 年第 1 期。

表 5-1 台湾主要的环境参与决策制度

	环境品质咨询委员会	公害纠纷裁决委员会	野生动物保育咨询委员会	环境影响评估审查委员会	"国家永续发展委员会"
实行年度	1988	1992	1994	1994	1997
法律依据	"环保署组织条例"	"公害纠纷处理法"	"野生动物保育法"	"环境影响评估法"	无
主管机关	"环保署"	"环保署管考处"	农委会林业处	"环保署综计处"	"行政院"
决策内容	环境政策、制度之建议	公害之赔偿与仲裁	动物保育	开发案审查	国际环境议题之建议
民间出席者	专家学者企业人士	专家学者	专家学者 环境团体 养殖业者代表	专家学者	专家学者
民间列席者	无	污染业者 受害居民	无	开发业者 环境团体 政治人物 地方民众	无

资料来源：何明修：《绿色民主：台湾环境运动研究》，第158页。

1994 年修立"环评法"之前，保育团体曾赴"农委会"要求重组咨询委员会，并且纳入民间的代表。官方答应这一要求，并且承诺在 25 席次中，让民间团体取得过半的影响力。[1] 当时的生态保育联盟曾集体推出参与人选，包括 8 位保育团体代表，与 8 位专家学者。[2] 在第一届咨询委员会的名单中，民间团体的要求获得官方相当程度的重视。这些参与者将运动的诉求带到官方决策的议程。

表 5-2 "农委会"第一届野保咨询委员人数（任期 1996—1998）

官方推荐	民间推荐
官员 3 人 专家学者 4 人 养殖业者 1 人 少数民族乡长 1 人 其他 4 人	民间团体代表 8 人 专家学者 4 人
小计：13 人	小计：12 人

资料来源：见何明修《绿色民主：台湾环境运动的研究》。

---

[1] 《联合报》1995 年 7 月 2 日。

[2] 《联合报》1995 年 7 月 15 日。

环境运动者一旦取得了咨询委员会这种准官方的身份，就有能力向支持开发案的地方政府施压，以体制内的讨价还价取代体制外的抗争。如，台东县知本湿地开发争议多年，最后，民间的咨询委员会与当地团体进行会勘，一同向台东县政府表达保留的建议。

总之，转型后环境组织不再是被官方认为蛮不讲理的暴民，而是具有专业知识的社会组织。此前，只是因为他们的利益表达无人理会时才会采取极端行动，以期引起官方重视。而当民主化开启了局部性的程序参与管道，环境运动就走上了体制内参与途径，以体制内的讨价还价代替了体制外的极端抗争。虽然，环境运动者仅参与了咨询委员会并没有取得实质的权力，但却拉近了民间团体与官方的距离，民间的声音有了正式进入官方视听的渠道，于社会的良性运行必有益处。

（二）民间组织的政策倡导与理念推广

作为环境保护的践行者和倡导者，环境组织在有了些许的参政渠道之后，积极参与立法和政策倡导。它们在表达其利益诉求和环境主张后，努力在立法和公共政策过程中谋求实现更广泛的环境正义。政策倡导和影响功能反映了环境组织对社会政治过程和公共决策过程的影响力。在参与过程中，为政府提供专业的意见和建议。有了环境组织实现了制度化、组织化的政治参与途径，从而规范了环境受害者政治参与行为，避免由于政治参与机制不健全而引起社会公众大量非制度化、非更改化政治参与的出现。

如"台湾环境联盟"参与了政府各项环境政策出台的全过程。整个针对环境问题与相关政策、"法令"、措施进行研究分析，并举办座谈会、公听会、研讨会提出建言，推动"立法"。如推动"环境基本法""环境影响评估法""资源回收再利用法""水土保持法""公民投票法""再生能源利用条例""电磁波防护立法""国土复育条例""温室气体减量法"等法案；推动"环境权"和"非核"条款"入宪"；举办"五轻建厂公听会""民间林业政策座谈会""垃圾处理考察""民间水资源会议""生质能研讨会""民间产业政策与环境保护研讨会""海岸湿地保护研讨会""民间能源会议"等会议；进行"六轻环境影响评估报告查证与评论""核四再评估"等工作。2006年协助当局召开"国家永续发展会议"，并拜会"总统"、"行政院长"、民进党、国民党、"台联党"提供环境政策建言；甚至对"总统"、县市长、"立委"候选人提出环境政策要求。

除了推动环境"立法"的过程，环境组织还推广其环保理念，推动反公害与生态保护运动，他们还营销他们的环保理念。如举办"生态关怀营""大专生环保夏冬令营""学生环保营""环保团体干部研习营""绿色学苑""青天清水关怀淡水河"及"人与海洋"亲海系列活动。举办"五轻对后劲环境影响评估""民间林业政策座谈会""垃圾处理讲座""民间水资源会议""生质能研讨会""民间产业政策与环境保护研讨会""海岸湿地保护研讨会""民间能源会议""六轻对宜兰环境影响评估""核四环境影响再评估"等环保相关研讨会，建立环保之学术基础。举办"环境展望"国际研讨会、"第三届非核亚洲论坛""新国际冲突—核子侵略"国际研讨会、"第二届全球非官方臭氧保护会议""第四届东亚大气行动联盟"会议等环保相关国际会议，并参与国际环保活动，落实环保国际化。举办干部营、大专学生环保营、绿色学苑、环保讲座，培育环保人才；投稿报章杂志、主持电台节目、出版手册和书籍，并发行台湾环境杂志、绿色能源电子报、台湾环境电子报、制作网络影片、架设各种议题部落格等，进行环保观念宣传。

发起抢救森林运动，促成林务局改制为公务单位并禁伐原始林；发起反对石化工业扩充运动，阻止台塑六轻在宜兰、桃园设厂及台肥在花莲设 TDI 厂；发起反对水泥业东移运动；发起反对非法高尔夫球场、抢救山林水土资源运动；参与反"杜邦"、反"五轻"、反"彰滨工业区"、反"滨南工业区"、反"八轻大炼钢厂"、催生"栖兰桧木国家公园"、抢救"台中惠来遗址"等运动；2004年、2005 年、2006 年、2007 年结合环保团体举办"全国 NGOs 环境会议"；2005 年起关心"反台南县东山乡设置垃圾掩埋场""反苏花高兴建"，并积极关心电磁波公害问题。2005 年举办"我要活下去为环境而走大游行"；2005 年2 月，《京都议定书》生效前夕，结合环保团体与大学生赴"行政院"裸体抗议；关注 8 年千亿治水预算；关心离岛不当开发，催生离岛环境保护联盟产生。2007 年起"反台 26 线"、"抢救杉原海岸"；2009 年起反"国光石化"、保护阿塱壹古道等；2011 参与"国光石化"环评审议，坚决反对兴建。

（三）直接参与环境治理

通观世界民间组织，其主要职能之一，即承担一些公共管理和公共服务职能，协助政府转型。民间组织之所以能参与治理，是由于民间组织具有接近社会的优势，能够敏锐地发现人们对公共服务和公共产品的需求，再加其提供准公共产品和公共服务时成本低、效率高的优势。其次，民间组织有能力参与社会治理，它所关注的公益事业往往还有社会或人类普世的价值观意义，通过有组织的社会动员和社会参与，能帮助其成员实现人生的社会价值或更广泛的公益价值，获得社会成员的支持。再次，民间组织可以承担一些直接微观管理职能，促进政府职能从微观管理向间接宏观管理转变。因此，民间组织能够替代政府来高效地提供准公共产品和公共服务。如"台湾荒野保护协会"就承担了环境监测和水质监测的工作。这些工作本来是应该是相关部门的职责，但行政部门存在懒政和低效的问题。"荒野保护协会"自发担起了这项工作，他们在台湾48个定点进行长期的自然观察与环境监测。他们以其对大自然的热爱，以其志愿精神，使得他们在遇到环境破坏案件时感受的冲击更大、感触更深。实际成为人与自然的桥梁，通过热忱分享的体验活动，传递生态观念、连结人与土地情感。在荒野内部，许多人进而跨入儿童教育、特殊教育、环境议题推动、栖地保育等领域，带领荒野的环保工作扎根拓展。

"荒野"解说员亦在此进行生态观察纪录、生态教学及环境监测，亦发现区内出现人为使用失当导致生态破坏，包括大量种植外来各种园艺植物、私自开垦菜园、动物放生、铺设地毯导致树木枯死的情况。2003年7月陆续发生不当砍树、规划失当的步道，破坏台北树蛙栖地等事件，更让当地居民与"荒野"正视危机，游说富阳由军方移拨给台北市政府妥善规划为真正的"森林自然公园"。2004年10月，台北市政府工务局公园路灯管理处委托"荒野"认养二年，以结合社区营造与生态保护为主要工作。

"荒野保护协会"还协助台湾"环保署"进行水质监测，预防水质恶化，提供环境水质变异预警功能。"环保署"自2002年起依据"行政院"核定之"台湾地区河川流域及海洋经营管理方案"（2002—2004年）暨"河川及海洋水质维护改善计划"（第一期2005—2007年、第二期2008—2011年），统筹办理全台"环境水质监测"工作，并将环境水质信息透过网络公告周知，提供民众了解环境现况，维护民众亲水、用水之安全。协会掌握各类水体水质长期时间变化趋势，建立长期变化信息，以提供制定水污染防治政策应用。为监控环境水质变化，提供水污染防治参考，各级机关均长期投入水质监测工作。水质监测的目的在于建立水体质量相关信息，提供各界了解水体环境现况，唤起社会大众关心水环境保育的意识，以保障民众亲水、用水安全之环境。"环保署"借由定期执行环境水体水质监测，建立长期水质变化趋势数据，以评量水污染整治成效，进而作为研拟水污染防治法规、水污染管制措施等之参据。

正因为民间组织有着关爱人与自然的公益精神，几乎所有台湾的环境组织都以参与环境治理为己任。除了前述几个环保组织之外，如"台湾环境资讯协会""台湾绿党""环境质量文教基金会""财团法人环境发展基金会""周围法人看守台湾协会"都在自己宗旨指导下参与政府的环境治理。"环境质量文教基金会"不无自豪地宣称：我们深信，提升环境质量之不二法门，乃在于民众对于政府环保政策之关心与督促。而民众对环保政策之关心与督促，则无法寄望于政府本身，而有赖于民间环保团体持续的监督与呼吁。是以本会即长期与学术界合作，经由调查、研究、检验、统计等方法，经常地发表相关环境质量之调查报告或声明，以期唤起国人对环境事务之重视。

第二节　中国大陆民间组织的转型

一、转型的内源：政治变革与社会需求的多元化

改革开放 30 多年来，中国的政治体制发生了巨大的变化。由政治变革引起的政体转型，必然会波及国家和社会的方方面面。对于身处其中的中国民间组织而言，在政治、经济、文化三重变革的大浪潮中，植根于固有社会形态的组织结构也在不断遭受着时代的冲击。因而，转型是国家与社会赋予中国民间组织的时代需求。在民间组织蓬勃发展的今天，我们有必要对其转型的内在逻辑进行一定的考察，以把握其未来的发展方向。

（一）政治变革与民间组织转型

林尚立在《民间组织与政治改革：中国的逻辑》一文中，曾指出"基于政治体制改革推动所形成的中国政治改革，展现了三大景象：权力结构的变化、体制变革的深化以及政治生活方式的转化。"

他认为随着中国的政治变革，在权力结构方面，政党主导一切的权力格局逐渐被政党、国家与社会相互决定、相互制约的三足鼎立的格局所替代。在体制变革方面，政府管理体制从单纯的机构改革或职能转变，发展到以机构、职能、职责三者有机统一的整体变革，以建立既符合市场经济要求，又满足社会发展需要的现代政府。在政治生活方式方面，政治生活所包括的三大主体：政党、国家和民众都发生了相应的改变，从而使得国家政治生活与民众政治生活有了比以往更加广泛和密切的相互呼应和互动。由林尚立所揭示出的这三大景象的变革，展现出中国社会领域被进一步扩大的画面。在中国政治改革前后，社会性、公民性、民主性等特性显著加强，这些特性逐渐深入到中国民间组织

的社会肌理中，使之发育、生长，并由此伴随政治变革发生转型。

政治变革与民间组织转型具有一定的对应关系。这种对应关系一般表现在双方对于社会资源的共享与分配，协调与互补上。具体而言，政治作用力与民间组织的自发力是一组相互作用力，通过两者的互动，由此形成了推动转型的巨大合力。在整个政治变革的过程中，民间组织的转型并非是一种被动的"被转型"，而是一种积极主动的改造。政治改革在一方面打开了更多自主的社会空间，但同时也迅速产生了许多社会组织的空白部分。民间组织的转型方向往往便是针对这些空缺、薄弱的部分，进行积极有为的主动改造。

政治改革后，政府由过去的"全能政府"转变为"有限政府"。政府不再包办一切经济、社会事务，而是空出许多领域让位于社会。这与公共选择理论所使用的政府"失灵"理论有一定关联。作为自上而下建立的国家权力机构，政府在动员资源、制定和实施政策、提供服务等公共管理的过程中，可能会因种种原因而"失灵"。

这种"失灵"对于改革之际的中国而言，便是市场经济体制与中国的政治体制之间形成的错位。为扭转这种"失灵"的局面，政府对其职能进行调整，从而空余出大量的社会职能。这一方面使得原本掌握在政府手中的大量资源基础开始松动、放宽，向民间社会发生倾斜。这种改变成为民间组织得以存续的可能，因为社会资源一旦断绝，那么任何民间组织便无从谈起。另一方面，改革开放后，中国的民间组织呈现出爆发式的增长数量，在民间社会的各个领域都有所涉猎。通过对现有民间社会组织的考察，不难发现民间组织在参与公共事务，提高行政效率，协调社会功能，完善社会保障方面都展现出重要的作用。鉴于这样的形势，政府也逐渐意识到，包办社会一切事务是不可能的，而由民间组织来承担一部分社会功能，以配合政治变革也未尝不可。于是政府或通过政府主导，或通过政策支持等方式，为民间组织的发育、生长、转型注入了源源不断的动力。

当然，政治变革对于民间组织而言，既是机遇亦是挑战。它赋予民间组织生存、发展的更广阔空间，但同时也需要民间组织不断改变自身的组织建设以不断顺应政治变革的大潮流。这也就意味着民间组织的转型，一方面是时代所给予的助推力，而另一方面则是通过自身不断调整的适应力。林尚立认为，中国政治逻辑的变化，其核心体现就是：社会成为党和国家政权权力和政治行为的逻辑起点。

政治变革后，随着社会领域的逐步扩大，民间组织迅速崛起，继之而起的便是公民权利的快速增长。近年来，政府在制定公共政策，实行公共决策时，越来越注重公民的参与性，而民间组织则成为沟通两者进行对话的一种有效的方式。但据贾西津《民间组织与政府的关系》一文中所考察，整体上的民间组织在反映民间立场、平衡利益群体力量，尤其在代表弱势群体权益、赋权公民方面，作用比较有限。

随着草根组织的蓬勃发展，民间组织对政治决策有了一定的话语权，这为公民权利的发声打通了重要的通道。如环保组织"自然之友"，在2005年策划并开始实施的环境理念倡导项目《中国环境绿皮书》，在我国环保领域已形成较高的品牌认可度和影响力，对环境保护决策者增强公众视角起到了一定的推动作用。

顺势而为，关注政治变革动态，聚焦政治变革核心，不断深化公民性、自主性，使得民间组织得以顺应时代，汲取转型的动力。

（二）社会需求的多元化与民间组织转型

人类社会不只是一个物质的系统，人类社会也是一个被建构起来的庞大的规则体系。社会转型意味着包括经济制度、政治制度、思想意识形态等一系列的社会规则体系的改变。这种改变最终还是通过广大民众的要求或认同来实现的。

在中国社会转型发展的过程中，转型涉及社会方方面面的改变。现实社会与既有社会之间的断层，既体现在广大人民群众物质生活的改变上，同样也显现在精神文化方面的新旧交替上。因而，推动民间组织转型的社会需求是多元化的，归结来看，主要体现在以下两个主要方面：

首先，新增的公共需求与陈旧的公共服务配套之间的矛盾所形成的推动力。迟福林在《政府转型与民间组织发展》一文中从公共需求的角度对中国民间组织的转型进行了深刻的分析。他认为，公共需求的深刻变化是促使民间组织转型发展的重要因素。作者在文中结合中国当代社会的现实情况，经过分析总结归纳出中国民间组织转型的五个重要源头。其一，由于收入分配差距比较严重，并有不断扩大的趋势，广大社会成员对缩小收入差距、实行社会再分配的基本公共需求比以往任何时期都更为强烈、更为迫切。其二，义务教育、公共医疗已成为当前多数社会成员重要的公共需求，并且比以往任何时候都要突出。其三，在我国经济社会转型时期，就业和社会保障已成为全社会基本的公共需求。

目前，我国面临着巨大的就业压力。其四，公共安全越来越开始成为社会成员普遍的公共需求。其五，随着利益关系的变化，合理、正当的利益表达和利益诉求开始成为广大社会成员，特别是弱势群体的公共需求。迟福林认为，全社会公共需求的深刻变化和快速增长与公共服务不到位、公共产品严重短缺的现状产生了突出矛盾。而这种矛盾，既构成了经济转轨时期政府转型的现实压力，又反映了社会转型时期发展民间组织的客观需求。①

换而言之，民间组织转型发展的动力便是源于对现有公共需求缺失的一种主动应对。就中国民间组织现有类型来看，草根型民间组织发展迅速，且在文化娱乐、教育研究、卫生保健、社会服务、环境保护、发展住宅、法律等方面均有涉猎，这与社会转型之际，人们对现实生活所提出的需求是紧密联系的。举例而言，改革开放以后，随着社会的高速发展，环境问题越来越受到人们的普遍重视。许多环保民间组织快速发展起来，并积极参与到社会各项重大事件中去。比如 2003 年，都江堰管理局先后于 4 月和 6 月召开杨柳湖水库大坝的论证会，意欲在距都江堰 1310 米的地方修建大坝。消息一出，立即引起了社会各界的强烈反响。以汪永晨为代表的环保主义者密切关注都江堰。汪永晨除了是"绿家园"的负责人、知名环保人士，还有一个身份是中央人民广播电台的资深记者，并成立了关注环境的记者沙龙。为了保护都江堰这个世界文化遗产，汪永晨在记者沙龙上公布了自己的所见所闻，很快引起媒体的报道。7 月初到 8 月底，180 家媒体集中报道终于让有关部门做出反应，并最终否定了杨柳湖电站建设项目。

从这个事例中，我们可以看到民间组织正随着社会转型发展的要求，不断调整自身的社会职能，而社会公共需求与公共设施之间的矛盾又成为民间组织不断转型发展的推动力。

其次，公民权力的不断增长与公民精神需求的多元化形成的推动力。改革开放后，随着社会主义市场经济的繁荣发展和民主法治进程的不断推进，国家管控开始逐步让位于自律管理，个体意识也开始觉醒，公民精神逐渐形成。在这一背景下，各类民间组织获得了发展，并成为不同利益群体的代表，它们担负着对所属群体利益进行自我保护、自我修复、自我民主管理的功能。

总的来看，物质条件的提高不仅使人们的生活发生了巨大的改变，同时对

---

① 迟福林：《政府转型与民间组织发展》，《开发研究》2005 年第 6 期。

人们的精神追求也产生了极大的影响。比如，目前社区民间组织的兴起便是一大印证。2003年建设部出台了《业主大会规程》。通过该文件，业主可以成立业主委员会，可以通过业主大会决策小区重大事项，包括依法更换物业公司。业主委员会的成立，充分体现了自治性，体现了居民参与、自我自治、自主维护权益这样一些根本性的社会需求。1991年，在万科天景花园成立了国内第一个业主委员会，其成立的原因就带有公民自治，维护公民权利的维权色彩。当时天景花园是商住楼，但供电局要求按商业用电收费。一次偶然的机会，一位业主解决了此事，使得业主们看到了物业管理的重要性。于是，1991年3月22日晚7时30分正式宣布成立天景花园业主委员会，开始推行业主和物业服务企业共管模式。随着社会的发展，公民对于生活质量提出了更多的要求。仅就社区组织类型来看，文化娱乐类占据了总量的36.0%，超出了总量的1/3；体育健身类的占了16.3%，也是一项重要内容；老年协会、残疾人协会、妇女协会、计划生育类的组织占据20.7%，也是一项重要的内容。其他的方面，志愿服务9.1%，社区学习3.3%，业主委员会3.8%。

从以上数据可以发现，公民为满足兴趣爱好，追求精神生活的丰富性而组建的民间组织占有极高的比例。可见，公民对于精神生活的追求，同样是社会需求推动民间组织转型的一大重要原动力。

二、转型的过程：民间组织的发展走向

改革开放以来，民间组织呈现"爆发式"增长。而在当今我国全面建设和谐社会的大背景下，深入研讨民间组织发展转型问题是非常必要的。首先，我国利益关系和社会结构的变化凸显民间组织的作用。无论是利益主体的分化和利益关系的调整，或者是不同利益群体的利益诉求和利益保护，都对民间组织的转型提出了现实而又迫切的要求。

其次，我国进入以政府转型为重点的改革攻坚阶段，为民间组织的转型提供了重要机遇。伴随着政府转型的实际进程，民间组织必将在社会性、公益性和服务性的社会职能中逐步发挥作用，扮演重要角色。

再次，当由政府主导的民间组织产生信任危机时，民间主导的民间组织开始活跃起来，但面临的问题也暴露出来而迫切需要发展转型。政府主导的民间组织从自身发展和挽救信任危机时也同时面临着转型的压力。

因此，深入研究并积极稳妥地发展民间组织、支持民间组织的转型，具有很强的客观需求，尤其是政府转型与民间组织转型互为条件，相互促进。

（一）去政治化

去政治化在政府转型与民间组织转型互为条件、相互促进的新形势下尤显重要。政企分开、政事分开、政社分开是经济体制改革、社会体制改革的重要目标。所以，首先要在党的政治领导下，稳步推进政社分开，逐步实现社会组织领导人自选、活动自主、经费自筹等方面的改革。

第二，要适应利益关系变化的客观实际，建立政府与民间组织的平等协商对话机制。在现代社会，政府、企业和民间组织是社会的三大支柱。因此，政府与民间组织不是简单的管理与服从、控制与被控制的关系，而是协商关系、合作关系。

第三，要把政社分开作为政府转型的一项重要任务。我国政社分开的关键在于各级政府要从部门利益和行业利益中超脱出来，尽快地把公益性、服务性的社会职能下放给具备条件的民间组织。要在政府和民间组织之间建立起一种取长补短的平衡关系，为社会整体的进步提供推动力。

就目前的情况而言，中国民间组织的"去政治化"改革还是取得了一些成果，双重管理体制改革获得突破性进展，并且在民间组织任职兼职的党政机关领导干部数量在逐步减少，民间组织与政府间的契约合作关系也初步形成，民间组织的编制改革逐渐推开。但也面临着一些掣肘的问题。比如像民间组织与政府机构人员分离依然不够彻底。而民间组织的主动依附问题严重，更重要的是"去政治化"改革缺乏法律保障。

（二）资金来源

中国民间组织最重要的任务之一就是募集和保持一定规模的资源以维持其活动。由于民间组织是非营利分配性的、自治性的组织，它不像一般企业以营利为主，也不像政府可通过获取大量的财政收入来维持其运转，相反，其大多依靠政府的税收优惠、补贴来汲取资源。所以，进行民间组织的体制改革，首先要解决的问题就是资金来源的问题。

中国民间的志愿捐助意识相对薄弱，除了发动民间捐助外，要使得民间组织健康稳定地发展下去，就得依靠相关的税收制度。

在民间组织发展成熟的西方，一般都明确区分营利性与非营利组织，健全非营利组织的监督管理机制。对非营利组织的明确区分和税收优惠，才是对真正非营利性的保护。一旦非营利组织获得税收优惠资格，享受相应待遇，就应该严格接受按照非营利组织的运作管理模式对之的要求进行监管。在大多数西方国家，结社自由，建立一个非营利组织非常容易，但是要取得税收优惠资格，各个国家都有比较严格的审批和监督体制。

一般来说，政府对于民间组织的税收资助分为直接资助和间接资助两种。直接资助指的是政府拨出部分税收收入用于资助民间组织。间接资助指的是，政府向给予民间组织捐款的个人和公司提供减免税的待遇，并给民间组织的收入以减免税待遇。在中国，民间组织发展所需要的资金普遍不足，民间组织在很大程度上是政府分化出来以获取民间资源的一个途径，而不是接受政府资助、受政府委托去实施某些项目的解决措施。因此，政府通过从税收中拨款给予民间组织的直接资助微乎其微，更遑论有多少制度性安排了。

目前，我国关于公益性事业捐赠行为的全国性法规至少有三部：

1999 年 8 月，中国历史上第一个有关非营利组织的专门法案《中华人民共和国公益事业捐赠法》出台；

2001 年 3 月，财政部和国家税务总局发出的《关于完善城镇社会保障体系试点中有关所得税政策问题的通知》；

2001 年 1 月，财政部、国家税务总局、海关总署联合发布的《扶贫、非营利性捐赠物资免进口税收暂行办法》。

虽然《中华人民共和国公益事业捐赠法》对公司和其他企业以及自然人和个体工商户的捐赠行为做出减免税收的规定，然而，对于如何具体实施各类减免、减免到何种程度，等等，该法规都没有给予明确规定。这使得该法律由于没有具体的实施细则，而几乎成为一纸空文。所以，关于保证资金来源的稳定性，建立健全的税收政策、完备的法律至关重要。

（三）政府与社会的监管

目前，我国登记注册的各类民间组织约 31.97 万个，并且仍在以每年 10% 左右的速度递增。据估计，乡村基层民间组织已达 300 万个，其中大量没有登记。[1] 在社会转型过程中，出现了各种新的社会问题和社会需求，解决这些问题和满足这些需求，仅靠政府力量已经远远不够，需要组织化的社会力量。无论是政府还是社会群体，都需要自下而上的民间组织在其中发挥积极作用。

民间组织的组织化水平迅速提高。突出的特点是由单独行动走向主动联盟。

---

① 人民网理论，www.theory.people.com.cn/GB/49150/49152/53682977.html.

但是，在某些因素干扰或某些条件存在的情况下，民间组织同样也会出现价值目标的偏离。近年来，不少权威的民间组织受到了很多质疑，"红十字会"由于"郭美美事件"开始就负面声音不断，信任危机严重。对于社会秩序来说，民间组织本身是一个双刃剑，有的民间组织以社会公益为旗帜，实际从事不正当的谋利活动，特别是一些依靠资助和募捐活动的民间组织，募集的资源往往主要为这些组织成员享有，真正的帮助对象没有获益或获益很少。真正的穷人往往很难获得资源，资源倒是被那些扶贫干部或者其他不贫的人所分享。有的民间组织不是积极地化解冲突、维持社会稳定，而是利用政府工作失误和群众不满而介入群体性事件。出现这些问题，直观地看，是民间组织领域有一些人动机不纯。民间组织是一个结构成分复杂的组织体系，当前的民间组织领域，管理混乱，当管不管，不当管而管，问题是比较严重的。由于民间组织成立的高门槛，多元化的利益诉求没有恰当渠道及时反映，逐渐积攒成为不安定因素，导致组织化的冲突事件发生。当前，加强对民间组织的监管、完善民间组织的参与机制是一个重要问题。如何使我国的民间组织成为政府工作的伙伴、助手和合作者，减少民间组织的消极作用，需要深入研究。

民间组织的大量出现，显然增加了社会秩序的不可控因素。这是当前中国社会面临的突出问题。为了发挥民间组织的积极作用，抑制其消极作用，需要政府和社会一起加强规制引导、舆论监督。

国务院发展研究中心的赵树凯认为，首先，改进登记注册管理。现有民间组织登记注册办法门槛过高，虽然有效控制了过量增长，但在实际工作中，许多民间组织因为很难找到业务主管单位，导致登记注册困难，被迫选择工商登记甚至不登记。这样，政府既难掌握总体情况，更难实施有效管理。因此，应该改进登记管理工作。

其次，加强日常监管。目前，我国民间组织登记严格但管理松弛，其日常活动往往远在政府的视线之外。应该实行"宽进严管"的政策，加强政府职能部门的监管，使民间组织在合法范围内活动，在组织宗旨范围内活动。在监管机制上，要从传统的行政监管转向法治监管，从政治监管转向综合监管。

第三，培育社会监督机制。监管大量民间组织活动的成本很高，仅靠政府监管力有不及，加强社会监督是重要的国际经验。民间组织应将其活动和财务等情况向社会公开，接受社会力量和公众的监督。

另外，民间组织之间的监督和制衡也是社会监督的重要方式。在西方，已经有先例可以参考。在民间组织管理方面，政府的职责，就是要制定相应制度规范，营造社会力量参与监督民间组织的环境。当政府部门、公民个人、其他民间组织都能够有力地监督民间组织的活动的时候，民间组织中不正当行为就会显著减少。

总之，目前中国民间组织正在转型过程中，很多问题业已暴露，也有很多问题得到解决，建立一个完善的监督体制是首要任务。

三、转型的应用：民间组织对和谐社会的建设作用

30 年来，中国民间组织经历了从无到有，从盲目到自觉，从感性到理性的发展过程。民间组织的成长和对社会的贡献，已被政府和公众普遍接受。实践证明，民间组织在社会治理中具有不可替代的功能，在促进经济、社会和人的全面发展中发挥了积极作用。

从近年来，转型后的民间组织对和谐社会的建设来看，其重要意义日益凸显，主要表现在以下几个方面：

（一）民间组织有利于保护弱势群体的利益，有利于促进社会公平正义

随着中国社会的转型，社会矛盾出现了新的变化，由此出现了一批规模庞大的社会弱势群体。弱势群体主要涉及农村人口、农民工、下岗工人、残疾人等，这些弱势群体表达自身利益诉求的渠道往往并不通畅，但他们需要解决的社会问题却是最集聚最庞杂的。虽然，保护弱势群体利益已成为迫切需要解决的一项问题，但面对千头万绪的具体问题，政府难以有效而快速地满足每个人的现实需求。因而，如何妥善应对，逐渐演化为我国社会经济发展的薄弱环节。

近年来，民间组织的转型发展正肩负起这一难题。民间组织与政府部门相互合作相互作用，使弱势群体的诉求找到一条有效表达途径。1996 年，中国第一个女性劳工 NGO 组织——"打工妹之家"正式成立。多年以来，其救助、教育和保障外地来京打工妇女的活动受到了社会各界的普遍赞誉和资助人的持续关注。该组织引导打工妹群体认识和学会维护自己的各项基本权利，推动社会各有关方面重视和保护她们的合法权益。为维护农民工中的更弱势群体打工妹的合法权益做出了积极的贡献。除此之外，希望工程、春蕾计划、幸福工程等众多公益项目也积极反映着民众的诉求，统筹安排社会资源，使数以千计的弱势群体得到了社会的关爱，切实解决了弱势群体面临的种种具体困难，在一定程度上缓解了社会矛盾，促进了社会的公平正义。

（二）民间组织是政府与社会之间的联系，有利于动员与调配社会资源

黄浩明在《民间组织在统筹经济社会发展过程中的地位和作用》一文中曾指出，民间组织在全球治理中正在发挥着重要的、独特的其他行为主体不可替代的作用。因为民间组织力量来源既不同于国家、也不同于商业部门。国家所信托的是法律、征税权、军队和警察等强制力量，商业部门所依靠的是自己的经济力量、创业机会和企业家的智慧；而民间组织所依靠的是由规范上、道义、知识、信仰、价值观和可靠的信息等而产生的意志推动力，是一种"软权力"。

由于与政府、企业所发挥的职能效应有着很大的不同，许多社会资源在调配的过程中，或多或少会存在不均的现象。而民间组织作为一种"软权力"，更贴近民众的现实需求，因而在政府与社会之间，往往能够起到一种纽带和桥梁的作用。

1989年，中国青少年发展基金会宣布建立中国第一个"救助贫困地区失学少年基金"，实施"希望工程"。这项工程根据政府关于多渠道筹集教育经费的方针，以民间的方式广泛动员海内外财力资源，建立希望工程基金，资助贫困地区的失学儿童继续学业、改善贫困地区的办学条件，促进贫困地区基础教育事业的发展。

可以说，"希望工程"在极大程度上动员了公民参与到教育事业中去。它将政府目前在乡村教育方面存在的问题，通过民间组织这一纽带，将社会资源有效集中再分配到真正需要的地方去。随着中国的社会转型与发展，许多社会问题日益突出，政府在处理这些问题时所表现出的能力上的缺陷，在一定程度上通过民间组织的设立、转型与发展，得到了极大的弥补。

（三）民间组织积极投身救灾抢险事件中，有利于社会稳定与和谐

在越来越多的抗灾抢险事件中，民间组织正发挥着越来越不可或缺的作用。现代政府的决策是程序性的，在应对社会突发事件时，政府部门在某些环节可能会因过于墨守成规而反应迟缓，因此，单纯依靠政府应对社会突发事件在很多方面存在严重局限性。而在这些方面，民间组织恰恰具有独特优势，可以弥补政府的不足。

在重大灾难面前，民间组织往往能够迅速集中社会中的人员、资金，通过公益募集的方式，为社会提供紧急服务，维持社会秩序的稳定。

在2008年的汶川大地震中，环保民间组织进一步表现出反应迅速、通力协作的优势。在地震发生后的第一时间，这些组织就成立了抗震救灾联合体，各

尽其能，既整合了民间的救助资源，使救灾款物发挥出最大的效能，同时为抗震救灾各项活动的有序开展提供了组织保障，真正做到了对政府救援工作的有益补充。比如，汶川地震后，重庆市绿色志愿者联合会从四方招募志愿者、筹集物资运往灾区第一线。

（四）民间组织稳步提升人民生活质量，有利于增强社会凝聚力

近年来，民间组织的类型越来越多元化，这与人们日益增长的精神文化需要有着密切的联系。改革开放后，公民的社会生活有了极大的改善，单调沉闷的日常生活越来越展现出多元化的丰富色彩。对于文化、精神的追求，催生出许多民间组织的新类型，比如旅游、培训、健身、文艺类民间组织的数量急剧上升。人们依托社区组织，根据自身的兴趣爱好，采取自愿参加，自筹经费，自行管理，自我发展的原则，集结成一个个民间组织。通过在民间组织中的活动，人们形成良性的互助关系，并在活动的过程中，体验到温馨与愉快。从某种程度上来说，它不仅有利于增强公民自身的素质，而且还能减少"边缘化"人群的出现，使人们感受到一种归属感，从而对社会文明建设起到积极的作用。

（五）民间组织积极有效参与国际事务，有利于我国"走出去"战略

随着改革开放，中国与世界的交往越来越密切。这种交往已经渗透到中国社会经济、文化的各个方面。对外开放对于中国而言既是机遇也是挑战，在吸纳借鉴国外优秀管理、治理经验的同时，中国内部的管理体制机制也会相应地进行调整与应变，通过不断地革新才能与国际标准相适应。目前，我国在环保、经济、外交、人权、妇女等领域，都参与了国际合作。

2002 年 8 月 26 日到 9 月 4 日，由来自全国 12 个环保组织的 18 名代表组成的草根代表团赴约翰内斯堡参加"可持续发展世界首脑会议"。这届约堡会议是继 1992 年里约环境与发展大会之后在环境与发展领域参加人数最多、级别最高的联合国大会，共有来自世界各国的 7000 多名政府和各界代表参加。中国环保组织代表团旁听了若干政府会议，参与了多个主题活动，并举办了三次中国NGO 核心小组会议，表现了中国民间组织在联合国大会相关活动中的组织能力和参与国际事务的能力。

应当说，在坚持国家利益第一的原则下，只要恰当引导，民间组织参与国际协作的作用是显而易见的。一方面，通过民间外交的方式，有利于拓展外交，为国家发展提供必要的服务和支持。另一方面，通过不断的参与国际事务，民间组织也为国家培养了一批具有国际交流经验的优秀人才。同时，通过劳动力

市场的相互融通，能够帮助中国打开劳动人口的输出，这对缓解国内就业压力也具有相当重要的作用。

　　总之，民间组织的转型发展对于中国和谐社会的建设发挥着非常重要的积极作用。依靠民间组织，不断完善公共服务平台是大势所趋，也是政府和社会的共同需求。为了社会的有序发展，弥补政府部门在政策决策上的短板，民间组织的转型和发展还将继续。未来，中国民间组织还将进一步在法制、管理、公民权利等方面深化转型，不断向着公民社会的总目标积极迈进。

第六章 两岸基金会比较研究

第一节 两岸基金会的发展比较

一、两岸基金会的发展历程

要理解基金会，首先要了解"基金"二字的含义。笔者总结以往学者的观点认为，"基金"通常有三层含义：一是有一笔可以支配的资产；二是配备专门负责人进行管理；三是有着特定的公益目的。而"公益"是基金会最本质的属性，即所谓"受之于社会，授之于社会"。基金会承载着捐款人的目的和期许，服务于社会特定群体，解决相关社会问题。"基金会"这一概念源于美国，定义为："基金会是一种非政府、非营利组织，有自己的基金并由受托人或董事管理，以维持协助教育、社会、慈善、宗教等公共服务目的，提供补助金的公益性组织"。

（一）台湾基金会的发展历程

第一，慈善济贫时期（20 世纪 50 年代末）。此时国民党刚从大陆退据台湾不久，政治力量主导一切，该时期基金会发展空间极小，活动范围仅限于乡里的慈善服务。岛内基金会的服务功能较为单一，资金渠道较少、发展规模也小，尚处于初级阶段。

第二，国际援助时期（20 世纪 60 年代至 70 年代）。台湾基金会数量甚少，大多依靠国际组织给予经济协助而成立，如红十字会、基督教儿童福利基金会等。

第三，萌芽时期（20 世纪 70 年代初至"解严"）。由于经济结构发生重大改变，经济发展迅猛，生活质量得到提高，不少中小企业开始加入慈善救济的行列。1976 年前，台湾纯粹由民间人士成立的基金会，数目不到 70 家。至 20世纪 80 年代初，随着岛内经济"起飞"，人民开始有能力拿出资金来做公益，因此基金会的数量和质量都有了很大进步，基金会也逐渐发展成形。其中，具有代表意义的当属成立于 1980 年的"财团法人消费者文教基金会"。其主要功能是维护消费者的权益，提升消费者的地位。在 1981 年岛内多氯联苯食物中毒事件中，"财团法人消费者文教基金会"曾积极参与救助中毒人员和为受害者权益申诉，并因此名声大噪。事件之后，岛内民众逐渐认识到基金会的力量，由此，基金会开始渐渐走近台湾民众的生活。

第四，发展时期（1987 年"解严"后）。台湾基金会真正进入发展阶段，"解严"极大程度上影响了台湾社会结构及环境，政治民主化及经济的快速发展，释放了蕴藏于民间的社会力量。因此，"解严"后台湾地区基金会不仅数量大幅增加，也出现了形态多元化趋势。

（二）大陆基金会的发展历程

基金会在大陆被视为外来词汇，基金会制度亦是舶来品。直至 20 世纪初期，大陆才出现了基金会。1949 年新中国成立后，社会主义计划经济体制的实施，使原本就不发达的公益基金会几乎处于停滞状态。因此，1949 至 1980 年之间，大陆公益基金会的事业几乎毫无进展。

20 世纪 80 年代以来，大陆公益基金会的发展大致可分三个阶段：

第一阶段，萌芽起步期（1981—1989 年）。1981 年大陆成立了第一家基金会——中国少年儿童基金会。它的成立是大陆公益基金会历史的起点。同年，成立了国家自然科学基金会，于 1988 年颁布了第一部关于基金会的法规《基金会管理办法》，根据规定将基金会进行清理后，取消了大部分不符合条件的基金会，大陆公益基金会的发展开始走上了法制化的轨道。80 年代初随着南方沿海经济发展以及海外华侨在改革开放以后纷纷返乡，各种称为基金会的社会组织层出不穷。在广东顺德的有些乡镇村都成立有基金会，有些镇甚至有十几个、几十个基金会。根据民政系统在 1986 年的统计，各地利用救灾扶贫名义建立的基金会多达 6000 多个。

第二阶段，初步发展期（1989—1995 年）。大陆各式各样的公益基金会不断涌现，大陆公益基金会进入初步发展时期。当今具有较大影响力的公益基金会就在这个时期诞生，中国人民银行于 1995 年公布的《关于进一步加强基金会管理的通知》，其明确了基金会设立、审批及严格管理的政策，使基金会更加注重财产的管理与运作。

第三阶段，转型发展期（1995—2009 年）。2004 年第二部法规《基金会管理条例》（以下简称《条例》）的颁布，明确了大陆公益基金会法人性质问题，并将基金会划分为公募及非公募基金会，且规定了二者的管理。《条例》体现了对非公募基金会的支持及鼓励，使大陆民间公益基金会迎来了新的历史阶段，同时也表明了大陆公益基金会开始转型及发展的新趋向。《条例》第2条规定，基金会是指"利用自然人、法人或者其他组织捐赠的财产，以从事公益事业为目的，按照本条例的规定成立的非营利性法人"。此处以非营利法人替代了社团法人，表明新的法规更加注重区分基金会和普通社团，只不过在大陆的法律中还没有财团法人的概念，因此用了"非营利法人"。

二、两岸基金会的分类

（一）台湾基金会的分类

台湾的基金会是属于财团法人的一种非营利组织，只有冠上"财团法人"字眼才具有法律地位。其范围非常广泛，有缺乏基金而需要募款、有基金雄厚而不须募款、有承接政府补助计划以及进行多项业务、也有只做捐助或奖助业务等。

台湾地区的基金会发起成立者，以财力雄厚的企业为最多，几乎知名的企业都成立基金会。如长荣集团的"张荣发基金会"，统一企业的"吴尊贤文教基金会"，霖园集团的"国泰建设文教基金会""国泰人寿基金会"，裕隆的"庆龄工业发展基金会"和"吴舜文新闻奖助基金会"，台泥的"台湾经济研究基金会"和"辜公亮文教基金会"，远纺的"徐元智先生纪念基金会"和"徐元智先生医药基金会"，富邦的"富邦文教基金会""富邦慈善基金会"等。

其次以个人名义成立的基金会也日渐增多，尤其是政治"解严"之后，涌现许多以政治人物为诉求的基金会，如林正杰的"两岸关系文教基金会"、关中的"民主基金会"、丁守中的"两岸发展研究基金会"、赵少康的"民意调查基金会"和"环境品质基金会"、朱高正的"欧洲文教基金会"、李庆华的"展望文教基金会"、陈癸淼的"东方人文学术基金会"等。

台湾基金会按照成立主体、经费来源、工作人员任命等可分为官方性质与民间性质。官方性质主要由政府部门捐助成立，经费与人员均由原捐助机构管理与派任，实际上是政府部门的附属机构；民间性质基金会则主要由民间团体、个人、企业公司等捐助成立，也有由外国教会在台捐助成立的国际性团体。大致可分为六种类型：

1. 由政府捐助成立的财团法人基金会。政府机关为了达到某种特殊目的，往往以财务捐助成立基金会以执行政府的事务，一方面规避"立法院"预算的监督，另一方面人才的任用不受公务人员"法规"的限制。例如，华航基金会、海峡交流基金会、"国家文化艺术基金会"、各县市文化基金会等。

2.政治性、政党或个人累积政治资源的工具。例如，达赖喇嘛西藏宗教基金会、"福尔摩沙"基金会、青年发展基金会等。

3.慈善救济、社会福利为宗旨的慈善福利基金会。例如，佛教慈济慈善事业基金会、佛光山慈悲社会福利基金会、法鼓山文教基金会、伊甸社会福利事业基金会、中华儿童福利基金会、行天宫文教基金会等。

4.重大社会事件所成立的文教基金会。例如，靖娟儿童安全文教基金会、白晓燕文教基金会、彭婉如文教基金会等。

5.企业财团回馈社会而成立的文教基金会。例如，致福感恩文教基金会、洪建全教育文化基金会、富邦文教基金会、东元科技文教基金会、吴尊贤文教公益基金会、金车教育基金会、张荣发基金会、信谊基金会等。

6.针对专门议题的基金会。例如，董氏基金会、消费者文教基金会、妇女新知基金会、二十一世纪基金会（智库）、新世纪文教基金会（智库）等。

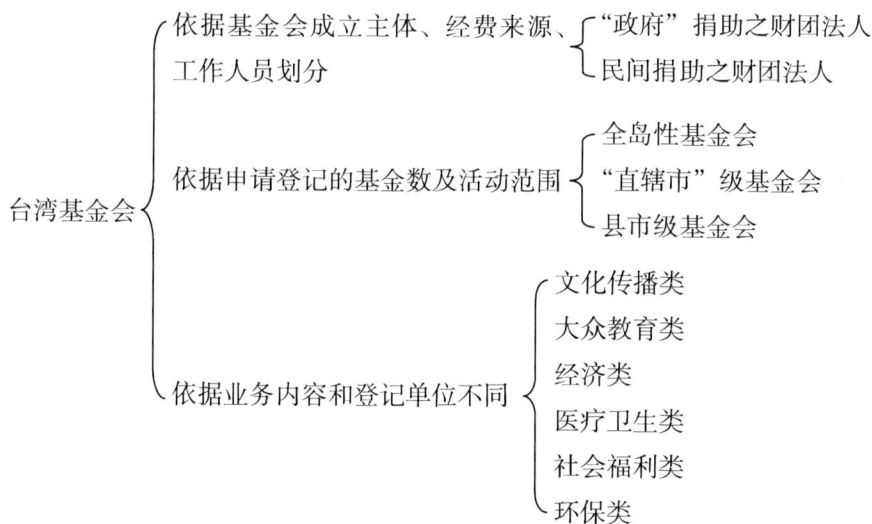

图6-1 台湾基金会类别划分

（二）大陆基金会的分类

在大陆，2004年颁布实施的《基金会管理条例》(简称《条例》）将基金会定义为"利用自然人、法人或者其他社会组织捐赠的财产，以从事公益事业为目的，依法成立的非营利性法人。"尽管受《民法通则》中关于法人分类的限制，《条例》并未明确提出"财团法人"这一法人属性，但较之1988年《基金会管理办法》中将基金会定义为"社会团体"已有较大改进。

《条例》首次以法规的形式对基金会进行了分类，即根据资金来源方式不同将基金会分为公募基金会与非公募基金会。两者的主要区别是，前者主要靠面向社会公众开展的公开募捐活动获得资金以从事公益事业，按照募集资金的地域范围分为全国性公募基金会和地方性公募基金会；后者不得向社会公众开展公开募捐活动，主要依靠接受特定对象的捐赠资金及其增值从事公益事业。

按照分类标准，将大陆的基金会分为公募和非公募两类，并将后者根据捐赠来源不同区分为独立基金会与共同基金会。独立基金会指的是由一个企业或个人独立捐赠成立的非公募基金会；共同基金会则是由多个企业或个人共同捐赠成立的非公募基金会。公募基金会和非公募基金会的主要区别表现为是否开展以不特定多数公众为对象的公开募捐活动，其实质则在于基金会赖以存续的公益财产具有完全不同的形成机制：公募基金会通过吸纳社会公众分散的捐赠资源形成公益财产，因此也称为公众基金会；而非公募基金会则在特定的捐赠资源基础上形成公益财产。由此决定了独立基金会、共同基金会和公众基金会具有不同的产权结构和约束机制。

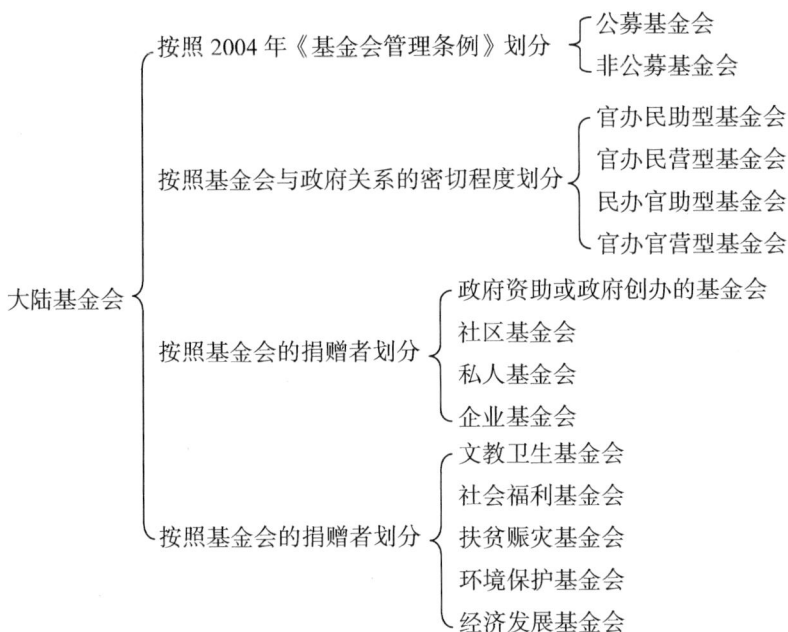

图6-2 大陆基金会类别划分

三、两岸基金会的资金来源

（一）台湾基金会的资金来源

台湾基金会的资金一般由"母基金"和"经常性基金"两部分组成。

所谓"母基金"，即在基金会成立时的一笔启动资金，而"经常性基金"则来自于社会的募捐和平时一些活动所得，例如义演捐款、义卖活动所得等。此外"经常性基金"还包括了一些投资的增值。在这两种资金来源中，"母基金"和"经常性基金"都和捐款有关。在岛内捐助人一般分两类：以组织名义和以个人名义。如果以组织名义捐款，那么往往会或带有某些目的性，如政府机关的捐款往往带有政治目的，企业的捐款则多出于企业形象宣传的目的考虑。当然，其中部分类宗教团体也不乏一些出于宣扬宗教目的的募捐，如传播宗教真善美济世的理念等。若是以个人名义捐款，则一般出于个人行善的意愿，较为零散，但所占份额比重却不容忽视。根据 1994 年台湾的一项调查显示，在台湾基金会的经费来源中，非官方的企业支持占比 62.8%，特定企业占比 24%，官方支持只有 13.2%。

由此不难发现，台湾基金会的资金来源大多来自社会，相当于人民大众的血汗钱，因此岛内对于基金会资金的使用情况审查比较严格，包括执政当局也会密切关注和监督基金会资金的流向。同时，当局也会出台对资金使用规则的明文规定：当年用于目的事业的资金支出必须占基金会当年总收入（包括基金孳息＋经常性基金）的 80%。如此严密到位的法制监督，再加上社会大众的关注度也较高，所以一般来讲，岛内基金会内部贪污腐败的现象较少，其组织的公信力也普遍较高。

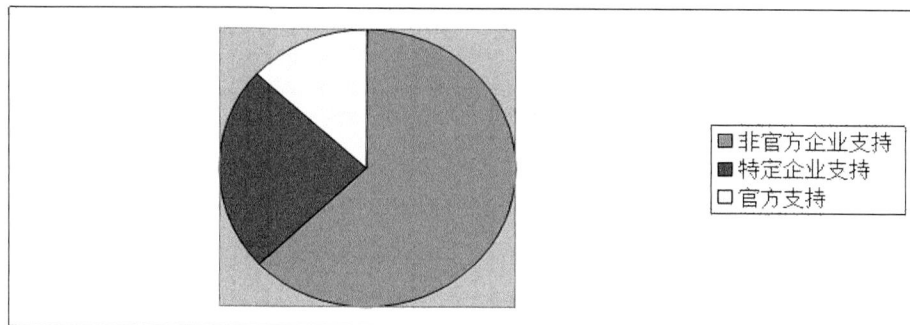

图 6-3　台湾基金会的资金来源调查结果

（二）大陆基金会的资金来源

根据《基金会管理条例》，大陆根据资金来源的不同方式，将基金会分成了两类：公募基金会和非公募基金会。前者面向社会大众募捐，所得用于公益目的，而公募基金会又可分成全国性和地方性两类。非公募基金会不能面向社会大众募捐，只能依靠特定的捐款和资金的运作增值来从事公益，非公募基金又分为独资基金会和共有基金会。所谓独资，即资金来自于以个人名义或单个公司名义进行的捐款，而共有基金会则来自于多个法人名义下的捐款。

此外，公募和非公募基金会的区别还在于各自原始资金的最低标准不同：就公募基金而言，全国性的公募基金会最低不得少于800万元；地方性公募基金则不得少于400万元，而非公募基金会的标准则统一为200万元。

而就单个基金会而言，大陆基金会的资金来源分成两个部分：本金和募得款项。这类似于台湾的子母基金分类标准。就"本金"而言，即基金会在创立初期由创始人给出的第一笔资金，这笔资金是基金会的基石，不能随意使用，最多其利息可以用于支付日常的行政开销。这样的规定是为了保证善款用于社会而不用被调去填补基金会所谓的行政宣传支出。

就"募得款项"而言，来源大致分三类：政府支持，社会捐助和投资所得。所谓"政府支持"即政府每年会对国家项目基金会（有一定官方性质）有专门的拨款以示支持，或是某些发展较好的民间慈善基金会也有可能会获得一定的资金补助（一般金额较少）。所谓"社会捐助"，即在募得的款项当中，来自于社会大众的捐款最为主要来源。随着近年大陆人民生活水平的改善和慈善意识的逐步提高，不少捐款人会以个人或企业的名义进行捐款。当然，来自社会的募捐也会受到各种因素的影响，如经济收入情况、国家的税收优惠情况、公益组织的社会影响力乃至整个社会的慈善氛围等。所谓"投资所得"，即按照《基金会管理条例》规定，基金会应当按照合法、安全、有效的原则对于资金进行增值、保值。同时《基金会管理办法》也规定，基金会可以将资金存入金融机构收取利息，也可以投资债券和股票，但购买某个企业的股票不应超过该企业股票总额的80%。从这些法规可以看出，国家并不反对甚至鼓励基金会利用一些金融化的操作对现有资金进行保值增值。相当于为基金会引入了一种市场化的方式，通过市场运作来获得收入。这种做法具有鲜明的时代性，在国外也有不少成功的案例。但可惜的是，一些背离基金会宗旨的现象还是发生了，以非营利之名行营利之实，违规投资来中饱私囊的现象屡见不鲜，这严重损伤了公众对于基金会的热情。

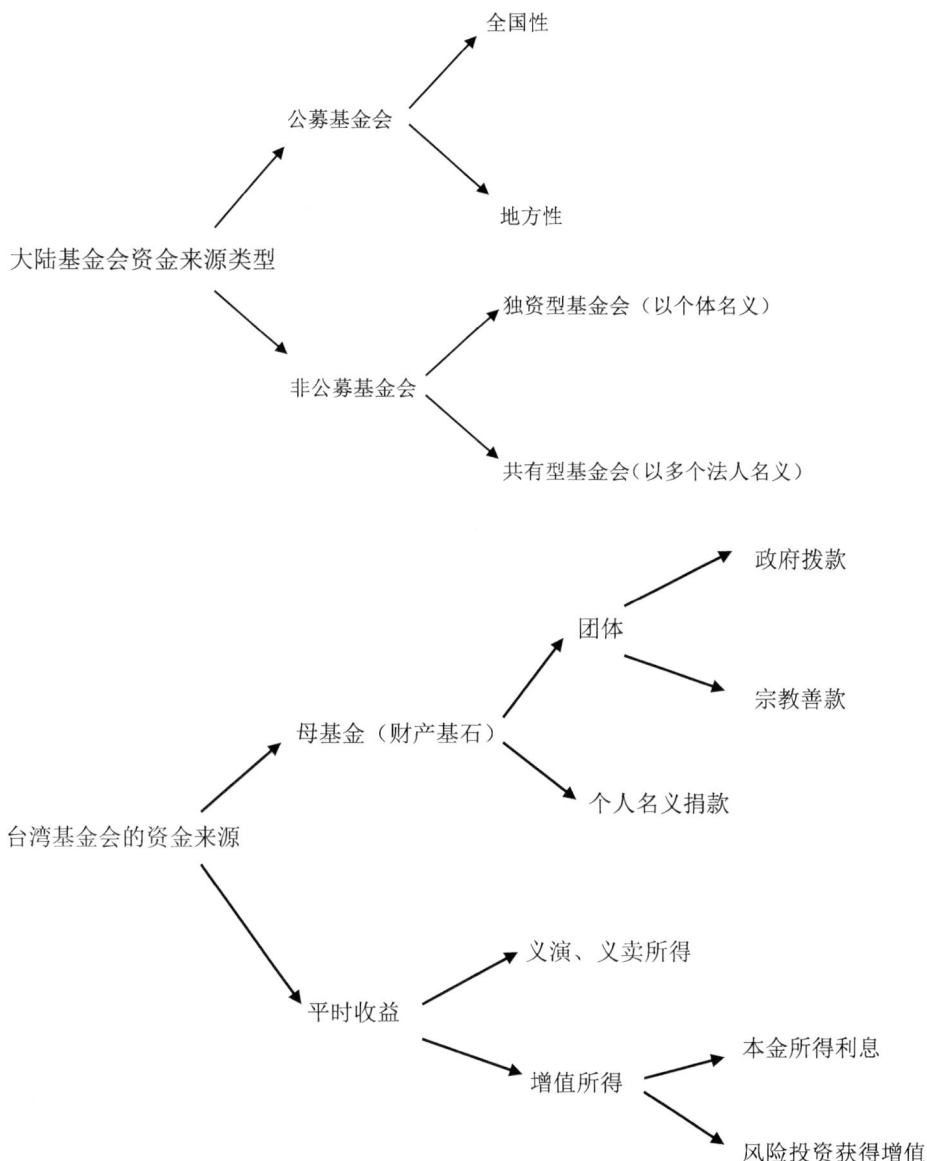

图 6-4　两岸基金会资金来源类型

在对比了两岸基金会各自的资金来源后可以发现，两岸的基金会在整体基金架构上其实是一致的，即"子母资金"模式，以一笔本金为基础，再获取一定日常收入。既然整体架构和资金来源方式都差不多，为什么大陆的基金会（政府出资的除外）资金底子会比台湾的弱？笔者认为，主要症结还是在民众的慈善意识强弱。以"母基金"为例，在台湾，无论是执政当局还是企业，对于基金会的重视程度都较高，普通百姓的经济实力和慈善意识也相对较好，所以官方或者民间的一次性捐款也较多，一般没有资金准入门槛的问题。而在大陆，很多先富裕起来的人民的慈善意识相对落后。究其原因，主要是受制于传统的"藏富心态"和"家业传宗接代"的思想。在大陆很少有大手笔的个人捐款出现，这是大陆不少企业或个人基金会财务困境的根本原因。其实，就这一点而言，美国之所以能成为现代基金会的发源地，与其独特的思想传统和社会价值观点密不可分。美国在20世纪初进入高速发展阶段，经济的快速发展造就了很多拥有巨额财富的大企业家。除了扩大再生产需要的资金外，剩余的财富远远超过了其消费能力，如果全部留给后代又怕造成其变成好逸恶劳的"二世祖"。因此，丰厚的资金为基金会的发展奠定了坚实的物质基础。此外，美国的世袭贵族少，绝大多数企业家都是白手起家，社会认同贫富差距，但同时社会也对富人有一种压力，期待他们回馈社会。"这是一种义务，而不是恩赐"，这种理念对慈善事业的发展无疑是大有裨益的。

而就"经常性基金"而言，大陆的资金来源分散，资金结构不合理，多为个人零星的捐款，而政府的支持和公益服务收入较少，缺乏专业运营的人才，光靠僵化的募捐，不擅长通过市场化的手段获得公益收入，也是导致资金不足的原因之一。

第二节　两岸基金会功能比较

一、台湾基金会的功能

从整体的服务视角来看，两岸基金会的服务领域差别不大。台湾基金会发展最初以公益慈善为目的，到了后来，陆续地细分出来致力于解决各种社会问题。

```
                                    ┌──► 解决各种社会问题
                              民间 ──┤   （如环境问题、伦理问题等）
                             ↗      ├──► 帮贫扶弱（如慈济基金会）
                            /        └──► 发展科教文卫事业（如张荣
                           /              发基金会）
                          /
                         /         ┌──► 沟通民间和执政当局
                   行政 ──┤
                      ↗    └──► 带有某种政治目的的国际交流
                     /
  台湾基金会功能 ──► ┤
                     \    ┌──► 以基金会姿态发布民意调查
                   竞选 ──┤
                      ↘    └──► 为政治大佬选举辅路（如
                       \          "福尔摩沙文教基金会"）
                        \
                         \      ┌──► 以营销为本质的公交宣传
                      企业 ──┤
                              └──► 回馈社会
```

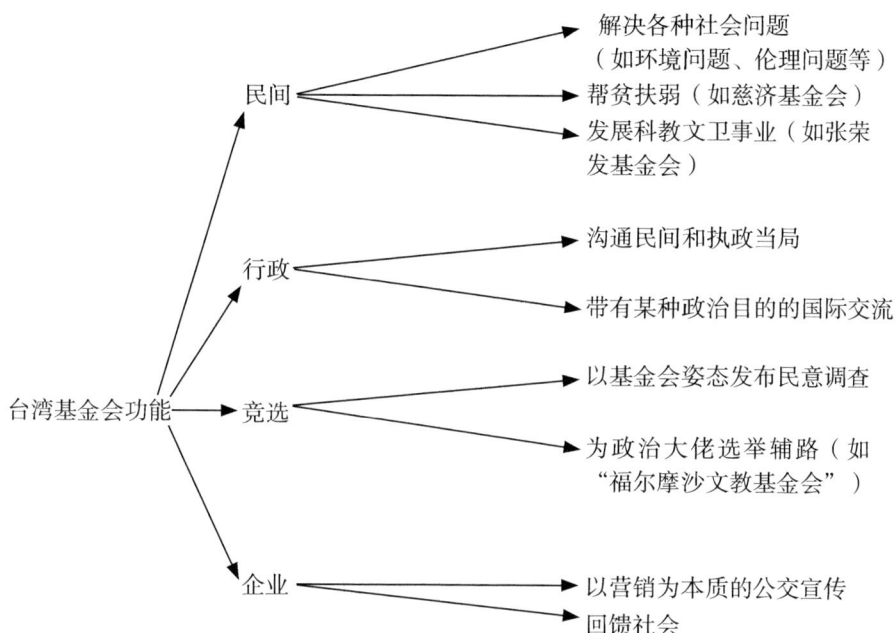

图 6-5　台湾基金会功能

（一）社会大众的代言人（利益表达功能）

在台湾内外政经环境变迁过程中，民众的需求日益增加，出现了许多社会问题，如污染防治、生态保护、能源危机、公民权益等。要解决上述问题，单靠当局力量难以达到。为了解决诸多的社会问题，替广大民众谋取福利，各种诉求不同的基金会应运而生。通过结合社会上的人力与财力，直接参与社会运动，从不同侧面、不同层次向政策制定者提出建言，积极为民众争取权益，扮演社会大众代言人的角色。基金会以其深入民间的特性，通过提供各种不同意见呈现的管道，使得这些意见获得某种程度的折中协调，扮演当局与民间的桥梁。近年来，监督法令的立法和促使当局政策的执行，成为基金会不断触及的层面。有些基金会针对现行法令不足或不清楚的方面，提出修正草案或改革意见，并监督法令的实施。在两岸关系上，基金会作为民间团体也充分发挥了沟通与协调的功能。基金会通过发挥"上传下达"的功能，不仅拓宽了政策制定者的视野，而且使得当局的政治运作顺畅，减少了许多街头运动和不必要的抗争行为，有利于政治体系保持稳定。[①]

其一，帮贫扶弱，慈善救济。帮贫扶弱可谓成立基金会的初心。随着台湾经济的高速发展，出现了贫富差距拉大的问题，社会资源无法达到一个最高的配置效率，疾病、贫穷和各种生存压力摆在了台湾社会底层民众面前，社会的矛盾逐渐变得尖锐，影响社会更好地发展。于是，以慈善救济为工作核心的基金会开始发展壮大。其中，影响力最大的当属"佛教慈济慈善事业基金会"。多年来，由证严法师创办的"慈济会"一直以慈善救济为宗旨，坚持行善、坚持公益，树立了相当良好的形象，给许多在困难中手足无措的人送去了温暖。"慈济会"服务的项目种类很多，如对低收入户进行长期的救助，对看不起病的低收入人群进行慰问补助，对受灾地区的群众施以援手等等。

其二，解决社会现实问题。近年来，一些社会问题如家庭暴力、权益受损、环境恶化、医疗纠纷等在台湾也逐渐显现。很多热心社会问题研究的专业人士针对具体情况通过组织基金会去解决或缓解这些问题。例如，为了解决失足少女的问题，"励馨社会福利事业基金会"应运而生。"励馨会"通过解救雏妓，关怀失足少女，传递正能量，辅导她们以具备就业能力，带给她们信心和希望，勇敢地面对新的生活。

其三，发展科技文化教育。科技是第一生产力，而科技水平的提高也绝非一朝一夕能够完成，它需要社会文化教育事业每时每刻地铺垫，因此岛内的文教事业也受到了台湾基金会的广泛关注。台湾文教类基金会的数量相当可观，它们常年致力发展文教事业，包括公益小学的建立，奖学金的颁发以及对尖端科学研究的鼎力支持。尤其是支持尖端科技研究是非常有远见的。尖端科研工作，需要大量的经费作保证，政府有时无法保证经费的发放，很多好的想法便因为经费问题而无法付诸实践。岛内的一些基金会却可以在第一时间提供援助，帮助科研人员将研究进行下去，直至取得成绩。典型代表就是长荣集团总裁张荣发创办的"张荣发基金会"。其基金会下属的"长荣交响乐团"大力挖掘优秀音乐人才，推动台湾的本土音乐走向全世界。"荣发爱心画廊"则是通过举行义卖画作，所得善款全部用于学生奖助学金的发放和社会公益事业。

（二）参与公共政策的制定（决策功能）

随着台湾社会日渐多元化，社会所出现的各种问题牵涉面广，并非执政当局单方面所能处理妥当，需要民间政策研究机构共同参与。因而，以发扬民主精神，注重民意调查为宗旨的基金会积极介入当局政策的制定。他们通过民意调查，影响当局的政策，或者延揽专家学者，通过集结整合人力资源从直接的学术研究发展到间接的"问政筹码",对岛内外重大决策直接或间接地向当局提出建言。如执政当局在处理涉及劳资纠纷的问题时,容易被老百姓认为是更倾向官方代表,再加上问题又经常涉及党派利益,当局的公信力会被质疑。此时,由基金会出面协调,担当中介的角色,则会较容易被民众接受。另外,有时当局的一些施政政策需要传达,基金会也会承担民间和官方的沟通桥梁角色,宣传行政指令,同时也把民众反应及时地反馈给当局,这样一来,政策的传达和执行过程会更为流畅,行政的效率也得到了保障。

〔三〕政治人物辅选利器(录用功能)

随着台湾社会民主化发展,政治录用大多采用选举方式。近些年来,一些政治人物为实践其政治理念而成立的基金会功能日益突出。政治人物的基金会平时以宣扬政治理念,培养人才,或者从事研究,推动学术交流为宗旨。一旦选举战鼓敲响,基金会常成为选战的"桩脚",充当候选人冲锋陷阵的"军需品"。尤其是台湾的反对党往往把基金会变成竞选公职的利器。

基金会的辅选功能主要体现在四个方面:第一,充当候选人的智库,成立基金会不仅可以解决辅选人员的薪资问题,也可以利用基金会举办活动吸引各方人才。第二,基金会可以作为选举资金的隐性来源地,选举参选人除了比政见、比口才外,财力也是选举能否胜选的关键因素之一。但是台湾的"公职人员选举罢免法"规定了每项选举经费的最高限额,因此以"接受捐赠"的基金会作为选举经费的隐性来源就成了规避"选罢法"的不二法门。第三,基金会可以为政治人物培植选举"桩脚"。基金会的运作需要一批"志同道合"的人共同协作,在实现创会宗旨的同时,自然也有助于创办人个人声望的积累,一旦他们参加选举,这些曾经的同志就会成为其最稳固的"桩脚"。第四,基金会通过举办活动可以引起民众关注,使政治人物的形象多元化、丰富化,以吸引不同年龄、不同阶层、不同职业的选民。[①]

以陈水扁的"福尔摩沙文教基金会"为例,在陈还担任"立委"的时候,为了维持其"国会办公室"近10名助理的运作,同时希望可以借此"使得政治捐助即国会助理的薪资制度化",遂以500万元新台币的母基金向台北市申请成立"福尔摩沙文教基金会"。尽管基金会标榜的宗旨是提高台北市的文教水平,而在陈水扁参选台北市长后,基金会的成员就完全投入辅选状态,为陈水扁服

---

① 肖杨、严安林:《台湾的基金会》,九州出版社,2009年,第64—67页。

务。基金会本身也成为陈水扁的"私人金库"。此外基金会还出资 3000 万元新台币成立"凯达格兰学校"，名义上是一个"传播民主价值"的"公民教室"，"实则成了培养各界'绿色'精英人才的基地"。[①]

（四）帮助企业进行营销（经济功能）

此外，岛内还有一类基金会，有着"企业"和"慈善组织"的双重背景。一方面，企业家得益于政策和社会的帮助积累了大量财富，自己希望能够更多地回馈社会；另一方面，也是企业营销的需要，通过公益慈善的方式来为自己的产品宣传，同时树立企业良好的正面形象。相比其他营销方式，以基金会的公益名义更容易被民众接受，宣传效果也更为明显。虽然台湾的企业通过基金会进行"公益行销"在 20 世纪才刚刚起步，但是台湾排名前 50 大的民营企业几乎都拥有基金会。[②]

二、大陆基金会的功能

相比台湾基金会服务的多层次、多领域、多元化，大陆基金会的功能较为单一，主要还是以救济、扶助为主。具体而言，大致有三个方向：抢险救灾、关爱弱势群体、辅助教育事业。

（一）抢险救灾

大陆由于疆域广阔，遭受各种自然灾害侵袭的种类多，频率高，程度重，尤其是因灾害所带来的巨额财产损失使得受灾地区人民苦不堪言。地震、沙尘暴、台风、洪涝、干旱等灾害不但危害人民的生命和财产安全，也使得国家蒙受了巨大的经济损失。抢险救灾型基金会的出现为国家缓解危机和灾后援建的问题上提供了新的思路。在大陆，不少基金会在抢险救灾和灾区援建工作当中发挥着至关重要的作用，如 2008 年的南方大雪灾和汶川大地震，很多基金会都积极致力于抢险和灾后援建工作，提供了数量可观的人力物力，为国家分担了不少压力。因此，抢险救灾型基金会在大陆的发展壮大完全适应了大陆的国情需求，为保障人民的生命和财产安全贡献自己的力量。

（二）社会救助，关爱弱势群体

除了抢险救灾，大陆的基金会也在帮助、救助社会弱势群体上投入了大量精力、财力。其一是残疾人保障。改革开放以来，随着大陆经济社会的高速发展和

---

① 王建民:《民进党政商关系研究》，九州出版社，2004 年，第 160 页。
② 王建民:《民进党政商关系研究》，九州出版社，2004 年，第 78 页。

医疗卫生水平的极大提高，残疾人数量呈结构性减少趋势，但是和发达国家的残疾人保障相比，大陆还存在不小差距，如在残疾人康复教育、残疾人监控保障、残疾人人文关怀和残疾人权益维护等领域还远远落后于美国、西欧。不过目前在大陆，已经有不少基金会投身残疾人慈善事业的发展，保障残障人士利益。其中获得公认好评的是"宋庆龄基金会"。该基金会一直致力于大陆残疾人的康复、教育、发展事业，并且坚持实施全力促进残疾人教育事业的全面进步。如近年来"宋庆龄基金会"和中国聋康网合作，整合双方的慈善经验和优势资源，给残障人士带去尽可能多的希望和帮助。其二是儿童权益的维护。我国的儿童权益保障问题主要体现在童工、留守儿童、家庭虐待儿童事件等，儿童权益受到侵害的情况时有发生。因此，大陆不少基金会将目光集中在了关注儿童维权之上——维护儿童平等享受受教育权，重视少年儿童优先医疗问题，以及救助流浪乞讨儿童，关爱留守儿童，推动少年儿童权益维护相关法律的完善，保障国家的未来。

（三）参与发展教育事业

社会结构在变革，社会对于教育的需求也在持续地增长。同样，很多人发现在教育领域，政府的教育资源无法满足人民对于文化资源的需求，于是以推动教育发展、教育改革为目标的教育型基金会就应运而生：它们通过活动和宣传来募集善款、资助贫困学生、赞助边远地区发展教育，如教学楼的援建和书本的免费发放等保障学校教育资源的供给，这也体现了大陆基金会开始由注重物质援助向关注精神传播转变，一种新的慈善视角逐渐形成。还是以"宋庆龄基金会"为例，它和雀巢联手打造的"学生营养健康教育项目"表明了基金会重视教育、关注学生营养健康，其"营养打造强健体魄，教育奠定腾飞智慧"的口号将成为未来教育型基金会发展的风向标，也是中国青少年健康成长和发展的必由之路，而教育型基金会也将在未来成为大陆基金会不可或缺的一股中坚力量。

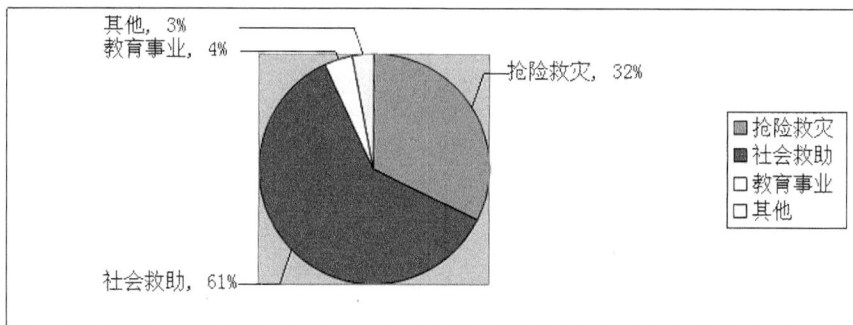

图6-6　大陆基金会民间服务项目比重

由此不难发现，在两岸基金会功能的对比中，台湾基金会除了政治辅选的功能是由两岸的政治体制差异造成的，其余功能相较于大陆，台湾基金会更好地关注到了科技进步和人文教育事业的发展，而大陆基金会则把更多的精力放在了抢险救灾和关怀弱势群体方面，这是由各自社会的发达程度和经济发展水平决定的。就台湾而言，其在 20 世纪 80 年代经济腾飞之后进入了高速平稳的发展阶段，在这个阶段，政府职能比较完善，低阶社会问题（如贫穷、疾病、养老问题等）能够得到很好的解决，也就不需要岛内基金会承担大量社会工作，慈善组织也能够更多地把视角投向高阶社会进步问题（科技进步、教育和人文关怀），也就拓宽了基金会服务领域的广度，最大限度地挖掘了基金会的深层精神属性。相对应地，大陆的经济发展政策鼓励先富带动后富，东部沿海拉动西部内陆，所取得的经济成就固然可喜，所带来的贫富差距也是让人忧心，大陆经济尚处于不稳定的转型期，低阶的社会问题也较多，基金会不得不花大力先解决这些问题，服务的领域也就相对较为单一。

第三节　两岸基金会治理机制与结构比较

（一）激励机制

构建有效的激励机制，必须建立在对以理事会、工作人员、志愿者为主要激励对象的基础之上。公益基金会的激励方式包括显性激励与隐性激励，其中，显性激励方式以物质激励为主，隐性激励方式则是以非物质激励为主。

1. 薪酬激励

大陆 2004 年出台的《基金会管理条例》中，对于理事会成员领取报酬情况，只规定了在基金会领取报酬的理事不超出理事会成员的 1/3，而监事会成员均为义务工作者，无报酬。公益基金会全职工作人员的权益也一直未受到公众和政策的关注。《基金会管理条例》规定，基金会工作人员的工资福利与行政办公支出总额不得超出当年总支出的 10%，但并未对基金会工作人员的福利待遇及最低保障进行相应的规定，某些地方公益基金会工作人员的人均薪资远低于当地平均工资水平。公益基金会专职工作人员的待遇水平低下，以致基金会人才流失严重。薪资低下，工作人员尚且难以应付自身的衣食住行问题，更没有多余的精力去提升自己的工作能力及专业水平。

台湾各行政机关监督要点中规定，财团法人之董事及监察人均无"给职"，若董事长为专职者须经董事会决议为有"给职"。无"给职"者，提供与其劳务对等并在合理额度范围内的兼职费。在财团法人设立目的达成情况下，董事长精心策划并专心投入者，经董事会议决议后"给职"。薪资是保障人生存的基础条件，因此薪酬激励必不可少；但公益基金会的利润非分配性，致使其提供的物质有限，对于公益工作者而言尤其是不要报酬的志愿者而言，隐性激励显得更为关键。

2. 组织文化激励

公益基金会的利润非分配性、产权公益性等特性，对组织文化的赞同与认可成为基金会吸引并留住优秀人才的一种重要手段。

大陆公益基金会的工作人员普遍缺失组织的使命感与认同感，且现有的人事制度不甚健全，致使工作人员与组织的目标无法达成一致。再者，大陆不少基金会正处于起步时期，尤其是非公募基金会，组织结构不健全，组织内部分工不明确，存在职能分化模糊，行政集权现象普遍存在，领导者独断专行，致使其人格魅力丧失，无法凝聚员工对组织的认同，易形成员工队伍松散。

台湾公益基金会极其重视组织文化的塑造，家庭式的组织文化，形成了互帮互助的工作环境，加上较为完善的人事制度，增强了基金会员工间的凝聚力和组织的号召力。同时董事长及高层管理的领导魅力也感化了不少民众，志愿加入基金会义工大家庭，使得基金会在活动中迸发出强大的向心力。

3. 制度激励

大陆地区缺乏关于对志愿者的引导和培训，当下志愿者服务只在一些大城市逐步兴起。一些经济发展较好，各方面综合实力较强如广东省等地区正在探索地方性《志愿者服务条例》。民政部于 2013 年 12 月 27 号印发了《中国社会服务志愿者队伍建设指导（2013—2020 年）》，而大陆仍缺少良好的志愿者吸纳制度。

台湾地区公益基金会的运作离不开义工的支持，其中家庭主妇、学生及上班族构成了台湾庞大的义工团体。董事会、秘书处与义工组织有着良好的互动与合作，形成"铁三角"的关系。[①]

（二）决策机制

《基金会管理条例》对公益基金会理事会的决策内容及决策程序的基本规定

---

① 蔡小李：《大陆与台湾地区公益基金会治理比较研究》，华侨大学硕士学位论文，2015 年6 月，第40—42 页。

是，理事会每年至少召开 2 次会议，理事会会议召开条件为 2/3 以上理事出席，理事会有效决议需有过半数的出席理事同意。与台湾相似的是，《基金会管理条例》中对基金会的重要事项做出的规定，同样需要出席理事成员 2/3 表决通过才能生效。但碍于大陆部分公益基金会理事会规模庞大，需 2/3 理事会成员出席才可召开理事会，导致召开理事会难度加大，理事会召开次数便趋于减少，同时也无强调对重要事项召开前应做的准备事项。

台湾各行政机关"财团法人"监督要点对董事会的决策内容及决策程序均作出了详细的规定。以教育事务财团法人为例，《"教育部"审查教育事务财团法人设立许可及监督要点》中规定，董事会每年至少开二次，若是普通决议，需现任董事过半数出席，出席的董事超过一半同意即可。而重要事项的讨论需现任董事 2/3 以上出席，出席董事超过一半同意并经主管机关核准后才可执行。重要事项包括拟议捐助章程的变更，捐助财产和列入基金财产的开支，不动产的处分或设定负担，选聘及解聘董事长、董事，其他主管机关指定的事项。考虑到重要事项极大程度影响到基金会的运营，关于重要事项的讨论，须在会议召开 10 日前，将会议的议程通知所有董事并函报主管机关，不能临时提出决议，以便董事会做出充分准备。

（三）监督机制

1. 两岸公益基金会之内部监督比较

大陆公益基金会内部监督情况，一是对执行工作人员的监督方面，大陆公益基金会较多无对秘书长及全职工作人员设置考评制度，因此弱化了理事会对于执行层工作人员的监督。二是组织内部章程关于对内部人员违规处置的规定基本与《基金会管理条例》中的相关规定一致，"对于违反法令或章程，致使基金会遭受财产损失，与决策的理事应当承担相应的赔偿责任"。

台湾地区财团法人公益基金会内部监督情况，一是公益基金会的产出非量化及服务的间接性，致使董事会对于执行层工作人员的考核难度加大，考核方法单一，因此董事会在对执行层工作人员的考评方面所发挥的作用较少。二是组织内部捐助章程对内部人员违规处置规定与台湾各"行政机关"制定的监督要点的相关规定基本无异，违反法令或捐助章程，足以危害公益或法人利益者，按照台湾"民法"规定，请求法院解除其职务，及其他必要的处置。

经过对比，不难得知，两岸公益基金会在内部监督方面都较为薄弱，缺乏对组织成员的考核制度，尤其是针对公益基金会的理事（董事）、秘书长等负责人的考核。

2.两岸公益基金会之外部监督比较

大陆公益基金会外部监督现状是：首先，在行政监管方面，政府对公益基金会的诸多管理制度难以落实，对公益基金会的行政监管乏力。当前，关于公益基金会的法律法规，缺乏效力较高的国家大法，尚未对组织管理、志愿者及其社会活动的评价监督体系及社会认可等方面建立有效的规章制度，致使法律法规无法对公益基金会起到强而有力的监督作用。且注重事前监督，事中监督却过于松弛，对公益基金会的行政监管仅限于每年的各级民政部门开展的年检。其次，在信息公开方面。对公益基金会信息公开方面制定了《基金会管理条例》《基金会信息公布办法》等，但这些法律法规都是比较原则性的规章制度。过于宽泛的规定，致使公益基金会信息披露缺乏统一标准，披露内容不详尽。

台湾地区公益基金会外部监督现状如下：首先，在行政监管方面，台湾地区各行政部会相关的主管部门对公益基金会的监督内容复杂烦琐，监督管制的范围广泛除了各行政部会制定的"财团法人监督要点"对公益基金会进行事前的规范性监管，各行政部会对其管辖范围内的公益基金会的业务，选派相关人员进行检查。

其次，在信息公开方面，各财团法人应主动公开翔实的资料，包括财务资料和运作资料，如当年度的工作计划和经费预算，前一年度的工作报告、经费收支、财产清册、财务报表，甚至连同捐赠者名单、受捐赠、补助名单和支付奖励等。信息公布可通过新闻报纸、网络传送或其他途径公开，方便公众查询，并提供公开阅览、抄录、影印、录音、录像或摄影等，便于公众、捐赠者及新闻媒体等相关利益主体进行监督。

基于规章制度方面，大陆公益基金会外部监督与台湾相比，较为薄弱，主要体现在法律法规过于粗线条。为建立起完整的法律法规体系，现有规章制度太具原则性，可操作性差，致使行政监管乏力；关于信息公开制度，过于宽泛，致使信息公开的内容、途径等标准无法统一。

总体而言，两岸公益基金会在治理机制上存在不少差异，与台湾相比，大陆公益基金会，在激励机制方面，尚未制定基金会工作人员的保障制度；在决策机制方面，缺乏制定紧急事项决策的相关内容；在监督机制上，内部监督薄弱，法律法规过于粗线条，致使行政监管乏力，缺乏统一的信息公开标准，使得外部监督无力。[1]

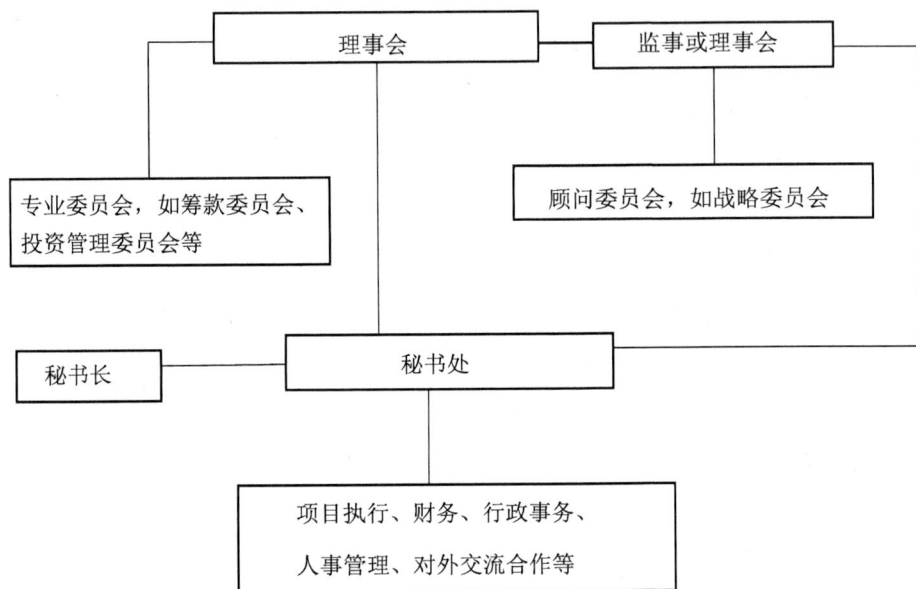

图 6-7　大陆公益基金会治理结构之基础框架[2]

---

① 蔡小李:《大陆与台湾地区公益基金会治理比较研究》，华侨大学硕士学位论文，2015 年 6 月，第 43—45 页。

② 蔡小李:《大陆与台湾地区公益基金会治理比较研究》，华侨大学硕士学位论文，2015 年 6 月，第 31 页。

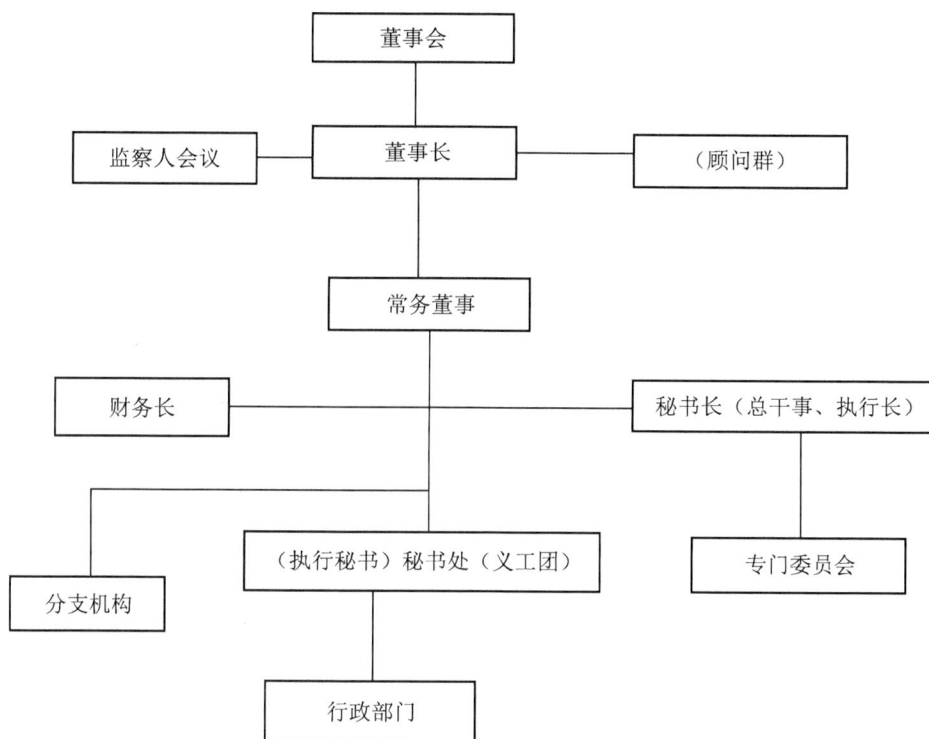

图6-8 台湾公益基金会治理结构之基础框架 ①

第四节 两岸基金会存在的问题与建议

一、两岸基金会存在的问题

（一）台湾基金会存在的问题

台湾的基金会虽然发展蓬勃，数量不断增加，但是也出现了很多问题，如组织内部的自我规范程度不够等。而基金会虽然对台湾社会发展做出了重要贡献，但是也相对产生了一些弊端，如沦为逃税甚至政治斗争的工具等。

第一，财务与人力问题。随着岛内基金会事业的发展，社会需求超越了社会资源的成长速度，基金会开始面临一个颇具规模的竞争性市场。加上近年来岛内经济发展状况不佳，无论是政府财政还是企业或个人收入都在降低，捐款

---

① 蔡小李：《大陆与台湾地区公益基金会治理比较研究》，华侨大学硕士学位论文，2015年6月，第32页。

减少，除了少数"母基金"雄厚的基金会外，大多数基金会都陷入了财务日益紧缩的境地。此外，除了财力的限制外，基金会专业人才的缺失也是阻碍基金会发展的重要问题。台湾的基金会普遍缺乏懂得经营的非营利事业专业人才，而熟悉如何举办基金会活动的专业人员也处于稀缺状态。因此，有些基金会即使有足够的财力，也往往因为人才的缺失而使基金会不能发挥完整功能。[①]

第二，成为逃避税收的工具。台湾当局对于非营利组织规定只要符合相关原则及法规就可以享有免税优惠。同时台湾对于非营利组织免税资格的确定并不需要这些组织事先申请，而是在非营利组织的业务主管部门核准成立后，由税务部门进行事后审查，只要审查通过，就可以享受免税待遇。这样一来，以财产为基础成立的基金会就可以通过隐藏其他收入，不办理结算申报来规避税赋。此外，台湾相关"法规"还允许非营利组织成立"附属作业组织"，并通过其经营取得经营收入。同时台湾"财政部"解释，允许非营利组织的商业所得扣除该组织非商业项目支出后，如果有盈余，才对余额收税。针对这个漏洞，一些企业或机构经常借基金会从事非营利活动之名行商业活动之实，进而达到避税的目的。

第三，涉及政治降低公信力。基金会的政治辅选功能是台湾政党恶性竞争的产物，每当选战开始，很多政治人物创办的基金会必须马上停下手边的工作，为政治大佬摇旗呐喊。然而当基金会过多地和政治联系在一起，很难不让人浮想联翩，组织的公信力自然也会骤然下降。此外，一些执政当局附设的基金会更是变成了政客的酬庸工具，以政治性的任命作为政党或个人的传声筒，使基金会沦落为政治鹰犬。其实，基金会作为非政府、非营利组织，还是应该和政治保持一定的距离，这样既可以保持基金会的运作效率，专注业务，同时也能提高组织的公信力。

（二）大陆基金会存在的问题

大陆的基金会在运作时同样也存在各种各样的问题。总体而言，大陆基金会还处在起步阶段，公民的慈善意识不强，很多人认为慈善是富人的游戏，和自己没关系。同时，由于政府对基金会的管理业缺乏完善的法律法规，基金会的发展自然受到阻碍。

第一，管理体制不完善导致公信力受到质疑。2004 年以前，在大陆比较有

---

① 肖杨、严安林:《台湾的基金会》，九州出版社，2009 年，第 81 页。

影响力的基金会大多为官办民助基金会。[①] 基金会大多是与政府结合，所推行的公益项目在现有行政网络的封闭系统内运作，系统外的人员和机构难以进入。封闭式的管理模式造成了基金会的运作具有垄断性的特征。就基金会的内部运作而言，大陆基金会董事会的职能十分有限，多数成员只是参加一年一次甚至几年一次的董事会议，对机构的日常运作不甚了解。机构的领导权一般掌握在秘书长或理事长手中。这种垄断性又导致了基金会在运作过程中的透明性不足，尤其是财务披露机制不完善。

就基金会的外部监督机制而言，目前大陆涉及基金会管理的法律法规包括《基金会管理办法》《社会团体登记管理条例》《公益事业捐赠法》《中华人民共和国信托法》《基金会管理条例》《基金会年度检查办法》《基金会信息公布办法》《企业所得税法》等，看似已经很多，但由于大陆实行的是登记管理机关与业务主管机关的双重管理机制，难免出现部门推诿现象，基金会的资金使用难以得到有效监督。因此当基金会面临公众质疑资金流向时，往往难以出具令众人信服的资金明细。如中国红十字会在遭遇"章子怡诈捐门""郭美美事件"后，公信力一落千丈，网友纷纷热议，谁用了我们的善款？新浪网上一项名为《你对红十字会信任度有多高？》的调查显示，投信任度为 0 的人数占总数的78%。财务披露机制不明确，公信力严重缺失，已成为大陆基金会当下最需要解决的问题。

第二，民办基金会规模零散、自我运作能力不足。大陆的民办基金会大多规模不是很大，且以项目为主导，导致了基金会专业化水平低、活动空间狭窄，难以发展壮大。首先是专业人才比例偏低，民办基金会受制于财力限制，能提供的报酬待遇和职业前景有限，因此几乎没有专业人员，主要依靠志愿者展开活动；其次是项目主导，如嫣然天使基金会聚焦拯救兔唇儿童、韩红爱心慈善基金会则是关注边远地区的白内障问题等，这些都是集中在具体的项目运作上，难以形成巨大规模，发挥资助中心和支持中心的作用；最后是活动空间狭窄，基金会所在地主要分布在大中城市或发达地区，农村和落后地区较少。同时这些基金会的国际影响力也小，在国外几乎没有分支机构或办事机构，对外影响力非常有限。

第三，宣传不利、公益文化缺失导致基金会的社会基础薄弱。大陆目前正

---

① 庄爱玲:《中国基金会能力建设——爱德的启示》,《学海》2004 年第 4 期，第 190 页。

处于快速发展的社会转型期，旧的社会价值体系和伦理道德观念影响还未消除。同时大陆尚处在公民社会的入门阶段，人民大众的慈善意识相当薄弱，参与、奉献和互助的公益文化未能全面铺开，社会慈善氛围不浓厚。

同时，另一方面大陆基金会对于公益慈善的宣传工作也不够重视，不少人单纯地认为，把每一笔善款迅速全部投入到慈善中去是最务实的做法。诚然，善款的大部分用途确实应该如此；然而，就基金会长远发展的而言，慈善文化的传播，慈善意识的培养和慈善文化的形成必须要以基金会的大力宣传作为基石。很多基金会只顾眼前，不注重慈善文化的宣传，阻碍了基金会长足的发展。

最后，需要注意的是受捐者的利益。大陆有些基金会在行善时，作秀的成分太多，没有切实把受捐者的利益作为第一要务，忽略了受捐者的感受，伤害了很多受捐者的感情。甚至很多人认为受捐者作为接受帮助的一方，无权对捐助者提任何要求。其实，受捐者对于基金会运作的问责亦相当重要。不仅捐助人有权对基金会的工作进行评价，受捐者的满意度对基金会而言同样重要，毕竟基金会创办的初衷就是为公共利益服务，帮助深陷困境的民众。受捐者才是基金会工作目的所在。因此，基金会还是要以受捐者的利益为出发点，将实际效益与长远规划结合，以达到既帮助受捐人又宣传公益思想的目的。

综上观察可以发现，两岸的基金会虽然发展水平不同，但同样存在财务困境、专业人才不足、公信力受质疑的问题。不过除了专业人才不足是两岸基金会共有的问题外，台湾基金会的财务困境主要是由于近年来经济不景气，捐赠人收入减少没有余力捐款造成，而大陆基金会的财务紧缩则主要是因为公益土壤缺失，参与募捐的人尤其是富裕阶层相对较少，导致除了母基金外，基金会想要获得"经常性基金"非常困难。而在公信力方面，台湾公信力受到质疑的主要是政治人物成立的基金会，而一般公共服务类基金会的公信力还是相当高的。而大陆基金会的公信力受到质疑则主要是因为管理机制不完善、监管力度不够、财务运作不透明导致基金会本身出了问题，民众质疑得不到圆满回应，进而对部分基金会失去信任。

二、大陆发展基金会的政策建议

（一）完善大陆公益基金会治理的法律规范

1.提升立法层次

须尽快制定一部《非营利组织法》或《公益基金会法》，在提升法律权威性之余，为公益基金会提供一个较为系统的法律框架，细化法律对组织目的、活动范围、登记注册、变更、退出等方面的规定，尤其是要翔实公益基金会的治理结构安排，组织内部理事与管理人员的权力责任和薪资福利等方面的内容。在加强程序性规范（如公益基金会的设立、终止等）外，对公益基金会治理结构与理事、高层管理者的行为的规范，也须加以重视，以期能提高公益基金会法律法规的可操作性，改善公益基金会整体治理水平。若条件允许，可借鉴台湾的做法，明确公益基金会的法人性质和地位，在将来的《民法典》中予以原则性的规定。

2. 完善公益基金会的法律框架

现今大陆尚未有专门关于如何有效管理、协调公益基金会志愿服务方面相关的条例法规，更不存在类似"台湾志愿者服务法"的法律规范。在无相应法律法规的调整下，必然会导致志愿者匮乏、志愿服务缺失。因此，可适当借鉴台湾做法，完善公益基金会的法律框架，加快志愿者管理方面的相关立法，推进形成志愿者社会活动的社会评价及监督体系，对于引导广大公众积极参加社会公益事业有着较为重要的意义。

3. 完善大陆公益基金会的治理结构

第一，完善理事会结构。首先，应控制理事会成员的规模，使其人数在法定范围内，即 5 到 25 人之间。庞大的理事会规模，不利于理事会的召开及决策，降低理事会的运作效率，因此，必须严格控制理事会的规模。其次，完善理事长的选任制度。目前，《基金会管理条例》中对于首任与续任的理事长产生方式，没有明确细致的规定，致使理事长的选任不甚严谨。完善理事长选任制度，敦促选任程序的规范透明，提高理事长包括决策团队的专业化，有利于保障决策的科学性。再者，应根据公益基金会的业务内容，适当设置常务理事会与专门委员会。常务理事会与专门委员会的设立，有利于理事会职能分工明确，提高理事会运作效率。

第二，规范秘书长的产生方式，加强秘书长的专业化和职业化。当前，大陆公益领域缺乏人才支持和人力资源的培养，秘书长兼职甚至是义务职，在公益基金会中并不罕见。秘书长作为兼职或义务职的角色而无法专心致志于组织的工作，不能顾虑到组织所有层面，弱化了秘书长的行政领导职能。因此，增强秘书长的职业化和专业化，亦是完善健全大陆公益基金会治理结构的关键之处。

第三，强化监事会监督职能。首先，要确保监事的独立性，使其能独立行使对公益基金会的监督职能。其次，应扩大监事的职权。[①]

（二）优化公益基金会的治理机制

1. 构建有效的激励机制

首先，要注重组织文化激励。不少公益基金会的工作人员，尤其是未从公益基金会领取报酬的志愿者，对组织文化的认同与内心的驱动力甚于物质激励。注重组织文化激励，包括塑造组织成员认同的价值观、组织理念和愿景等，提升组织成员对组织文化目标和使命的认同感。其次，建立完备的薪酬制度。合理的薪资报酬，能够保证公益基金会工作人员生活上较为安定，使组织工作人员在经济上，甚至是心理上得到满足，进而提高其工作积极性。在设计合理薪资外，组织还应注重员工福利，包括补贴及五险一金等。再者，要重视培训激励。培训激励使组织成员通过学习，获得相应的技能，可促进组织成员综合素质的提升，并有利于公益基金会今后的治理。当前，大陆公益基金会已逐渐对组织成员的培训激励加以重视，培训内容开始多元化，但公益基金会中对组织成员，包括组织负责人与普通专职工作人员进行培训的数目仍占少数。因此，须重视培训激励，根据公益基金会的特性及业务内容，为其组织成员制定具有针对性的培训内容。

2. 实现决策机制的均衡有效

一是规范理事会决策程序，明确规定理事会的决策范围。应针对基金会突出事件而召开的紧急会议进行相应的规定，规范理事会决策的程序。同时，应将决策内容进行层级化细分，明确规定理事会的决策内容。如可按照决策内容及重要程度，把决策划分为战略决策、管理决策和业务决策。按照不同类别的决策来明确理事会和管理层的决策内容，在合理分工、减轻理事会工作任务的同时，也避免出现理事会"一会独大"的情况。二是建立科学的决策规则。在实际操作中，要对公益基金会的决策做出准确到位的判断，单凭一年两次的理事会会议，是难以实现的。建立科学的决策规则，对于公益基金会决策机制的完善是极其有必要的。以理事会为主的议事规则是目前有设立决策规则的公益基金会的首选，因此，首先需设计合理的理事会议事规则，由于理事会成员大多均为义务性工作，无法将太多时间与精力投入于公益基金会，造成短时间内

[①] 蔡小李：《大陆与台湾地区公益基金会治理比较研究》，华侨大学硕士学位论文，2015年6月，第83—85页。

对公益基金会的整体状况难以得到全面掌握。因此，建议可在理事会下设若干小组，专门负责为理事会收集信息，以便决策时提供参考。三是完善决策救济制度。首先，公益基金会的利益相关者主体的多元化，活动不仅要考虑到捐赠者与受益者的偏好，还应考虑到其他相关利益主体。因此，公益金基金会应制定内部争议解决制度，通过加开理事会或申请上级主管部门参与评判，来解决内部意见不统一的问题，避免当决策主体所做出的决策不能被接受而影响到组织活动的开展。其次，其他利益相关主体，如捐赠者不服组织决策作出的处理时，公益基金会应注重申述渠道的建设，如召开公平会等相关会议，收集相关意见，及时对决策结果进行相应修改，以利于组织的长远发展。

3. 强化公益基金会的监督机制

（1）加强对基金会组成成员的考核

公益基金会有必要根据组织的实际运作而制定相应的考核制度，如建立岗位考核机制，每位公益基金会的工作人员，除最初的入岗考核外，还应定期考核其完成任务的情况，同时明确各个员工的年度目标，以便组织对其进行考核。

（2）健全大陆公益基金会行政监督体系

首先要加快放开登记的步伐，构建统一的行政监督模式，厘清各部门行政监督的内容与职责。以往对公益基金会的登记注册，实行双重审批制，须经过登记管理部门和业务主管单位审批同意，对公益基金会的监管重在事前监管，设置高门槛，虽做到了控制公益基金会的数量剧增，但由于双重管理，在公益基金会的行政监管过程中，出现了"谁都管，最后谁都不管"，职能交叉和部门相互"踢足球"的情况，过于放松的事后监管，造成了公益基金会在发展中状况百出。因此，加快放开登记的步伐，积极创新公益金基金会登记管理制度，厘清各部门行政监督的内容与职责，是极其有必要的。在弱化登记审批制度的同时，还应加强对公益基金会的后续监管，完善公益基金会信息公开机制，甚至可借鉴公司管理的做法，对公益基金会的发展引入风险控制体系，将以往注重对组织控制转向对组织行为的引导。

其次，转变行政监管观念，推进年检与评估监督双管齐下。一是规范年检操作过程。目前，大陆地区对公益基金会的事后监督主要是以年检为主，但现行的《基金会年检办法》中，并无明确年检的具体操作与过程，致使在年检操作过程随意性大，年检最终流于形式，因此，必须督促年检过程的规范性操作。二是注重由各级民政部门组织开展的公益基金会评估工作。目前，与行业协会商会相较而言，公益基金会承接的政府项目的数量尤为稀少，应加快政府职能转移，落实政府向公益基金会购买服务政策，增加政府向优秀公益基金会购买服务资质的名录，以此来调动公益基金会规范自身管理并积极参与评估，实现通过评估监督来实现政府对公益基金会的动态监管，推进政府对公益基金会行政监督的有效性。

（3）完善公益基金会信息披露制度

第一，细化信息披露内容。笔者认为，在制定统一的信息发布标准外，还需加快制定与《基金会管理条例》《基金会信息公布办法》等相配套的实施细则，加大信息公开力度，细化信息披露的内容。公益基金会应将各相关利益主体，如捐赠者、受益人、提供服务者等的信息都列入信息披露的范围。

第二，创建统一的信息公布平台。总体而言，信息平台仍出现供需不平衡、供给不足的状态。全国性与地方性公益金会信息公布平台实现对接存在一定难度，各个公益基金会信息公开的内容及方式无法统一，致使公众获取信息难。因此，要完善公益基金会信息披露制度，须创建统一的信息公布平台，在实现信息共享的同时，便于社会公众查询相关信息。

（4）推进公益基金会多元化社会监督模式的形成

首先，要建立健全独立的第三方评估机制。独立第三方与公益基金会不存在利害关系，相对于业务主管部门而言，其立场更独立客观，监督更具专业性。随着公益基金会的增多，大陆也陆续出现了较为有影响力的第三方评估机构，但评估结果的权威性、系统性、完整性都有待提高，仍有不少公益基金会的财务、业务等信息无法取得，而不能对其进行评估，评估无法体现大范围公益基金会的整体水平。因此，要尽快建立健全的独立第三方评估机构，发展相应的公益性、专门性的研究机构，加快专业人才的培养，充分发挥第三方评估机构的监督作用。其次，要加强行业自律。再者，应加强媒体和公众的监督力度。媒体及时、覆盖面广和影响力大等优势，媒体参与对公益基金会的监督，不仅能为相关主管部门、执法机构及社会公众提供信息，在一定程度上，可对社会公众的行为与态度产生影响，具有导向作用。因此，加大媒体监督对公益基金会存在巨大的压力，督促其行为合法性和治理能力的提升。同时，社会公众监督亦是保证公益基金会实现其社会责任的重要方式之一。加强社会公众的监督意识，通过对公益基金会的活动进行质疑、查询和评价，来实现社会公众对公益基金会监督。[1]

（三）加大宣传和监管力度

1.加大宣传力度，培育基金会发展的社会土壤

针对目前大陆公益文化缺失，公民慈善意识不到位，基金会的关注度和影响力偏低的现状，必须加大宣传力度，培育公益文化，引导人们通过公益事业、服务社会体现自我价值。例如，利用当下时兴的微博、微信平台，与网友互动，每天分享一个慈善小故事，通过转发让更多的人了解到，慈善并非仅是富人的游戏，每个人都能"予人玫瑰，手有余香"。基金会也可以与一些热心公益的知名导演和演员合作，拍出公益慈善的微电影甚至电视剧，投放在各大院线和电视台，一来，提高公民的慈善意识，二来，所得善款也可用于慈善公益，最后，可以用讲故事的方式来提高基金会的影响力，更易让人接受，一举多得、事半功倍。

2.加强监管力度，重塑基金会的公信力

公信力的强弱是影响基金会品牌、市场和竞争力的关键因素。只有公信力强的基金会才能赢得更多志愿者、更多资源，进而获得更多机会达成自身的使命和目标。换言之，基金会想要生存下来，并且发展壮大，就必须提高自己的公信力。可以有以下几种途径：一是强化基金会董事会的功能。对董事会成员进行治理培训，明确各自责任，为机构的发展提供决策保证。基金会内部要加强相互监督，给予基金会集体决策的空间，避免"一言堂"。众人拾柴火焰高，民主决策能提高方案的准确性，也可以激发内部人员的工作积极性。同时，相互监督也可以有效遏制由于一方权力独大滋生的贪污腐败问题，提高工作绩效。此外，基金会董事会的构成要多元化，尽力达到政策影响、资金保证、公共宣传与专业运作的平衡发展。

二是要完善基金会的规章制度和运行程序。台湾基金会的发展起步较早，虽然也存在各种问题，但随着各种制度一步步完善，有效地预防和控制了各种违规行为。因此一方面基金会要建立行业自律组织，如台湾地区就有非营利组织行业自律联盟。[2]另一方面政府要从依法治国的角度出发，进一步出台规范基

---

[1]　蔡小李：《大陆与台湾地区公益基金会治理比较研究》，华侨大学硕士学位论文，2015年6月，第85—90页。

[2]　蔡一璇、张多蕾：《基金组织自律机制的建设与完善——以安徽省基金会组织为例》，《郑州航空工业管理学院学报》，2011年第4期，第97页。

金会运作的法律法规，加大外部监管力度，保证基金会组织运行的公开性、资金使用的透明性，重塑基金会的公信力。

3.增强自营能力，促进基金会的专业化运作

归根究底，基金会只有提升自身能力，才能把握发展机遇，实现创会目标，发挥应有之力。一是要提升服务能力，服务社会公益是基金会创立、发展的根本。要在基金会依法登记的服务范围内按照以人为本的宗旨提供专业化服务，不断提高资金募集、项目运作、品牌营销等方面的能力。二是要强化自律能力。增强基金会成员的职业道德，严格遵守基金会的组织纪律、财务纪律，规范、引导基金会在健康的轨道上运行。三是要改变传统的人事制度，以能力作为第一评判标准，引进青年优秀人才。改革目前大多数基金会以资历而非能力的用人标准，创新激励机制，吸引更多有公益心、创造性和使命感的青年投身基金会，保证基金会事业的稳定持续发展。

借用台湾基金会名宿王云五先生对基金会的展望作为总结："个人生命有时而尽，基金会的功能却在与时俱进；个人的理想可能短时间无法完成，基金会的制度却可使理想在未来的岁月成为现实。不朽是每个人都追求的目标，但是大都十分缥渺，基金会却可以提供一条通达不朽的伟大途径。"大陆的基金会经过20多年的发展积累，有成绩，也有问题；有不断向前发展的迅猛态势，也遇到过发展道路上的绊脚石；有受惠者行行感激的热泪，也有质疑者声声批判的怒斥，但回顾这几十年的发展道路，大陆的慈善事业还是在不断上升的，不停进步的，积极的肯定多于消极的批判，但无论怎样，有一点必须时刻谨记：还有那么多双等待帮助的眼睛，在看着我们呢。

第七章　两岸民间组织的管理

第一节　两岸民间组织法律地位的比较

一、大陆和台湾民间组织的分类与比较

（一）中国大陆民间组织的分类

从定义或法律体系出发，可将中国大陆的民间组织分为五类：

第一类：社会团体，是在社会文化领域开展各种活动的会员制组织，如各种学会、协会、同学会、促进会、联合会、志愿者团体等。

第二类：经济团体，是在经济领域开展各种活动的会员制组织，如行业协会、商会、工会、各种打工者团体等。

第三类：基金会，是在各个领域里开展各种资助活动或资金运作活动的非会员制组织，如项目型基金会、资助型基金会、联合劝募组织等。

以上三类构成大陆现行法规体系中"社团法人"[①]的主体，与企业法人、机关法人、事业法人一起，构成《民法通则》所定义的四大法人。

第四类：实体性公共服务机构，如各种民办的医院、学校、剧团、养老院、研究所、中心、图书馆、美术馆等，即大陆现行法规中的"民办非企业单位"[②]。

除上述四类依据现行法规获得合法登记地位的民间组织，在转型时期的中国，还大量存在一些组织形式，其中包括一部分在工商注册而实际符合民间组织的五个特征并开展公益活动的组织，以及一部分没有依法登记注册但也满足

[①]《社会团体登记管理条例》中将"社会团体"定义为由中国公民自愿组成，为实现会员的共同意愿，按照其章程开展活动的非营利性民间社会组织。（民政部，1998年）

[②]《民办非企业单位登记管理暂行条例》中将"民办非企业单位"定义为由企业事业单位、社会团体和其他社会力量以及公民个人利用非国有资产举办的，从事公益性社会服务活动的民间社会组织。（民政部，1998年）

民间组织其他特征的组织。这些组织在数量上据估计甚至超过上述两大类，在转型时期的中国发挥着不可忽视的作用，因而统归为第五类民间组织，或称为"未登记或转登记团体"。

（二）台湾民间组织的分类

台湾地区秉承欧陆的成文法法律体系，这些组织见诸法律中对"公益法人"和"财团法人"的规范。台湾对非营利组织进行管理及注册登记的法律主要有两部，一部是"民法"，一部是"人民团体组织法"（简称"人团法"）。

具体而言，台湾的"民法"中的"私法人"包括两种，即"社团法人"和"财团法人"。前者指成立基础为人的社会团体，如协会、联合会等，后者指以一笔财产为主成立的组织，如各种基金会、机构等。[①] 其中，"社团法人"被区分为"营利法人"和"公益法人"，前者的资格取得有特别的规定（如"公司法"），后者则被界定为以文化、学术、宗教、慈善等性质公益事业为目的的法人，也即非营利性的社团法人。"财团法人"的规程则依照按捐助人意志订立的"捐助章程"操作，"财团法人"最主要的即为基金会。

表7-1　社团法人与财团法人之比较

	社团法人	财团法人
成立基础	人：有社员	财产：无社员
设立方式	两个以上之自然人或法人的共同发起	一个自然人或依法或依遗嘱，即捐助一笔财产而设立
种类与性质	营利：依特别"法"（"公司法"） 公益：主管机关许可设立后，始得向法院登记为法人	公益：主管机关许可设立后，始得向法院登记为法人
内部组织	社会员大会为最高决策机关：但平日会务则由会员推选出来的代理机关（理事会）代为处理	由管理人依捐助章程做管理财产之决策与执行
组织及章程之变更	均由社员大会决议	捐助设立者订定捐助章程，若有不周时，得申请为必要处分

---

① "导论：非营利组织之定义、功能与发展"，载于萧新煌主编《非营利部门组织与运作》，台北：巨流图书公司，2000年版，第1—42页。

续表

	社团法人	财团法人
解散事由	共同事由： 1. 违反设立许可条件，主管机关撤销之 2. 破产（董事向法院申请之） 3. 其目的或行为违反法律或公序良俗，得因主管机关或检察官或利害关系人之请求而宣告解散	
	得由社员决议随时解散；或社团事务未依章程进行，法院得因主管机关或检察官之请求而宣告解散	因情势变更致目的不能达到时，主管机关得遵照基本捐助人之意思，变更其目的、组织，或解散之

　　"公益法人"又按照服务对象的开放性与封闭性分为互惠性社团法人（MBO：Mutual Benefit Organization）"，如同乡会、校友会、联谊会、工商促进会，和公众利益性社团法人（PBO：Public Benefit Organization），如协会、学会、权益促进会等。前者又被称为自利性社团法人，或中间法人，并主张这类组织不应归属公益团体（Philanthropic organization）甚或非营利组织（NPO）之列。

　　台湾的"人民团体组织法"说明了设立民间组织的必要过程。它将人民团体分为三种类型，即职业团体，如工会、商会、农会、公会等；社会团体，如协会、学会、同乡会等；政治团体，如政党等。还有一些依据人民团体法成立的"社会团体"，基于各种理由而没有向法院登记成为法人，被称为"非法人"。

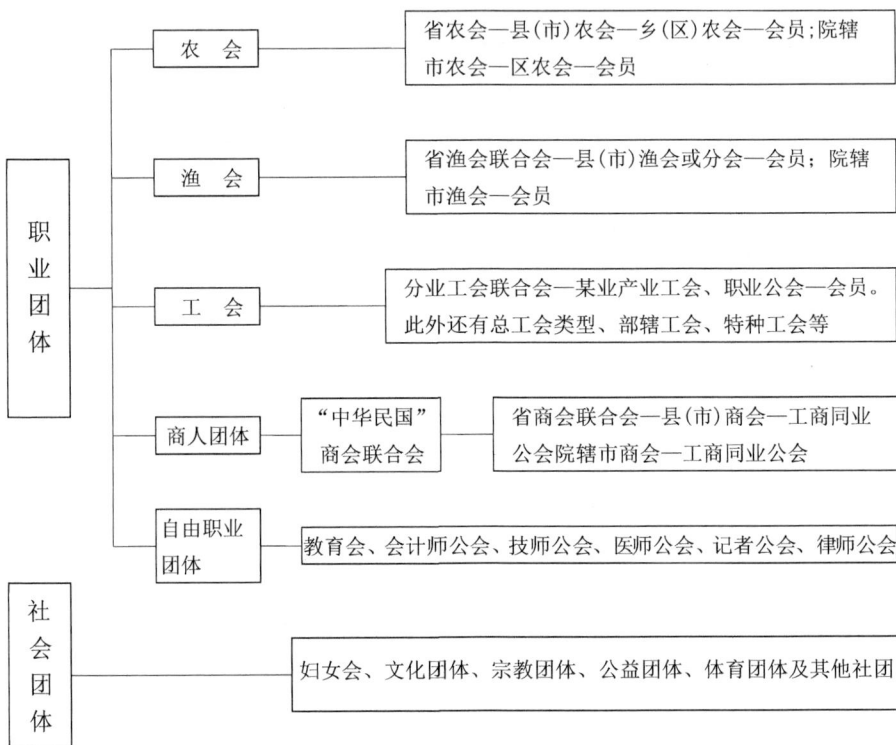

图 7-1　台湾民间组织分类

（三）两者的比较

两岸民间组织的分类体系中有许多概念是大体对应的，如大陆的五种基本民间组织类型中，社会团体、经济团体、基金会、实体性公共服务机构，在概念与范围上分别对应于台湾的社会团体、职业团体、基金会、特别财团法人；另一方面，二者在分类和管理上，又有一些不同的特点。主要表现在以下几个方面：

第一，大陆的"双重管理"体系和台湾的"民法"传统。大陆目前对社会团体和民办非企业单位实行以"双重管理"为特征的管理体制，即"登记管理机关"和"业务主管单位"①双重审核、双重负责、双重监管的原则。这意味着

---

① 《社会团体登记管理条例》第六条规定："国务院民政部门和县级以上地方各级人民政府民政部门是本级人民政府的社会团体登记管理机关（以下简称登记管理机关）"；"国务院有关部门和县级以上地方各级人民政府有关部门、国务院或者县级以上地方各级人民政府授权的组织，是有关行业、学科或者业务范围内社会团体的业务主管单位（以下简称业务主管单位）"。《民办非企业单位登记管理暂行条例》对民办非企业单位的登记管理也有如上的相应规定。

一个民间组织要获得合法身份，在取得向民政部门审批登记的资格之前，需要先找到一个政府部门或政府授权机构为自己担保，后者将承担对民间组织的登记审查、活动监督、组织管理、违法查处、人事监督、财务监督等责任。[①]台湾非营利组织的设立，也经过两个步骤：由目的事业主管机构核定设立许可，再由法院负责法人登记。主管机关对法人的业务有审查权，包括法人的设立许可、组织运作、年度重大措施、财产包管与运作、财务、公益绩效及其他事项的检查、监督职能[②]。

两岸民间组织管理的相同之处是均实行一种"双轨制"，民间组织的设立需要经由一个政府部门业务（或称目的事业）主管机构审查和监督、管理。台湾当局各部门对此的规定也各不统一，对民间组织建立造成一定混乱。但台湾的"法律体系"比较健全，其"双重"体制并非由民政部门和其他政府部门实行双重管理，而是在事业主管单位批准的基础上，由法院统一登记，直接纳入"法律"体系，分别承担不同的法人责任，这较有利于民间组织的规范化。

第二，政治性和宗教性团体的地位。台湾的"公益社团法人"中，特别规定了"政治团体"一项，如政党等也纳入其中。在"特别财团法人"中，包括了寺庙、教会等团体，并另依"宗教法"规范之。大陆目前的非营利组织管理体系中，没有将这两类组织列入，是与台湾管理体系中不同的地方。对于非营利组织是否能具有政治性和宗教性，有一些争议，如美国学者萨拉蒙（Salamon）在 1994 年界定非营利组织时，确立了七个特征，其中包括"非宗教性"和"非政治性"，指不包含政党和宗教组织，但他后来自己作了修改，去掉了这两个限制，认为只要满足"组织性""非政府性""非营利性""自治性"和"志愿性"五个条件即可，放宽了对非营利组织的界定。

第三，基金会的地位与管理。大陆的管理体系里，基金会同会员制社会团

---

① 《社会团体登记管理条例》第五章"监督管理"中，"第二十七条"登记管理机关履行下列监督管理职责：（一）负责社会团体的成立、变更、注销的登记或者备案；（二）对社会团体实施年度检查；（三）对社会团体违反本条例的问题进行监督检查，对社会团体违反本条例的行为给予行政处罚。"第二十八条"业务主管单位履行下列监督管理职责：（一）负责社会团体筹备申请、成立登记、变更登记、注销登记前的审查；（二）监督、指导社会团体遵守宪法、法律、法规和国家政策，依据其章程开展活动；（三）负责社会团体年度检查的初审；（四）协助登记管理机关和其他有关部门查处社会团体的违法行为；（五）会同有关机关指导社会团体的清算事宜。业务主管单位履行前款规定的职责，不得向社会团体收取费用。《民办非企业单位登记管理暂行条例》对民办非企业单位的登记管理也有如上的相应规定。

② "非营利组织的法律规范与构架"，载于萧新煌主编《非营利部门组织与运作》，台北：巨流图书公司，2000 年，第 76—108 页。

体一起被归入社团法人，而不是像台湾给予之财团法人的地位。按照会员制与非会员制区分非营利组织是国际上一种比较常见的做法，因为这两种组织的性质和运作方式有较大差异，需要有不同的监督、管理办法。不过，台湾非营利部门的一个特征是这种分法只是在法律意义上的，由于大部分基金会并非"经费捐助基金会（Grant-making foundation）"，而是"自行运营基金会（Operating foundation）"，因而基金会与社团在实际运作上没有很大差异[①]。

第四，实体性公共服务机构的法人身份与管理。民办医院、学校、文化场馆、研究所、福利机构等，在大陆的登记管理体系中属于"民办非企业单位"，依据《民办非企业单位登记管理暂行条例》进行规范。台湾民法则将私立学校、私立医院、寺庙、研究所、福利机构等界定为"特别财团法人"，分别有另行的相关法律规范管理之。大陆的"民办非企业单位"概念与台湾"特别财团法人"相比有两点关键差异：其一，后者有明确的法人身份，而前者法人身份不明确。《民法通则》规定的法人只有企业法人、机关法人、事业单位法人和社会团体法人四种，而"民办非企业单位"按规定在准予登记后"根据其依法承担民事责任的不同方式，分别发给《民办非企业单位（法人）登记证书》《民办非企业单位（合伙）登记证书》《民办非企业单位（个人）登记证书》"[②]，这表明1998年出台的《条例》虽对存在的实体性服务机构进行了登记、管理，却没有解决其法人身份，对其今后的规范发展造成一些问题；其二，台湾对不同"特别财团法人"的管理是用相应"法律"条文详细区分和规范其行为，包括免税资格取得和监督管理措施等，而大陆的"民办非企业单位"被明确规定为一概"不得从事营利性经营活动"[③]，这不仅给营利目的的机构造成享受减免税的可乘之机，也伤害了公益性机构的积极性，造成这类团体的管理混乱局面。台湾的"特别财团法人"之规定，虽然在实行中也存在监督不力、鱼目混珠的情况，但其对法人身份的明确，对公益行为的详细区分与监督，是有利于此类机构规范发展的，也是值得大陆在今后立法与制定政策中学习借鉴的。

第五，公益性和互益性团体的区分。台湾的"公益法人"中又进一步区分了"互惠性社团法人"和"公众利益性社团法人"。将"互惠性"或自利性社团区分出来也具有一定的必要性，因为在经济学意义上，"公益"是指社会上不特

---

① 萧新煌主编：《非营利部门组织与运作》，台北：巨流图书公司，2000年。
② 《民办非企业单位登记管理暂行条例》第十二条。
③ 《民办非企业单位登记管理暂行条例》第四条。

定多数人的利益（或社会全体的利益）①，从而将单纯互助性行为的社团与公益性社团区别开来更有利于管理。

第六，民间组织生存的法律空间。大陆存在大量的"未登记或转登记团体"，但应注意它与台湾"非法人"的概念含义并不完全相同。台湾申请成立人民团体的步骤是首先向主管机关提出申请，报请核准立案，再到地方法院完成法人登记。有一些组织因为不需募款，或不愿成为法人等原因，不去向法院登记，它们属于"非法人"，但"非法人"完全可以是符合"人民团体法"成立的社会团体，他们并不是"非法"的，只是非具有法人地位的团体。大陆的"未登记或转登记团体"，有许多是因为找不到业务主管单位，无法去民政部注册登记，只能暂且生存活动，或者注册为企业。在这一点上，台湾非营利组织的设立虽然也需要先通过政府部门作为目的事业主管机构的审批，各部门的不同规章也给设立过程带来一定混乱，但这些审批部门还是相对固定的政府机构，它们有明确的规章，有义务接受申请并在一定时间内予以明确答复，如未经通过，需说明情况，通知申请人限期补正或驳回②。这使得民间组织有了更大的合法生存空间。

二、两岸民间组织管理体制和慈善捐赠机制比较

（一）两岸民间组织管理体制比较

对于民间组织的登记管理，大陆采用的是双重管理和分级管辖制度。

所谓的"双重管理制度"是指由业务主管单位和登记管理机关两方面共同管理民间组织的制度。按照现行法规规定，国务院有关部门和县级以上地方各级政府部门、国务院或县级以上地方政府授权的组织，是相关民间组织的业务主管单位；县级以上民政部门是民间组织的登记管理机关。申请成立民间组织通常有三道程序。第一道程序是由发起人先向业务主管单位申请筹备，经其审查同意后进入第二道程序，由发起人向登记管理机关申请筹备，登记管理机关如果同意筹备，在完成筹备工作后，进入第三道程序，由发起人向登记管理机关申请成立登记。

　　① "非营利组织的法律规范与构架"，载于萧新煌主编：《非营利部门组织与运作》，台北：巨流图书公司，2000年，第76—108页。

　　② "非营利组织的法律规范与构架"，载于萧新煌主编：《非营利部门组织与运作》，台北：巨流图书公司，2000年，第76—108页。

所谓的"分级管辖制度"是指有关县以上各级民间组织的登记管理机关、业务主管单位管理上的分工和管理权限的制度。实行分级管辖制度是由大陆层级制政府结构所决定的。对于民间组织的登记管理，只有县级以上政府才有权受理。一个辖区内的民间组织只能在辖区内登记，一旦该组织超出辖区范围，就归上一辖区的民政部门管理。分级管辖不仅适用于登记管理机关，而且同样适用于业务主管单位。分级管辖制度，实际上是一种属地管理制度。另外，"在同一行政区域内已有业务范围相同或者相似的社会团体，没有必要成立的，可以不予批准成立"，社会团体还不得设立地域性的分支机构。

台湾民间组织的成立一般是经过两个步骤：首先，由组织发起人向目的事业主管机构核定设立许可，然后再向地方法院办理法人登记，以取得法人地位。主管机关对法人的业务有审查权，包括法人的设立许可、组织运作、年度重大措施、财产包管与运作、财务、公益绩效及其他事项的检查、监督职能。同时，台湾的"人民团体法"规定，"人民团体会址设于主管机关所在地区。但报经主管机关核准者，得设于其他地区，并得设分支机构"，"人民团体在同一组织区域内，除法律另有限制外，得组织二个以上同级同类之团体。但其名称不得相同"。

此外，对于民间组织成立的具体条件，在某些方面大陆也较之台湾来得高。以社团组织为例，按《社团登记管理条例》规定，成立社会团体，在会员方面，必须要有 50 人以上的个人会员或者 30 人以上的单位会员，个人会员、单位会员混合组成的会员总数不得少于 50 个；在经费方面，还要有合法的经费来源，全国性社团要有 10 万以上的活动资金，地方性的社团和跨行政区域的社团要有 3 万元以上的活动资金。而台湾的相关条例规定，成立社团组织只需有 30 个以上年龄超过 20 岁的发起人提交申请书、章程草案、发起人名册，报目的事业机关同意后送主管机关核准许可后即可成立。对于经费并无具体的要求。

总体来说，两岸民间组织管理的相同之处是均实行一种"双轨制"，民间组织的设立需要经由一个政府部门业务（或称目的事业）主管机构审查和监督、管理。但台湾的"法律体系"比较健全，其"双重"体制并非由民政部门和其他政府部门实行双重管理，而是在事业主管单位批准的基础上，由法院统一登记，直接纳入法律体系，分别承担不同的法人责任，这较有利于民间组织的规范化。

（二）两岸民间组织慈善捐赠机制比较

从民间组织的起源来看，最早的民间组织雏形主要就是从事人道主义和慈善的组织；现今民间组织的非营利和非政府的特性，也决定了其经费来源大多数来自捐赠。所以，政府对于民间组织捐赠和税收方面的激励，是促进民间组织健康发展的重要条件。下面从三个方面对比两岸的慈善捐赠税收优惠：

1. 适用法律

大陆目前针对慈善捐赠税收优惠的法律法规，主要分布在《中华人民共和国公益事业捐赠法》《企业所得税法》《个人所得税法》《契税暂行条例》，以及社会组织的相关管理条例中。特点是多为层次较低的法制规范，税种上主要是所得税类，没有遗产与赠与税等税种。

台湾关于慈善捐赠的税收优惠条款分散在多部"法律"中，主要有："教育、文化、公益、慈善机构或团体免纳所得税适用标准""所得税法""公益劝募条例""房屋税法""遗产及赠与税""营业税法"等。税种涵盖面广，针对性强，较为规范。

2. 减免税条件

根据《中华人民共和国企业所得税法实施条例》第51条、52条的规定，"企业或个人通过公益性社会团体或者县级以上人民政府及其部门，用于《中华人民共和国公益事业捐赠法》规定的公益事业的捐赠，在取得相应的捐赠凭证后，才允许申请税前扣除"。此规定中的公益性社会团体，"应为同时符合下列条件的基金会、慈善组织等社会团体：（1）依法登记，具有法人资格；（2）以发展公益事业为宗旨，且不以营利为目的；（3）全部资产及其增值为该法人所有；（4）收益和营运结余主要用于符合该法人设立目的的事业；（5）终止后的剩余财产不归属任何个人或者营利组织；（6）不经营与其设立目的无关的业务；（7）有健全的财务会计制度；（8）捐赠者不以任何形式参与社会团体财产的分配；（9）国务院财政、税务主管部门会同国务院民政部门等登记管理部门规定的其他条件"。按目前的规定，我国共有40家左右的公益性社会团体有资格对捐赠实行税收减免。其中可获得全额减免的仅有中国红十字会、中国福利会、中华慈善总会、宋庆龄基金会、中华见义勇为基金会、中华健康快车基金会等20多家。不通过这些团体的捐赠，就没法享受到税收优惠。根据2010年底的统计数字，大陆的社会团体已经达到了44.6万家，和40多家形成了巨大的对比。这种局面事实上严重地抑制了捐赠人对于慈善事业的捐赠意愿，最终肯定也会影响到社会对于慈善事业的捐赠数量。

台湾的"公益劝募条例"第5条明确规定，可以自行组织社会募捐的劝募团体，这些团体包括：公益性社团法人、财团法人、公立学校和行政法人。只要向符合"教育、文化、公益、慈善机构或团体免纳所得税适用标准"条件的非营利性组织的捐赠，都可以申请税前扣除。根据2009年年底的统计数字，台湾光是公益性社团法人就有48900家左右。可见其慈善捐赠的受益条件是较为宽松的。

3. 慈善捐赠的税收优惠

（1）税收优惠比例

《中华人民共和国企业所得税法》第九条规定："企业发生的公益性捐赠支出，在年度利润总额12%以内的部分，准予在计算应纳税所得额时扣除。如果捐赠金额超过当年年度利润总额的12%，企业就还得为所捐部分纳税。"对于个人，相关规定是："捐赠额未超过纳税人申报的应纳税所得额30%的部分，可以从其应纳税所得额中扣除。"同时规定："如果实际捐赠额大于捐赠限额时，只能按捐赠限额扣除；如果实际捐赠额小于或者等于捐赠限额，按照实际捐赠额扣除。"

在台湾，个人和营利事业对于公益、慈善机构或团体的捐赠总额，每年可以享受到最高不超综合所得总额20%的扣除，但个人对政府、"国防"和劳军等方面的捐赠以及复兴中华文化、发展全民体育等，给予税前全额扣除；文化、教育、公益、慈善团体或机关，符合"行政院"规定标准者，其自身所得及下属组织的非商业所得免税。

（2）财产税类

大陆目前没有开征遗产税和赠与税，财产行为税主要分散在契税、土地增值税和印花税中体现。《中华人民共和国契税暂行条例》规定，"土地使用权赠与、房屋赠与，承受的单位和个人均为契税的纳税义务人。房产所有人、土地使用权所有人通过中国境内非营利的社会团体 [1]、国家机关将房屋产权、土地使用权赠与教育、民政和其他社会福利、公益事业的，可以免征土地增值税"。同样存在受益主体过窄的问题，缺乏慈善捐赠"倒逼"效应的机制。

---

[1]　这里的社会团体包括：中国青少年发展基金会、希望工程基金会、宋庆龄基金会、减灾委员会、中国红十字会、中国残疾人联合会、全国老年基金会、老区促进会以及经民政部门批准成立的其他非营利的公益性组织。

台湾对于财产税这方面，设立有遗产税或赠与税。台湾相关"法律"规定，"遗赠人、受遗赠人或继承人在被继承人死亡时，捐赠给以依法登记设立为财团法人组织而且符合行政院规定标准的教育、文化、公益、宗教团体等的财产不计入遗产总额。凡通过财团法人私立学校兴学基金会向私立学校的捐赠，可以享受更高的扣除比例，个人的捐赠扣除比例为 50%，营利事业的捐赠扣除比例为 25%"。此外，对用于慈善救济事业的房屋免征房屋税。

两岸关于慈善捐赠税收优惠政策的对比，显示了中国大陆的相关政策多从管理者自身角度出发，以严管为主要思路，没有针对民间组织的特点进行专门的政策设计，限制了民间组织的发展。

第二节　两岸民间组织与政府关系的比较

为界定政府与民间组织的关系，研究者先后提出了政府/市场失灵和第三方政府这两种理论。学者威斯鲍德从政府/市场失灵的角度分析民间组织存在的合理性，认为政府的工作机制决定了它在提供公共产品方面的有限性。公共需求的多样化程度越高，政府提供公共产品的能力越有限，民间组织的生长空间就越大。[1] 但这一理论把民间组织看成是被动的组织形式，把政府与民间组织的关系看成是此消彼长的对立关系，现实解释性并不强。为此，美国学者萨拉蒙（Salamon）等提出了第三方政府理论。[2]

萨拉蒙认为，通观社会发展史，在政府出现之前，就已存在自然运行的社会组织。所以不宜把民间组织当作是政府机构的补充，相反，政府的出现是志愿失灵的结果，即当社会自发运行机制无法满足某些社会需求时，才需要政府的介入。对此，萨拉蒙在跨国比较的基础上，以"服务的资金筹集和授权"与"服务的实际提供"为核心变量，深入分析了政府与民间组织的优缺点，指出了政府与民间组织合作关系的内在逻辑，进而提出了政府与民间组织关系的四种模式。[3] 认为政府组织应该与民间组织建立合作伙伴关系，更好地满足社会对公共产品的需求。

---

[1]　Frumkin, Peter. *On Being Nonprofit*. Cambridge: Harvard University Press, 2002. pp.65-67.

[2]　Salamon, Lester. *Partner in Public Service: The Scope and Theory of Government-Nonprofit Relations. The Nonprofit Sector: A Research Handbook*. Yale University Press, 1987, pp.27-42.

[3]　Salamon, *Partners in Public Service: Government-Nonprofit Relations in the Modern Welfare State*. Baltimore : The Johns Hopkins University Press, 1995.

表 7-2　政府与民间组织关系模式

	政府主导模式	双重模式	合作模式	民间组织主导模式
资金筹集	政府	政府／民间组织	政府	民间组织
服务提供	政府	政府／民间组织	民间组织	民间组织

这里合作模式主要包括两种方式：一是合作的卖主模式，其中民间组织仅仅以政府项目管理代理人的面目出现，拥有很少的处理权或讨价还价的权利；二是合作的伙伴关系模式，其中民间组织拥有大量自治和决策的权利，在项目管理上也更有发言权。在萨拉蒙看来，在政府／市场失灵和合约失灵理论中，志愿部门往往被视为在政府和市场失灵之后的辅助性衍生物，是由于政府的局限产生的提供公共物品的替代性制度，忽略了民间组织因本身固有的缺陷而产生的志愿失灵、慈善的供给不足等弊端。萨拉蒙认为，民间组织的这些弱点正好是政府组织的优势，于是政府成为民间组织志愿失灵之后的衍生性制度。也即只有在民间组织服务不足的情况下，政府方能进一步发挥作用。因此，政府的介入不是对民间组织的替代而是补充。同时，萨拉蒙在分析政府和民间组织各自的组织特点、运行模式及局限性的基础上，推论政府和民间组织之间可以建立合作伙伴关系，从而既可以保持较小的政府规模，又能够较好地履行供给公共产品。[①]

一、中国大陆民间组织与政府的关系

从改革开放 30 多年来发展的历史进程看，民间组织无论在内涵上还是外延上都不是一成不变的。在 20 世纪 80 年代，民间组织主要指伴随改革开放涌现出的各种社会团体，一般以学会、研究会、协会、基金会等形式出现，它们和各类公司企业一样，虽独立于党政体系之外，但又往往依存于各级党政部门。参与这些社会团体的多为知识分子、农民、个体从业者和离退休党政干部，许多党政部门和企事业单位成为发起社会团体的主体，有时甚至出现党政、企事业单位和社会团体混于一体的局面。80 年代末颁布了相关法规，对民间组织给出了规范框架。进入 90 年代后，随着政府改革的进程加快，社会转型也全面展开，这时候的民间组织开始呈现出越来越多的民间性特征，也逐渐突显出它们有别于企业的非营利性特征。1998 年以后，先后修订和颁布了若干重要的法规，

---

① 王建军：《论政府与民间组织关系的重构》，《中国行政管理》2007 年第 6 期，第 55—56 页。

形成了更加成熟的制度框架。随着构建和谐社会战略目标的提出，各种民间组织更加广泛地参与到政治、经济、文化以及社会各领域的公共治理中，一方面努力发挥其不同于党政机关的非政府组织的组织优势，以及不同于企业的非营利性、公益性或共益性的治理优势，另一方面又努力构建和党政部门、企业部门之间的跨部门合作框架，在合作互动中推进和谐社会的建设。在改革开放深入发展、市场经济逐渐成熟、社会转型全面展开的进程中，民间组织越来越发展成为与国家体系、市场体系相对独立，同时又相互依存、相互渗透和共同发展的公民社会部门。①

改革开放以来，民间组织的发展经历了从无到有、曲折发展、成长壮大的历史过程。按照相关学者的研究，第一阶段称之为"民间组织的兴起时期"，从1978年改革开放初到1992年。在这14年间，中国大陆民间组织的发展经历了一个从无到有、从点到面、遍地开花的原始生长期。改革开放释放出的巨大能量加之缺乏相应的制度约束，使得这一时期大陆民间组织在数量上几乎呈现为爆炸式的巨大增长。其中各种学会和研究会所占比重极大，各类协会也稳步增长，基金会则从无到有，显示了第一阶段中国大陆民间组织发展的总体特征。通过期刊和报纸的权威检索系统分年检索获得的数据及多渠道得到的官方统计数据，学者初步估计在这14年间，发育并活跃于中华大地的民间组织总数大约在100万家左右。②

第二阶段可以被称之为"民间组织的规范管理期"，从1993到2000年。在这个阶段，政府有关部门对民间组织加强了规范管理。早在80年代中后期，为推动社会团体的登记注册，国务院在民政部设立了社会团体登记管理部门，并于1988年9月和1989年10月先后颁布了《基金会管理办法》和《社会团体登记管理条例》。这两个法规是改革开放后关于民间组织最早的制度规范。以此为基点，大陆的民间组织走上了一条艰难的制度构建之路。这条道路前后历经十余年，期间发生了许多重大事件，如成立登记管理机关、两次清理整顿、颁布相关法规等。经过10年左右的实践，坚持并努力巩固了以双重管理为核心的民间组织监管体制。这种体制从根本上说源于民间组织"先发展、后管理"的现

---

① 刘求实、王名：《改革开放以来我国民间组织的发展及其社会基础》，《公共行政评论》2009年第3期，第151—152页。

② 刘求实、王名：《改革开放以来我国民间组织的发展及其社会基础》，《公共行政评论》2009年第3期，第152—153页。

实，是面对大量已经成立并得到相关政府部门支持的民间组织，在推行统一登记制度时政府部门之间彼此妥协的结果，目的是保留已有行政归口部门的部分权限，同时达成统一登记管理的目标。从政府部门便于行政管制和防范潜在政治风险的角度来讲，这种管理体制具有一定的优越性，即在民间组织的登记注册阶段和后续的日常运作过程中，通过民政部门和业务主管单位的双重审查和监督，更易于实现对民间组织的严格管理。这也是政府在转型时期针对社会发展的诸多不确定因素而做出的一种特殊制度安排。正是由于双重管理体制的这种特性和功能，使得它在后来的一段时期得以延续和巩固。这一点在后续出台的一些法规中亦有所体现。例如，1998年10月颁布的关于社会团体和民办非企业单位的两个新法规在制度上对双重管理体制作出了更加明确和具体的规定；而2004年3月颁布的《基金会管理条例》亦延续了双重管理体制。需要特别指出的是，这种以政治考量和严格行政管制为出发点的制度构建，对于民间组织的发展有相当大的消极影响。民间组织的相关管理条例虽然规定了民间组织在登记注册时须获得业务主管单位的同意，以及业务主管单位对民间组织的后续监管职责，但那些可以作为相应民间组织业务主管单位的机构在法律上并未被施加必须作为某民间组织业务主管单位的强制性义务，因而这种机构如果对其未来收益没有一个较好的预期，却又要承担对民间组织监管的职责以及由此可能带来的风险的话，它成为某个民间组织业务主管单位的动机就会非常弱。在实践上这就成为众多民间组织无法找到业务主管单位，进而无法在民政部门登记注册的一个重要原因。许多草根民间组织不得已而采取工商登记或不登记的状况便是一个佐证。同时，双重管理体制在一定程度上削弱了民间组织管理的规范性和统一性，易受一些不确定因素的影响。随着民间组织的发展，这种双重管理体制的弊端也日益显露出来，成为延续至今并束缚中国民间组织发展的主要制度障碍。①

第三阶段从世纪之交开始至今，可称之为"民间组织新的发展高潮期"。在这一阶段，随着改革开放的逐步深入、市场经济发育的渐趋成熟和社会转型的全面展开，民间组织在数量和组织规模上都有较大的增长，组织能力逐步增强，其活动所覆盖的领域也逐步扩大。在这一阶段，不仅登记注册的社会团体、基金会和民办非企业单位发展迅速，而且在社会生活的各个领域和层面都涌现出一大批未经登记注册或采取工商登记注册的各种民间组织，其中较为活跃的领域如环境保护、扶贫开发、妇女儿童权益保护、教育支持、公共卫生、社会福利、行业管理等。在城乡社区乃至网络等虚拟空间，也日益涌现出越来越多的民间组织，它们开始在社会生活的各个方面发挥重要的作用。在改革开放经受一段考验之后，我国的民间组织发展已经步入一个新的历史时期。随着市场经济的发育成熟、改革开放的逐步深入和社会转型的全面展开，我国民间组织逐渐从曲折发展走向一个新的高潮，并表现出若干具有趋势性的特征，如支持型组织以及民间组织之间的联盟和网络化开始出现，政府与民间组织之间的合作伙伴关系开始构建。[①]

二、台湾民间组织与政府的关系

（一）台湾民间组织与政府的发展关系历程

台湾民间组织的发展在六十多年的时间里，可以分三个阶段来解释。由于1949年到1987年台湾实行"戒严法"，台湾的各项事业一度均处于国民党当局的严格监视和管理之下。在这期间，民间组织同样也受到当局的严密监视。直到二十世纪八十年代末九十年代初，当局才开始放松对民间组织的管制，从而台湾民间组织才有了蓬勃发展的时期。当然，放松并不意味着不管，台湾当局依然设立了大量的法律条文来规范民间组织。自二十世纪九十年代起，民生议题逐渐受台湾民间组织界的重视，民间团体才得以在台湾蓬勃发展起来。

与台湾民间组织相对应的，台湾当局对民间组织的态度和监管，以及民间组织在现代社会中的地位也随着社会的开放和民间组织的发展而发生变化。虽然在当今的台湾，民间组织仍然要接受当局繁多"法律法规"的管制和多重的领导，但是近些年，台湾民间组织社会地位逐渐提高。一方面，民间组织作为民间团体社会力的代表，越来越受到政府的重视；另一方面，民间组织在现代社会中，尤其是在环保、妇女、劳工、人权等问题上发挥着愈来愈重要的影响力。那么，为何民间组织地位会有如此之大的改变？台湾当局又为何有这样的改变呢？

第一，政治体制转型是台湾当局与民间组织关系转变的直接原因。

考察台湾民间组织与政府的关系必须研究台湾的历史，尤其是台湾当局在各个时期的施政纲领。从台湾的历史沿革，以及台湾民间组织的发展历程来看，

---

① 刘求实、王名：《改革开放以来我国民间组织的发展及其社会基础》，《公共行政评论》2009年第3期，第155—156页。

台湾的民间组织与政府的关系总是受到特定政治背景的影响，从而可见两者之间的关系是从最初戒严状态下民间组织被完全控制，到争取自主性慢慢变革的过程。因此，笔者认为，台湾民间组织与政府关系变化的最直接原因就是政治因素，也就是说，政府的各个时期的政治决策、施政纲领直接决定了民间组织在台湾的地位和影响力。

国民党一党专政时期，虽号称在台湾实施"三民主义"，但本质却是"党国政治"结合"资本主义"，因此，台湾经济发展历程虽获得"台湾奇迹"及"亚洲四小龙"之一的美称，但政治上却被冠上"白色恐怖"及"威权统治"的名号。"威权体制"绝对主控政治与经济权，以维持其政权的合法性，因此，这个时期并不允许民间团体的发展来削弱政府的公权力，即使是社会福利事业也因政治考虑而被"党政化"。

到二十世纪八十年代，面对自由化及民主化的潮流，台湾社会抗争风起云涌。1986年，民进党宣布成立，第二年国民党宣布"解严"，台湾进入民主化时期。此时期不仅仅是台湾的"政治转型期"，同时也是台湾民间团体发展的"转型期"。从这个时候开始，台湾的民间团体有了合法的社会地位，并且在台湾社会进步、经济发展和民主深化的过程中发挥越来越重要的影响力。[1]

第二，社会需要是台湾民间组织发展的根本原因，也是政府与民间组织关系转变的关键因素。

受政治因素的制约，自1949年国民党退台之日起，在很长一个时期里，台湾一直都处于戒严状态。在这个时期，政府与民众之间缺乏信息沟通渠道。然而，随着经济的增长，那些被排斥在正式政治程序之外的民众通过固定渠道表达言论和参与的需求日益旺盛。在这种情况下，需要在民众和政府之间架起沟通的桥梁，民间组织就成为民众行使话语权和政治参与的一个重要的替代性渠道。近年来获得蓬勃发展的女性非政府组织就是一个突出的例子。这些民间组织强烈要求社会全面改善和保障作为弱势群体的女性的地位与权利，如保障她们的财产所有权、继承权、就业权，反对性骚扰和家庭暴力等。例如，台湾的"妇女新知基金会"以关心妇女团体、表达妇女意见、争取妇女权益、支援不幸妇女、唤起女性的自觉以及鼓励女性追求自我成长的生活为目标，以达成两性平等、公正互敬与和谐社会为宗旨。自成立以来，这个组织多次发起街头请愿

---

[1] 杨兰：《香港、台湾、新加坡之民间组织与政府关系的比较研究》，复旦大学硕士学位论文，2008年，第48页。

活动，如 1984 年就曾发动 7 个妇女团体、154 名妇女联合签署一份对堕胎合法化的意见书，呈交台湾"立法院"，促成"优生保健法"完成"立法"。

此外，随着经济的发展，社会公共事务日趋复杂。新形势下，政府没有能力承担所有的社会职能，人们对政府的信任也存在一定的危机。在这种情况下，社会需要民间组织承接政府转移的部分职能，参与社会公共事务的管理，尤其是在灾难救护、教育、医疗卫生等领域。例如台湾主要从事慈善工作和救死扶伤的慈济公德会就承担了部分原本属于政府管辖领域的社会职能。慈济公德会拥有 400 万成员 (其中 90% 是妇女)，每年通过自愿捐款可募集到 115 亿美元的资金。这些钱被用于支持一家拥有 800 张床位、40 名专职医生、500 名护士和 900 名工作人员的医院，一所护士学校、一所医药学校和一家出版社。慈济公德会在台湾和海外的灾难救护、教育、社会咨询和自我帮助等活动中都起着重要作用。"当台湾政府的信誉日趋低落，人民对政府领导人失去信心之时，慈济公德会为社会带来了希望。"[①]

第三，经济发展和改革是台湾民间组织与政府关系变化的重要原因。

不可否认，在台湾民间组织与政府的关系发展中，台湾当局处于绝对的主导地位，民间组织在台湾的发展状况与台湾当局政治态度的改变密不可分，尤其在 1987 年以前，民间组织的发展完全受限于当局。然而，探究这两者之间的关系不能仅仅停留在政治的层面，在经济层面上，台湾经济的发展也是政府与民间组织关系变化的重要原因之一。

1949 年至 2009 年，台湾经济发展大致经历了四个时期：经济恢复时期 (1949—1952 年)，以农养工发展时期 (1952—1960 年)；出口导向经济发展时期 (1960—1986 年)；经济转型时期 (1986 年之后)。台湾当局于 1986 年提出了实行自由化、国际化、制度化的经济转型，进一步健全和完善市场经济机制，并以产业升级和拓展美国以外的外贸市场作为重大调整内容。[②]

（二）台湾地区民间组织与政府在法制规范方面的互动关系

1. 台湾地区民间组织的主管机构

台湾地区对于民间组织的监督和管理实行以"双重主管机构"为特征的管理体制，即每个民间组织都同时受登记主管机构和业务主管机构的双重管理。

---

① 冯久玲：《亚洲的新路》，经济日报出版社，1998 年，第 409 页。

② 杨兰：《香港、台湾、新加坡之民间组织与政府关系的比较研究》，复旦大学硕士学位论文，2008 年，第 50 页。

根据台湾地区"民法总则实施法"的规定，"法人之登记，其主管机关为该法人事务所所在地之法院"。①台湾地区民间组织的两大类型——社团法人和财团法人，按此规定其登记主管机构皆为地方法院。与此同时，社团法人和财团法人又分别有其不同的业务主管机构，各有相关法律对此进行规定。

（1）台湾地区社团法人的业务主管机构

台湾地区民间组织中的社团法人，如前文所述，主要是指依"人民团体法"所成立的职业团体和社会团体，其性质皆属于"人民团体"。按照"人民团体法"规定，"人民团体（社团）之业务主管机关，在中央为内政部，在省（市）为省（市）社会司（局），在县市为县市政府"。②由此可见，作为社团法人的台湾地区民间组织，依据其活动范围的大小，其业务主管机构分别为"中央"的"内务部"、省（市）政府的社会司（局）或县（市）地方政府。③

（2）台湾地区财团法人的业务主管机构

台湾地区民间组织中的财团法人，如前文所述，主要是指依"行政院"各"部""会"所制定的财团法人设置办法而设立的"一般性财团法人"。这些财团法人的业务主管机构，按照其各自成立性质的不同和活动范围大小，分属"中央"和省（市）级政府的各相关机构或县（市）政府。例如，"全国性"教育类财团法人，其业务主管机构即为"教育部"；"全国性"环保类财团法人，其业务主管机构即为"环境保护署"。

2. 台湾地区相关主管机构对民间组织的监督管理事项

台湾地区相关主管机构对民间组织的监督管理事项，由"民法"做一般性规定，由其他相关法规做具体性规定。按照台湾地区"民法"的规定，相关主管机构对民间组织的"检查"事项，主要包括"财产状况""有无违反设立许可条件"和"有无违反其他法律之规定"三个方面。④具体而言，相关主管机构对于社团法人和财团法人的监督管理事项，因其法人属性的不同而各由不同的法规进行规定，下面将分别叙述。

（1）台湾地区相关主管机构对社团法人的监督管理事项

台湾地区民间组织中社团法人的监督管理，主要是依据"人民团体法"。根

---

① 台湾地区"民法总则实施法"，2008 年 10 月 22 日修正。

② 台湾地区"人民团体法"，2002 年 2 月 11 日修正。

③ 杨彬：《台湾地区民间组织与政府互动关系之研究——基于治理的视角》，天津师范大学硕士学位论文，2015 年 5 月，第 29 页。

④ 台湾地区"民法"，总则编，2008 年 10 月 22 日修正。

据"人民团体法"的规定，相关主管机构对于社团法人的监督和管理，主要体现在以下几个方面：①组织设立。"人民团体应于成立大会后三十日内检具章程、会员名册、选任职员简历册，报请主管机关核准立案"，"并于完成法人登记后三十日内，将登记证书复印件送主管机关备查。"②会务事项。"人民团体会员（会员代表）大会之召集，应报请主管机关派员列席。"③财务经费。人民团体经费来源中的"入会费、常年会费、事业费和会员捐款"等四项，其"缴纳数额及方式，应提经会员（会员代表）大会通过，并报请主管机关核备后行之"。④处罚。"人民团体有违反法令、章程或妨害公益情事者，主管机关得予警告、撤销其决议、停止其业务之一部或全部，并限期令其改善"，对于"届期未改善或情节重大者"，主管机关可对其进行"撤免其职员、限期整理、废止许可和解散"等处分。⑤奖励。"人民团体成绩优良者，主管机关得予奖励；其奖励办法由中央主管机关定之。"[1]

（2）台湾地区相关主管机构对财团法人的监督管理事项

台湾地区民间组织中财团法人的监督管理，主要是依据"行政院"各"部会"制定的财团法人监督准则等规章条例。这些财团法人中，内政业务财团法人的活动范围最为广泛，包括民政、宗教、家庭关系、社会福利及慈善等各方面，其在台湾地区各类财团法人中所占比例最大也较有代表性，"内务部"亦制定了"内政业务财团法人监督准则"对其进行监督管理，下面就以此为例来进行分析。

根据"内政业务财团法人监督准则"，相关主管机构对于财团法人的监督和管理，主要体现在以下几个方面：①设立许可。"设立财团法人，应先依据捐助章程设置董事，再由董事向主管机关申请许可后，依法向该管法院声请登记"，"并于收受完成登记通知之日起三十日内将登记证书影本送该管主管机关审验。"②财务审查。"财团法人应于年度开始前三个月，检具年度预算书及业务计划书；于年度终了后三个月，检具年度决算及业务执行书，报请主管机关核备。主管机关为了解财团法人之状况，得随时通知其提出业务及财务报告，并得派员查核之。"③纠正处罚。当财团法人有"违反法令、捐助章程或遗嘱者"、"经营方针与设立目的不符者""对于业务、财产为不实之陈报者"等情形之一者，"主管机关应予纠正并通知、限期改善"。"财团法人于收到主管机关改善通

---

① 台湾地区"人民团体法"，2002 年 2 月 11 日修正。

知后，如未于期限内改善者，主管机关得撤销其许可。"①

3. 存在的问题

目前，台湾地区关于民间组织监督管理已基本建立起一套较为全面和系统的法律规范体系，但是，这套法律体系还不是十分完善，存在着一些问题：

（1）法律规范过于分散和繁杂，缺乏整合性的统一规范。台湾地区行政部门曾在2003年前后拟有"民间组织发展法草案"，但最后因各种原因并未通过，这使得台湾地区各种类型的民间组织至今仍然分别归属不同的法规条例来管理。台湾地区民间组织中的社团法人主要是由"人民团体法"来规范管理，而民间组织中的财团法人则是由"行政院"各"部会"分别制定的相关监督准则来规范管理。同为财团法人，却面临着二十种不同的监督规定，"行政院"每个"部会"各自制定的监督准则中对组织名称、设立许可程序、捐助金额要求、财产运用限制等诸多方面的规定并不一致，标准亦严宽不齐，造成了财团法人在设立与运作管理上的混乱。

（2）法律规范中并没有规定民间组织的专职监督管理机构，而相关主管机构则普遍具有兼职心态和专业能力不足的问题。台湾地区民间组织一般有两个主管机构，即登记主管机构和业务主管机构，其日常监督管理则主要是由业务主管机构负责。这些业务主管机构，或为"行政院"各"部会"，或为地方政府，它们都有自己的本职业务，对民间组织只是兼管而已，在兼职心态的影响下并不十分尽心负责民间组织的监督管理事务。而且，这些业务主管机构普遍缺乏这方面的专业人才，对民间组织的业务运作也并不十分熟悉，即使有心监管，却也往往有力不从心之感。

（3）法律规范对于民间组织的监督管理事项规定过于宽泛，存在着重形式而轻实质的倾向。例如，按照"人民团体法"的规定，社团法人召开会员大会时应报请主管机关派员列席。而在实际执行中，列席仅仅具有象征意义，主管机关因日常参与较少而无法对这些民间组织的发展提出有建设性意义的指导意见。再比如，根据各"部会"制定的财团法人监督准则的相关规定，财团法人应当每年将其业务计划书和业务执行书报请主管机关核备，但这些监督准则大多都没有规定主管机关应当对财团法人进行定期的实地检查，这样一来主管机关只是在文书上对民间组织进行了解和监管，对于民间组织的实际运作则缺乏

① 台湾地区"内政业务财团法人监督准则"，1999年11月10日修正。

有效的监督管理措施。①

（三）台湾地区民间组织与政府在资源获取方面的互动关系

1.台湾地区民间组织从政府获取资源的种类和方式

（1）台湾地区民间组织从政府获取资源的种类

依照性质的不同，台湾地区民间组织从政府取得的资源，可以分为人力资源、物力资源和财力资源等三种类型：第一，人力资源。对民间组织而言，许多事务都需要人力资源，但台湾地区民间组织常有人力不足的现象，若政府可以提供部分人力，则对于民间组织也会有很大帮助。第二，物力资源。除了人力资源之外，在公办民营的过程中，政府还常常为民间组织提供一些硬件设备及场地等物力资源，以作为民间组织服务与营运的基础。第三，财力资源。财力资源是台湾地区大多数民间组织获取政府资源的主要类型。②

（2）台湾地区民间组织获取政府资源的方式

台湾地区民间组织从政府获取资源常常是通过一些特定的途径和管道来进行的，其主要方式是补助制度和契约外包：第一，补助制度。对于不同性质和类型的民间组织，政府相关部门每年都会编列出一定的预算经费来供民间组织申请，凡符合申请资格的民间组织提交申请并通过审查后便可以取得补助款。例如，台湾地区"行政院青年辅导委员会"制定有"行政院青年辅导委员会促进青年参与第三部门发展补助作业要点"，按此规定相关民间组织每一补助案最高补助金额可达到三十万元新台币，每个民间组织一年最多可以获取5次补助。③第二，契约外包。契约外包，也称政府业务委外，是指一些本来应当由政府部门设置专门机构去运作的公共事务，基于经费、人力与绩效等因素的考量，转而由政府部门提供硬件等相关设施以及业务经费，由民间组织来办理相关业务。④通过契约外包等方式与政府部门进行合作，是一些民间组织获取政府资源的重要途径，对于那些以办理相关业务为主要活动范围的民间组织来说更是如此。

---

① 杨彬：《台湾地区民间组织与政府互动关系之研究——基于治理的视角》，天津师范大学硕士学位论文，2015年5月，第32页。

② 温信学：《从法规与财务论非营利组织与政府之互动关系》，台北：台湾大学，2011年。

③ 台湾地区"行政院青年辅导委员会"，"行政院青年辅导委员会促进青年参与第三部门发展补助作业要点"，2005年3月7日修正。

④ 李宗勋：《政府业务委外经营：理论、策略与经验》，智腾文化事业有限公司，2007年版，第3页。

2. 台湾地区民间组织获取政府资源对其自主性的影响

（1）台湾地区民间组织其他资源获取来源

台湾地区民间组织的经费来源除了政府资助之外，企业赞助和大众捐款、财团基金利息收入、社团会费收入和会务活动收入、组织成立事业部的营利收入以及其他民间组织的赞助等也是其获取资源的重要管道。

第一，企业赞助和社会大众捐款。台湾地区一些企业除了以营利为目的以外，还会以各种形式支持社会事业的发展，尤其是一些大企业常常会主动提供人力、财力和物力等资源来帮助和促进民间组织的发展。此外，由社会普通民众点滴捐出、汇聚而成的资源，对于民间组织而言也是很重要的一项资源来源。

第二，财团基金利息收入。为了维持民间组织营运上的稳定性，大多数财团法人性质的民间组织的经费来源有相当一部分来自其成立之初的一笔数额较大的母基金所衍生的利息。而民间组织母基金的来源，有的是通过法规条例强制预算编列而成立，有的则是由民间企业和社会大众捐助而成立。

第三，社团会费收入和会务活动收入。对于许多社团法人性质的民间组织而言，它们没有丰厚的基金利息收入，社团会费收入和会务活动收入是其主要收入来源。

第四，组织事业部门营利收入。民间组织亦可成立事业部，通过公开课、杂志贩售、书店、服务工本费等营利性的活动，取得经费上的收入，但此项收入的盈余并不能分配给个人，仍得运用在组织的整体运作及从事社会活动所需。

第五，其他民间组织的赞助。其他民间组织及赞助型基金会也常常是一些非政府获取资源的重要来源，其所提供的资源除了财力与物力外，还包括专业的人力和组织运作辅导。例如，"喜玛拉雅基金会"便是一个专门致力于为台湾地区的各种公益团体提供资讯服务和培训服务的民间组织，每年都会有许多公益类民间组织得到其帮助，从它那里获取一些组织发展所需的资源。[①]

（2）获取政府资源对于不同类型民间组织的不同影响

民间组织在获取政府相关资源的过程中，常常会遭到自主性丧失的质疑，然而，通过对不同类型民间组织的研究发现，并非所有民间组织都有此问题，以下就针几种不同情况进行分析。

第一，受到严重影响，丧失自主性。民间组织申请政府相关部门经费补助

---

① "喜玛拉雅基金会"官方网站:http://www.hinialaya.org.tw/。

时通常需要与其他同类民间组织进行竞争，政府也往往会借此机会干预其工作内容或组织走向，这就使得一些对政府补助有较强依赖的民间组织为迎合政府偏好而丧失组织自主性。

第二，虽受到影响，但仍坚持理念使命。有些民间组织在取得政府资源时虽然会受到一定的影响，但由于对组织理念的坚持，其所造成的负面影响基本可以控制在较小的范围之内。

第三，影响不大，自主性较高。有些民间组织则是因为政府补助占其组织资源比例较低，所以，这些组织在申请政府补助时通常并不会因受到政府干预而降低其自主性。

第四，基本没有影响。有些民间组织的活动经费非常充足，组织的资源获取途径主要来自政府以外的管道，对于这些民间组织而言，政府资源的取得是可有可无的，因此这些组织完全不会因获取政府资源而影响组织的自主性。

台湾地区学者官有垣等人曾经做过一项调查研究，从台湾地区 2 万多个社会团体中随机抽出 4500 个作为样本进行问卷访问，其中 62.6% 的受访组织表示政府补助不是其主要收入来源，71% 的受访组织表示在政府面前有较强的自主性，还有 10% 的受访组织表示受到了政府较强的干预，调查结果显示台湾地区大多数社团并没有因为获取政府资源而影响组织自主性，但也有一部分社团因为获取政府资源并受到政府干预而在不同程度上影响了组织自主性。①

3. 存在的问题

台湾地区政府部门通过为民间组织提供人力、物力和财力资源的扶助，对民间组织的发展起到了重要作用，但是，作为民间组织获取政府资源主要方式的政府补助制度却存在着一些问题，还有一些需要改进的地方：

（1）政府部门在对民间组织进行补助时往往存有较强的不信任心态，对民间组织的活动安排管控过严。台湾地区政府部门虽然肯定民间组织在社会上所扮演的积极角色而给予资源上的帮助，然而，政府部门在为民间组织提供补助的过程中常常对其资源使用不放心，生怕资源给得太多而造成浪费，或是担心民间组织会中饱私囊，因而政府部门对民间组织的活动采取多种限制，这对于民间组织的独立自主性有一定的负面影响。

（2）政府部门对民间组织进行补助的相关规定和政策存在着过于笼统和模

① 官有垣、杜承荣：《台湾民间社会团体的组织特质、自主性、创导与影响之研究》，《行政暨政策学报》，2009 年第 49 期。

糊的问题。民间组织由于发展程度不同而有各种等级之分，但政府部门却并没有建立起细致的分级分类补助制度，对于各种发展程度差异很大的民间组织依据相同评比标准而给予补助，这对于那些刚刚起步并急需政府扶助的民间组织而言反而造成不公平。而且，政府部门的相关补助政策往往过于模糊，不够明确，使得民间组织在申请政府补助时会产生不透明和不公平的感觉。

（3）政府部门对民间组织进行补助的政策常常会因政党轮替或人事变更而变化，给民间组织获取政府补助造成困扰。台湾地区政治选举频繁，各级政府部门的政治领导人和主事者变更较快，而政府部门对民间组织的补助预算支出项目不明晰，有一定的随意性，政府部门负责人的变更、业务主管机构负责人的变动往往会改变政府对民间组织的相关补助政策和办法，使得民间组织产生无所适从之感，一些民间组织不得不随政策变动而调整自身活动。

（四）台湾地区民间组织与政府在公共政策方面的互动关系

1. 台湾地区民间组织影响政府公共政策的方式

民间组织一般可以分为两大类，一类是倡议型民间组织，二类是服务型民间组织。前者的主要活动和社会功能是进行政策倡导，后者的主要活动和社会功能是进行社会服务。对于台湾地区那些倡议型民间组织而言，他们在从事政策倡导、影响政府部门公共决策时，通常使用一些较有成效的方法与手段，主要包括立法游说、行政游说、举办公听会和记者会、发行刊物或投稿做广告、策略联盟和直接采取抗争手段等。

（1）游说立法部门和民意代表

当民间组织所倡导的议题是跟法案或其他与立法部门职权有关的内容时，民间组织便常常会到"立法"部门进行直接的游说，或是与民意代表进行私下个别的拜会，以寻求他们的支持。许多民间组织与民意代表的关系十分密切，因为通过民意代表可以使自己的诉求与主张进入政策议程中，在一些情况下还可以通过民意代表对行政机关施压，以达到组织本身所预定的诉求。

游说"立法"部门和民意代表，是台湾地区大多数民间组织进行政策倡导时普遍采用且最先考虑使用的方法。台湾地区一些民间组织在受访时表示，他们在有政策议题进行倡导时，往往会先与熟识的民意代表接触，或者是先猜测哪些民意代表可能会对所要倡导的政策方案感兴趣，再与之联系并寻求合作意愿。[1]

---

[1] 董书瑶：《民间组织对政府政策影响力之研究：以基金会影响医疗卫生政策为例》，台北：中国文化大学，2003 年。

（2）游说行政部门和行政人员

当遇到政策执行上的问题时，民间组织倾向于直接找执行的行政部门进行游说，或者是当对立法部门和民意代表游说失败时，也有可能转向行政部门寻求支持。民间组织行政游说的对象十分广泛，上至行政部门最高负责人下至基层执行人员都包含在内，许多民间组织为了推进那些与自身诉求相关的政策能够顺利执行，通常都会对相关行政部门官员进行时常拜访和关切。

（3）举办公听会、记者会

举办公听会或记者会也是民间组织经常使用的政策倡导的方法之一，广泛邀请社会各界人士参加，针对具有争议性的议题加以讨论或进行辩论，也可以达到影响社会舆论的作用；更可以将相关信息通过媒体迅速传播，形成强大的社会力量，促使相关政策诉求更为政府所重视。对于那些人力和财力资源都较为紧凑的民间组织而言，这种是一种最经济最实惠的政策倡导途径，也可以有效达到倡导理念或宣传活动的目的。

（4）发行刊物或投稿、做广告

有些民间组织会定期或不定期地发行刊物或书面宣传材料，书面资料中会印有这些民间组织所关切的政策议题，这些书面资料的发放与传播对社会公众也会有观念引导的作用，而公众意见的形成对政府的政策规划和制定也有相当大的影响力。此外，民间组织向报纸杂志投稿，上广播电台或电视台接受访问，利用大众传播媒体做广告等也可以起到类似的作用。

（5）策略联盟

所谓策略联盟，指的是不同的民间组织为实现其共同诉求而聚集在一起，采取共同行动，进行长期或短期的合作。一些相关的民间组织通过建立联盟或进行某些层面上的合作互动，可以使组织力量迅速扩大，形成较大的社会压力，同时也可以增加组织的专业能力，在一定程度上能够弥补一些民间组织缺乏经济来源或人力资源的不足。

例如，在90年代中后期，为促进台湾地区的教育改革与发展，人本教育基金会、教师人权促进会、大学教育改革促进会等社会团体多次就教改问题共同向台湾地区民意代表机构递交意见书，其中提出的"修改宪法教育条款"的建议最终为台湾当局所采纳。①

---

① 薛晓华：《台湾民间教育改革运动之研究——国家社会分析》，嘉义：中正大学，2011年。

（6）直接采取抗争手段

一些倡议型民间组织以社会运动起家，习惯于采用街头游行和示威抗议等直接抗争手段。但这种方式一直备受争议，因为采取的手段较为激烈，视觉冲击效果比较显著，虽然可以在很短的时间内就引起极大的社会关注，但也可能会引发社会冲突和对立，因而未必是达成政策诉求的较好方法。

例如，2014 年 3 月 18 日起台湾地区部分社会团体和学生发起的"反服贸抗争"活动（又称"太阳花运动"），主要采取的就是直接抗争的手段。出于对立法部门初审通过"两岸服贸协议"审查程序的不满，"黑色岛国青年阵线""反黑箱服贸民主阵线""公民 1985 行动联盟"等社会团体组织部分学生与群众占领台湾地区最高"立法"机构 20 多天，并多次举行大规模的静坐抗议和游行示威，不仅使台湾民主体制无法正常运作，而且还极大影响了台湾普通民众的正常生活，活动过程中的肢体冲突造成 200 多名学生、民众和警察因受伤而送医院治疗，这场"反服贸抗争"活动使整个台湾付出了相当大的社会代价。[①]

2. 台湾地区民间组织与政府在公共政策领域的合作与冲突

民间组织在通过各种手段对政府部门进行政策影响后，政府部门对于这些民间组织的政策诉求会有采纳、拒绝或不理睬等多种选择，而民间组织也会根据政府部门的不同态度而采取相应的对策和行动。

下面就两者在公共政策领域中合作和冲突的不同情形分别进行叙述：

（1）民间组织所倡导的政策为政府采纳后的合作互动

当民间组织的诉求顺利进入了相关政府部门的政策议程之后，民间组织与政府部门的互动关系并未马上降温，因为政策一经采纳，后续活动通常仍然较为紧凑，包括政策细节的规划、政策实际执行的结果等，这些都是民间组织十分关心的地方。当自身的政策诉求为政府部门采纳后，民间组织通常会与政府部门在以下几个方面进行合作互动：

第一，提供信息。由于民间组织对于所倡导的政策议题一般都有较长时间的关注与研究，对相关信息的掌握要比政府部门更充分，民间组织可以向政府部门提供一些有价值的信息，民间组织通常也乐意扮演这种政府顾问或智囊团的角色。

第二，合办公听会和研讨会。民间组织与政府部门合办公听会或研讨会，

---

① 中国时报社论：《再评价三月太阳花运动》，《中国时报》，2014 年 8 月 18 日。

针对特定政策方案的目标、内容和效果进行公开辩论与深入探讨，通过聆听社会各界对此议题的看法，来评估判断该政策方案的可行性及可能产生的问题。

第三，参与起草和拟订政策。政府部门有时还可能会邀请一些民间组织的相关业务人员共同参与起草和拟订政策方案。能够直接参与到政策方案的制定过程中，是民间组织最愿意看到的结果，因为这样便能够直接地将自身的相关诉求呈现于政策方案中，而非以各种间接的方式表达自己的意见。

第四，提供执行人力及技术协助。有些事务部分民间组织已经执行很久，但政府部门却一直没有将其纳入政策当中，而民间组织在执行这些事务的过程中已经积累了较多的技术与经验。因此，当政府部门决定纳入这样的政策并执行时，通常也会寻求民间组织在人力与技术方面的协助。

（2）民间组织所倡导的政策被政府拒绝后的因应对策

对于民间组织来说，在进行政策倡导的过程中难免会遇到政府部门不接纳其政策诉求，或者对其政策诉求不予回应的情况，民间组织面对这样的情形所采取的应对措施则主要有以下几种：

第一，继续向政府部门争取。绝大多数民间组织提出的政策诉求被政府部门拒绝后都会继续努力，到相关政府部门分别寻找不同的负责人或经办人阐述自己的观点和理念，争取得到其理解和支持，有时也会再寻找其他政府部门或运用其他方式继续倡导，因为对于同一件事情并非所有人的观点都一致，所以民间组织往往会使用多试几次的方法来倡导自己的政策诉求。

第二，修正政策倡导内容或再评估。一些民间组织在提出政策诉求被政府部门拒绝后会把政策倡导方案拿回来，组织专家学者和社会相关人士再次评估其可行性，在评估的过程中会对政策倡导方案可行性不强或不符合客观实际的内容以及政府较不能接受的部分加以修改，提高政策倡导方案的客观性和可行性，以争取政府部门的接受和认可。

第三，寻求社会舆论支持。在政府与民间组织的政策立场差异较大的情况下，寻求社会舆论支持也是民间组织常用的方法之一，用不同的舆论方式和策略探求和引导民意，若能够得到社会民众热烈的回应和支持，则能极大地提高民间组织与政府协商谈判时的士气，由此坚定其立场和信念，同时也可以利用这种强大的社会舆论压力迫使政府部门让步，或至少可以使政府部门正视并回应相关问题。

第四，采取其他较为激烈的手段。当上述较为温和的手段达不到民间组织的政策诉求时，一些民间组织会采用一些较为激烈或醒目的手段，联合其他社会团体进行联署或直接诉诸街头游行和示威抗议等活动。这样的手段在一些非常时期和特殊情况下仍有使用的必要性，但大多数民间组织都认为其并不是一种最有用与有效率的方法，他们更倾向于多做一些游说活动来代替这种激烈抗争的方式。①

3. 存在的问题

台湾地区一些民间组织通过各种政策倡导方式，影响了政府相关部门的政策制定与执行，表达了不同社会群体的利益诉求或价值追求。但是，民间组织在进行政策倡导、影响政府公共政策的过程中也存在着一些问题：

（1）政府部门和民间组织对许多政策问题通常都持有自身固定看法，两者在政策互动过程中常常存在着沟通不畅的问题。民间组织在对政府部门进行政策倡导时，政府部门可能在此问题上已经有了一定的政策立场，而双方在对话过程中往往都是站在各自的立场上，努力要让对方接受自己的观念，根本无意听取对方意见，使得双方的成见越来越深。一些民间组织在其所倡导的政策得不到政府部门认可时，则会采取街头运动等较为激烈的手段来迫使政府部门屈服。

（2）各种不同的民间组织在同一政策议题上往往持有不同乃至对立的立场，他们在对政府部门进行政策倡导时可能会因各种原因受到不平等的对待，在一定程度上影响了公共政策的公平性。不同的民间组织所掌握的资源大小并不相等，接近政府部门的方式以及与政府部门的关系远近也不相同，政府部门在这些组织就同一项政策议题向政府部门进行倡导时则有时会存在厚此薄彼的现象，这令一些民间组织相当不满并质疑政府政策制定过程的合法性。

（3）民间组织对于政府部门公共政策的制定方面具有较大的影响力，而对于政策的执行情况则存在着监督困难的问题。对于民间组织来说，对政府部门的施政情况进行监督是一个很大的挑战，因为并不是所有的政府行政活动都可以用客观的量化数值来表示，很多政策的执行也不是短期内就可以看到成效的，除了主动去调阅政府预算法案来看政策是否被编排进去之外，民间组织对政府部门政策执行情况的监督大多只能是被动式的活动。

---

① 张志源：《民间组织的政策性角色与功能：以台湾地区为例》，嘉义：南华大学，2003 年。

（五）台湾地区民间组织与政府在公共服务方面的互动关系

1. 台湾地区政府部门公共服务业务委外办理的模式类型

在台湾地区的两大类民间组织中，无论是在组织数量还是在成员人数上，服务型民间组织都远远超过倡导型民间组织。台湾地区服务型民间组织的分布领域十分广泛，提供各种各样的社会服务，包括儿童福利服务、老人福利服务、残障人员服务、家庭福利服务、医疗卫生服务和紧急救援等。民间组织的这些社会服务活动很大程度上与政府部门的公共服务职能有所重合，而政府部门在转变职能、精简人事和提高效率等原因的考量之下，常常会有选择性地将部分公共服务业务委托这些民间组织办理，台湾学者通常称之为"业务委外""契约外包"或"公私协力"。概括而言，台湾地区政府部门公共服务业务委外办理的模式类型主要有以下三种：

（1）机构外包

机构外包，也可以称为"公建民营""公设民营""公有民营""公办民营"，其意指由政府部门提供土地、建筑物和设备等基本服务设施，委托民间组织经营和管理。在这一模式中，民间组织享有对基本设施的使用权和服务业务的执行权，完全承担着提供公共服务和业务经营管理的责任，财务方面需要自负盈亏；政府方面则拥有对原先所提供的土地、建筑物等硬件设施的所有权，在某个案中，政府部门不但不需要拨款补助，还可以在委托期间内向受托经营的民间组织收取一定的租金和反馈金。

台南市"无障碍福利之家"即采取此种模式，政府部门将自建自有的综合性残福大楼，以免费提供服务场所和相关设施设备使用权的契约外包方式，委托相关民间组织运营管理，为台南市身心障碍者(残疾人)提供收容养护、康复医疗、职能训练和就业辅导等综合性福利服务，受托的民间组织按政府核定的收费标准收费并自负盈亏。[①]

（2）项目外包

项目外包，也称"专案委托"或"特许经营"，是指政府部门将特定的公共服务项目以购买服务或特许经营的方式整体委托给民间组织自行运营和办理。在这种模式中，政府部门不提供土地、建筑物和设备等基本设施，仅提供经费补助或特许经营权，相关服务设施一般由民间组织自建自设，公共服务活动也

---

① 吴雪华：《地方政府与第三部门的契约委外关系之研究：以社会福利型非营利组织为例》，台湾中央大学，2012年。

由民间组织自主经营，政府部门负有的责任则主要是监督民间组织有效地完成合同的预定目标，为民众提供达标的公共服务。例如，政府部门常常会选择由民间组织自主运营的老人安养中心，利用其现有的相关设备及人力资源，仅对其进行经费补助并要求其履行老人养护医疗等责任。[①]

（3）公民合营

公民合营，是一种部分公营、部分民营的模式，政府部门在自建自管的公共服务机构中设立民营部分，政府部门和民间组织在同一机构中共同为民众提供公共服务。在这一模式中，政府部门提供土地、建筑物和设备等基本设施，由政府部门与民间组织共同经营，建筑物和设备等基本设施的使用可以采取"时间共享、空间共享"或"专有时间空间"的方式。在"时间共享、空间共享"的情况下，民间组织一般提供专业的人力资源，与政府部门工作人员共同提供公共服务；在"专有时间空间"的情况下，民间组织一般会有特定的活动区域，在这些特定区域内民间组织自主经营并承担相关责任。

高雄市"长青综合服务中心"即采取此种模式，该中心大楼建筑及设备均为高雄市政府所有，政府部门配置人员办理老人综合服务业务并管理维护相关硬件设施，而其中"老人日间照顾服务"部分则委托民间组织利用该大楼的场所来办理，有特定的活动空间，其余部分则仍由相关政府部门全权使用与管理。[②]

2.台湾地区政府部门公共服务业务委外办理的实施程序

政府部门将一些公共服务业务委托民间组织办理，是一种将政府机构的部分权责转交社会部门行使的行为，为避免在此过程中权钱交易、以权谋私等现象的产生，台湾地区最高行政机构专门制定有"行政院及所属各机关推动业务委托民间办理实施要点"和"地方政府业务委托民间办理补充规定"等法规条例。[③]根据这些条例规定和相关政策，台湾地区政府部门公共服务业务委外办理的实施程序主要有以下几个环节：

（1）政府部门选择并评估相关委外业务

政府部门首先对各项公共服务业务进行通盘的研究分析，选择可以委外办

---

① 冯俊杰：《以非营利组织之观点探讨其与政府间互动关系：以社会福利财团法人为例》，台中：东海大学，2003年。

② 刘思吟：《地方政府与非营利组织之公私协力研究——以高雄市为例》，嘉义：南华大学，2012年。

③ 卢天助：《非营利组织参与公私协力关系模式之可行性研究》，嘉义：南华大学，2003年。

理和经营的公共服务项目或机构，调查具备相关业务经营能力的民间组织的参与意愿，了解和掌握这些民间组织的基本情况并建立资料档案。其次，政府部门组织召开座谈会或公听会，与潜在的受托者进行沟通和协调，确定业务委外办理的可行性并对其成本变动和预期社会效益进行分析评估。

（2）政府部门制定业务委外实施办法

政府部门依据"行政程序法""政府采购法""促进民间参与公共建设法"和"民法"等相关法规，结合委外业务的性质，制定出公正、规范且便于各方共同遵守的业务实施办法和作业要点，包括委外办理的标的和范围、委托方式和经营期限、政府部门提供的资源及收费标准、受托者需要具备的资格条件、双方的权利和义务及合同条款等内容。

（3）选择业务委外的受托对象

政府部门利用网络、报刊等媒介公开发布业务委外办理的公告，告知广大公众和民间组织委外业务的内容，具备相关条件的组织申请报名参加竞标。政府部门召集专家、学者和相关业务人员成立审查评标小组，坚持参与人员利益回避原则，按照已经制定的审查评定标准，先进行初审和复审，然后再以公开竞价的方式进行评标，得分最高者中标并取得经营权。

（4）政府部门与民间组织签订业务委外合同

政府部门与中标的民间组织，依据相关法令和招标公告，签订业务委外合同，在合同内容中明确约定双方的权利和义务、违约责任、纠纷解决办法及其他相关事宜，该合同是保证委外业务顺利进行而需要双方共同遵守的重要契约。

（5）政府部门对民间组织的业务执行情况进行监督

政府部门为确保委外业务能够按合同条款顺利运作，会对受托的民间组织进行定期或不定期的监督和考核。一是要求受托者提供相关书面资料，包括经营状况、财务报表等；二是现场考察，不定期抽查或是对受服务者进行走访调查。三是对委外业务的执行状况进行绩效评价，如行政成本是否减少、服务水准是否提高等，做成检验报告。通过这些监督活动，确保受托的民间组织能依约为民众提供达标的公共服务。

3. 存在的问题

台湾地区政府部门通过业务委外等方式，与民间组织在公共服务领域进行合作，一方面可以有效减轻政府财政负担，另一方面也有助于提升公共服务的品质。但是，在公共服务业务委外办理的过程中也存在着一些问题：

（1）政府部门与民间组织之间进行合作时双方地位并不对等，政府部门常常具有以上对下的官僚心态。对于政府部门与民间组织之间的合作关系，大多数的民间组织仍认为政府部门处于一个居高在上的位置，并不认为双方是一种平等的伙伴关系。民间组织有时也会因为对政府的资源有所依赖，而对其采取较为顺服的态度。有些政府部门在与民间组织进行合作时，习惯于对民间组织的相关业务进行过度干预，常常提出一些不合理的要求。

（2）政府部门在公共服务业务委外办理方面往往长期规划不足，相关政策制度具有较大的不确定性。政府部门有关公共服务业务委外办理的一些政策制度，经常因政权更替、主事者变更以及经费预算限制等而有所变化，各政党的政治人物在竞选期间为力求表现而常常对公共服务业务委外项目进行短线的策略操作，结果往往造成社会资源的浪费。此外，由于政策延续性不足，民间组织不易估算出运营成本和投资报酬，因而也无法倾注全力于相关服务业务的推展。

（3）政府部门行政程序烦琐，过于注重书面作业，给那些与其进行合作的民间组织增添了许多不必要的麻烦。政府部门将部分公共服务业务委托给民间组织执行，其初衷就是希望能够摆脱官僚制的层级限制以及各种行政规定的桎梏。然而，当民间组织与政府部门在相关业务方面进行合作时，民间组织却也要花费很多的精力去应付相关的文书作业，增加了民间组织的工作成本，降低了工作效率，而且还浪费了原本可以直接用来服务民众的资源。

三、与政府关系下两岸民间组织的运作比较

民间组织要想取得发展的机会，与政府构建良好的关系是一个重要的条件。民间组织在建立和发展的过程中，与政府的关系相当复杂。不同的组织与政府可能形成不同的关系。同一个组织，不同时期，与政府的关系也会发生变化。概括来说，民间组织与政府的关系模式大体上有四种：1.合作伙伴关系：即当两者的社会目标一致时，双方结成合作伙伴关系，互相尊重，互相信任。政府承认民间组织的自主权、独立性，向民间组织提供资助；民间组织则协助政府履行公共职能，提供公共产品，满足公共利益的需求。2.政府主导模式：即政府在民间组织的建立和日常运作与发展中，处于主导地位。民间组织对其形成依赖，相对自主性不足。3.互不相关：这种关系比较少见，且组织规模大多不大，影响力也有限。4.监督与制约关系：是指民间组织作为公众利益的代表，

监督和制约政府的行为，推动政府的政策改进，影响其政策和行动向有利于自身组织利益或公共利益的方向转变。如果社会不稳定，这种关系的极端发展就是形成双方的对立关系。

在台湾，民间组织扮演着"智库"的角色。民间组织不仅在资源的获取上与政府形成了密切的关系，也扮演着政府"智库"的角色，在所关心与从事的工作上担任建议的提供者与议题的倡导者，这可以说明民间组织的蓬勃发展为何会被解读为台湾社会活泼的社会力。台湾民间组织在从事政策倡导时，通常会通过民意代表、政府官员、大众传播媒体、学校及其他相关组织采取"国会"游说、举办公听会、记者会、发行刊物或投稿，直接采取抗争手段、教育方式、策略联盟等方式或方法进行政策倡导。而台湾民间组织与政府在政策细节的规划和执行方面，通常会采用如下的方式方法：

第一，信息提供。由于民间组织对信息的掌握比政府单位要好，对于所倡议的政策诉求一般也作了相当程度的研究与观察，因此对政府来说，民间组织常可提供一些相关信息，而民间组织也十分乐意扮演智库的角色。

第二，合办公听会。公听会是以公开听证论辩的方式，针对特定政策或法案的目标、内容及效果进行深入探讨与论证，借由各方的意见陈述，来评估判断政策法案的可行性以及可能产生的缺失。由于台湾对公听会的形式与内涵没有法律上的明文规定，因此，公听会的举办主要还是要达到广纳民意的目的，而没有法律上的实质意义。

第三，合办研讨会。研讨会与公听会的举办目的相同，主要也是想借此聆听各界对各议题的看法，以达到政策的公平性与客观性。

第四，共同研究拟定政策。政府有时也会邀请一些民间组织的相关人士共同草拟法案或政策条例。能够直接进入政府拟定法案的过程中，对民间组织而言应该是十分乐见的结果，因为这样便能直接且名正言顺地规划政策，而并非只是站在场外用各种间接监督的方法关切或表达意见。[①]

从大陆和台湾民间组织的发展经历来看，台湾的民间组织与政府的关系，基本呈现出了合作伙伴关系为主导的模式；大陆的民间组织与政府的关系，还是以政府主导为主，合作为辅。

一般认为，大陆官办或半官方的民间组织，背靠大树好乘凉，依靠其与政

---

① 杨兰：《香港、台湾、新加坡之民间组织与政府关系的比较研究》，复旦大学硕士学位论文，2008年，第42页。

府的密切关系，理所当然地可以充分利用政府资源；而像台湾那些完全独立的民间组织，会不会因为非政府所办，缺少甚至丧失政府资源而造成自身的发展困难呢？下面以两岸的"金门同乡会"为例，通过比较来探索民间组织在与政府的不同关系下的实际运作情况。[①]

（一）交流交往的便利性

以大陆的金门同乡会组织——福建省金门同胞联谊会为例，该联谊会是在民政部门合法登记的，受福建省委和省委统战部领导的人民团体。虽有社会组织的称谓，其实是典型的官办民间组织。联谊会是处级编制，秘书长是正处级别，由省委统战部任命。共有包括秘书长在内的 5 名驻会干部，参照公务员管理。以这种实际的政府部门身份，在交流交往上应该是占尽便利。其实恰恰相反，以往来台湾地区为例，因为秘书长的在职处级领导身份，赴台交流只能以赴外交流的名义申请。按正常的交流申请流程，一般是这样的：首先，联谊会就赴外交流打报告（附境外邀请函和拟出访名单给上级主管部门——省委统战部，经统战部同意后，通过旅行社代办，向台湾陆委会申请入台通行证；同时向省台办申请赴台交流立项，如果人数超 30 人，还要报国台办批准）后，凭相关批件去公安机关出入境部门办理签证，签证是一次一签，最长不超 15 天。整个过程一般要 2—3 个月。同比，因私赴台，过程一般在 20 天左右。漫长的申领过程，极大地阻碍了出境交流的频率，也客观上减少了交流的机会。经常出现这种情况。台湾的同乡会热情邀请出席其换届或周年庆的盛典，但由于大陆关于政府官员出境的管理与手续的烦琐，往往无法如愿。联谊会的性质归根到底就是做人的工作，无法常来常往，势必会影响到彼此的了解和感情，不利于实现广泛联系海内外金门同胞及其团体的联谊会宗旨。

再以台湾的金门同乡会组织——台中市浯江金门同乡会为例。同乡会是典型的民间组织，台中市浯江金门同乡会成立于 1988 年。由于其非政府的性质，所以其往来两岸相当便利，可以凭其台胞证经金门、马祖到厦门实行落地签，不限次数。手续上的便利，极大地方便了其往来联谊。

（二）组织资金的来源

福建省金门同胞联谊会所需经费是全额财政拨款的。表面上看是不用为资金发愁，其实却还是捉襟见肘。一般情况下，政府的拨款是按照单位的级别和

[①]　汪鹏：《我国大陆民间组织的发展研究——以台湾民间组织为比较对象》，福建师范大学硕士论文，2012 年，第 17—20 页。

规模来定标准的，事多事少一个样，无法完全满足联谊会的业务发展需要。针对重大活动，联谊会虽然可以单独向上级主管部门申请经费，但这种申请往往只能解决很小一部分问题，而且时间长、程序复杂、投入精力大，分散了工作重心。另外，联谊会也接受乡亲的捐赠，但由于事实上的官方性质，缺乏独立性，乡亲的捐赠主动性很低。联谊会要想充分发挥沟通乡亲、加强联谊的作用，就必须不断创新工作、扩大影响。不做则无法发挥影响力，如果做，每年的经费都是不够用的，只好被迫减少活动，或者缩小活动的规模。可以说，资金上的不足是限制联谊会发展的重要原因。

反观台湾，仍以台中市浯江金门同乡会为例，其资金来源主要由两部分构成，一是成为会员缴纳的会费，以及同乡会理监事顾问会员的捐款。按其章程规定，"本会会员于入会时每人一次缴纳新台币壹佰元""本会会员每人每年缴纳新台币伍佰元"，再加上理监事顾问及会员每年的乐捐，就构成了同乡会的主要资金来源。二是金门县政府的直接补助，不过金额不大。以该会公开的2011 年度经费收入数据显示，2011 年同乡会的所有收入为 907850 新台币，其中理监事顾问会员捐款 650000 新台币，占了总收入的 71.6%；金门县政府补助180000 新台币。可以看出，由于同乡会是乡亲自发自愿组成的公益性民间组织，有很强的独立性，是乡亲们自己的组织，缴纳会费和捐赠自然就成为自觉自愿的行为。再加上同乡会很多联谊活动都是采取参与者的 AA 制，因此，同乡会的运作受资金困扰较小。

（三）资源整合

福建省 2010 年前后共有 8 家金门同胞联谊会，包括福建省、福州市、厦门市、漳州市、泉州市、永春县以及同安区和翔安区金门同胞联谊会。8 家虽然名字都是金门同胞联谊会，工作范围也多有交叉，但在行政上，都是归各市县区的统战部领导。由于涉及不同地区行政部门的管理体系问题，8 家很难形成一个统一的机制来整合资源。这就造成了 8 家联谊会各自利用自身资源开展工作，各自运作的局面。在大家资源都有限的情况下，造成了不少资源的重复浪费。

根据统计，台湾的民间组织平均聘有专职人员的人数为 3 人，但同时也有不少民间组织没有专职人员。旅台同乡会就是这种情况，理事长、总干事等会领导都是兼职身份，各自还有自己的事业，同乡会的工作都是利用工作之余抽空进行的。遇到活动，大家一起帮忙。这种方式降低了会务工作效率，特别是时效性。另外，18 家同乡会都是为了服务旅台乡亲这个共同的目的，各自运作，不利于资源的整合。为了充分利用各自资源，更好地发挥旅台同乡会的作用，提高旅台同乡会的影响力，18 家同乡会成立了"旅台金门同乡会理事长联谊会"。联谊会由 18 家的理事长轮流担任轮值主席，每次由 2 位理事长共同担任，任期两个月。该联谊会的设立，把松散的同乡会组织整合到了一块，充分利用了资源，理顺了各同乡会间的协调关系，加强了联系，提升了旅台同乡会的社会影响力。

（四）与政府的互动

福建省金门同胞联谊会作为一个官办民间组织，更多的是执行上级的部署，完成上级交代的任务。互动性不是很强，这也是其行政特性所决定的。

相反，旅台的同乡会与政府的互动就显得更加紧密了。由于同乡会的独立性、草根性，使一般的旅台乡亲对其更有亲切感，更乐意通过同乡会向政府发出自己的声音，争取自己和组织的利益。同乡会也充分利用和发挥了自身介于政府和社会间的桥梁作用，一方面积极配合县政府共同提供惠及乡亲的公共产品，如为方便旅台乡亲往来家乡金门，金门县政府利用政府资源，提供给乡亲优惠的价格，由各同乡会负责各自区域内的乡亲登记、联系和购买等协调工作；关注家乡建设，积极对外宣传，与乡亲及时分享最近动态。另一方面同乡会也充分利用自身资源，向乡亲提供急难慰助，并通过同乡会向县政府申请协助；对学业优秀的乡亲颁发奖学金等，增强金门人的认同感；组织乡亲不定期与县政府进行面对面互动，表达诉求，向县政府进言献策。

由于服务金门乡亲这个共同的目标，也看到了旅台同乡会的作用，政府对于同乡会是相当认可和重视。为加强日常的联系，县政府还分别在北中南设立了旅台金门乡亲服务处，配备专职人员，以期透过各地同乡会，更直接更高效地为旅台乡亲服务。考虑到同乡会的资金运作情况以及联谊需要，为促其为乡亲提供更好的服务，金门县政府响应旅台同乡会的要求，给予旅台同乡会等同金门居民的"三节配酒"福利。所谓"三节配酒"是指每年的春节、端午、中秋，二十岁以上的金门居民都享有配酒福利。金门县的高福利很大一部分拜金门高粱酒所赐。县政府同意向旅台所有同乡会配售金门高粱酒，每个同乡会每个节日配售 60 打，全年 180 打，均是以成本价配售，180 打与市价的差价有 70 万—80 万新台币之多。一般同乡会所配高粱酒除联谊用之外，其余按市价出售，盈余都会用在补贴会务资金上。

对于家乡的建设，金门县政府和同乡会都是全力支持和推进。金烈大桥的建设就是一个很好的例子，这座横跨大小金门间的大桥一旦落成，将把大小金门连为一体，既为小金门居民出行提供便利，也为金门的发展带来更大的上升空间。同乡会发挥他们的民间渠道作用，发动各层面乡亲向台湾"中央政府"发出诉求，积极在媒体上对外宣传，以期得到更多的社会支持；县政府则在专业层面及行政层面进行游说和表达。双方还多次共同前往相关部门进行交流互动，使得该项目最终得以上马。

第三节　两岸民间组织的评估

一、民间组织评估的相关理论

（一）民间组织评估的主体

从境外民间组织评估的实践看，不同国家或地区基于不同的历史与文化，基于不同的法律与政治体制，基于不同的社会经济发展阶段，民间组织评估的主体也不相同。总的来说，大致有三种模式：美国民间主导的评估模式、日本政府主导的评估模式和介于两者之间的英德评估模式。

美国是一个典型的自由市场经济国家，政府对民间组织的干预相对最少，民间组织的评估也基本遵循自愿、自主与自律的原则。从美国民间组织评估发展的历程看，大多是以需求为导向。往往是某一行业或领域的民间组织出现了大的丑闻，使得该行业或领域的民间组织为了自身或行业的发展不得不组织起来，推动行业或该领域民间组织的评估。美国民间主导的评估模式，其优点是评估基于民间组织自身的需求与意愿，评估机构之间存在竞争机制，评估的公开透明性高、客观公正性强、评估的效果好，对公众捐赠意愿的影响很大，而且，不会因为评估而导致政府对民间组织内部事务的干预。但实施美国模式的前提是民间组织本身很发达，民间组织和民间评估机构在社会中的公信度很高，甚至远远超过政府的公信力。与此同时，民间拥有大量的资源足以支撑评估机构的生存与发展。[1]

日本虽然也是个市场经济国家，但在经济起飞之前很长的发展过程中，都是一个政府主导的国家。日本的民间组织一直到20世纪90年代中期才开始蓬

---

[1]　邓国胜：《民间组织评估的几点思考》，《学会》2009年第2期，第4页。

勃发展。在这一背景下，日本无论是对社团法人，还是财团法人，都是以政府的现场检查与评估为主导。日本政府主导的评估模式，其优点是评估的权威性高，评估经费有保障；而其缺点是评估具有垄断性，容易流于形式，公开透明性差、客观公正性受影响，而且，政府容易透过评估影响民间组织的自主性。正因为如此，日本政府主导型的评估模式受到越来越多的批评，在这种情况下，日本要求改革传统评估模式的呼声也越来越高。最近，日本正在对民间组织的管理体制进行变革。例如，公益法人的认定将通过由不同利益群体代表组成的公益委员会负责，而不再是由政府负责。[①]

台湾地区，也基本借鉴了日本的模式，由"内政部门"和各目的事业主管机关对岛内社团进行评估。

比较而言，介于美国与日本之间的英德模式更值得中国大陆借鉴。一方面，政府积极介入民间组织的评估，另一方面，又采用民间的运作方式。也就是说，评估机构由政府授权、由政府提供资金支持，但评估机构本身又是独立运作。而其中的桥梁就是评估委员会。评估委员会是评估机构的最高权力机关，由政府、民间组织、社区和专家学者的代表组成。该评估模式的优点在于适合当前的国情，评估既有政府的授权与权威性、有稳定的资金来源，同时又能够具有民间运作的自主性、客观公正性。[②]

从国际经验看，政府评估最大的局限在于，政府部门容易借评估的手段达到部门扩权的目的，从而不仅不利于民间组织的发展，反而过多干预了民间组织的自主性。而这恰恰是我们在开展民间组织评估过程中特别需要避免的倾向，否则民间组织的评估可能会遇到来自民间组织的积极或消极的抵制，最终导致民间组织评估流于形式，而无法实现民间组织评估的根本目的——提升民间组织的社会公信力。因此，比较理想的模式，应当是由完全独立的第三方开展民间组织的评估工作。

然而，对于中国大陆大多数地区来说，完全由独立第三方开展评估又不太现实。中国大陆目前还缺乏独立第三方评估的客观基础。首先，如果政府不积极介入或推动的话，民间是否有足够的积极性与动力来开展民间组织的评估工作？即使有动力，是否有足够的资金来保证评估工作的顺利进行？毕竟，全世界都面临评估的高成本难题。即使个别发达地区有资源，独立民间评估机构是

---

① 邓国胜：《民间组织评估的几点思考》，《学会》2009 年第 2 期，第 5 页。

② 邓国胜：《民间组织评估的几点思考》，《学会》2009 年第 2 期，第 5 页。

否能够具备评估的权威性？这就是我们的国情现实。

因此，目前而言，比较理想和现实的方案，可以由政府牵头，组织一个由政府、企业、学术界、民间组织等相关利益群体的代表组成的评估委员会，作为民间组织评估工作的最高权力机关。而具体的日常性评估工作则可以委托某个行业性民间组织或联合性民间组织对本领域的民间组织进行评估。①

（二）民间组织评估的客体

从国外民间组织的评估实践看，民间组织的评估有许多不同的类型。从评估客体看，国外民间组织的评估主要可以分为两类。第一类是对劝募机构开展的评估。这是国外开展最多、也是最为普遍的民间组织评估方式。这类机构开展评估，主要是行业公信度的需要。另外，由于它们向社会开展劝募活动，理应对社会有问责交代。第二类是对那些直接提供社会服务的机构开展的质量评估。例如，对非营利性的社会福利机构、私立非营利性学校和医院开展的质量评估。对这类机构开展评估，主要是因为它们提供的服务直接关系到公众的福利水平与生活质量，因此有必要对这类服务机构的资质和服务质量加强监督管理。而且，这类机构往往能够享受很多政府的政策优惠，包括免税的优惠、征地的优惠等等，因此，也有必要对社会进行问责交代。另外，如果政府购买这类服务性的民间组织提供的公共服务，那么从公共财政资源使用效果的角度，也有必要对其绩效进行评估。

相反，由于行业协会、学会等民间组织是互益性的会员性组织，因此，国外较少对这类互益性的机构开展评估。不过，日本政府会对所有社团法人进行相对严格的监督管理，包括对行业协会或学会等互益性社团法人的现场评估。

毫无疑问，在中国，对劝募机构和社会服务机构的评估应当是未来评估工作的重点。就目前来看，公募基金会的评估应当是整个民间组织评估体系的重点与优先选择。当然，如果《慈善法》出台，那么，对所有具有劝募行为的慈善组织评估都应该作为评估的重点，特别是规模较大的劝募机构。事实上，各地民政部门在开展公募基金会的评估中，遇到的阻力相对较少，评估具有较高的正当性。同时，业务主管部门对社会服务机构的评估，遇到的阻力也很小。特别是教育领域，由于《民办教育促进法》明确提出对民办学校的评估，因此，教育部门或行业机构开展的民办学校评估就更具有合法性。②

① 邓国胜：《民间组织评估：机遇与挑战》，《学会》2008年第6期，第33页。
② 邓国胜：《民间组织评估的几点思考》，《学会》2009年第2期，第6页。

当前，各地在开展评估实践中，遇到的突出性难题是行业协会、学会等民间组织的评估问题。从国外的经验看，行业协会、学会等组织是互益性的非营利组织，其评价标准主要是会员的满意度。会员满不满意，自然会用行动投票。因此，大多数国家对行业协会、学会等组织极少开展评估。那么，中国需不需要对行业协会、学会开展评估呢？

中国的行业协会、学会与国外的行业协会、学会有很大的差异。第一，中国一些行业协会和学会具有垄断性，由政府发起成立，会员并没有选择的权利；第二，行业协会与学会等会员性组织的发展是中国市场经济发展的需要和政府职能转移的需要。当前，中国一方面急需发展这类组织，而另一方面，这类组织还存在许多问题，还无法承担这一重担。因此，还需要借助评估这一工具为行业协会的发展提供动力机制、压力机制与能力机制。有鉴于此，现阶段，中国的行业协会与学会也有必要开展评估，通过评估推动组织的发展。事实上，《学会》杂志就从事了20多年的"学会之星"评估工作，在推动中国科技类学会发展方面起到了很大的促进作用。[1]

（三）民间组织评估模式的选择

评估有许多不同的模式。其中，两个最重要的模式分别是问责导向的评估模式和问题导向的评估模式。

问责导向的评估模式认为，公共与非营利组织，由于其使用的是公共资源，包括直接的和间接的公共资源（如减免税和征地的优惠），这些机构有必要对公共资源的使用流向和使用结果进行社会交代。因此，有必要对这类组织进行以问责为导向的评估。通过问责导向的评估，组织的绩效信息得以公开透明，相关利益群体容易及时把握组织的绩效动态。它有助于监督公共与非营利组织不偏离公益的目的，有助于公共与非营利组织公共性的形成，有助于提升公共组织的社会公信力。

而问题导向的评估模式，顾名思义是以问题为导向，评估是为了解决某一特定的问题。问题导向的评估理论强调，评估不是目的，而是手段，开展评估是为了帮助解决组织当前面临的问题。因此，随着组织面临问题的变化，评估者需要及时调整评估的框架与指标体系。也就是说，评估应当根据环境的变化，组织所面临问题的变化，采用动态的评估方式，而不是静态的评估方式。[2]

---

① 邓国胜：《民间组织评估的几点思考》，《学会》2009 年第 2 期，第 6 页。

② 邓国胜：《民间组织评估的几点思考》，《学会》2009 年第 2 期，第 6 页。

比较而言，劝募机构和社会服务机构等公益性的民间组织更适合采用问责导向的评估模式，评估的目的主要是为了社会交待和树立社会公信度；而行业协会和学会等互益性的民间组织更适合采用问题导向的评估模式，评估的目的主要是为了解决行业协会与学会在发展过程中的问题，帮助这类组织不断完善组织管理、提升能力和会员满意度。[①]

一般而言，问责导向的评估，更多是一种强制性的评估；而问题导向的评估，更多是一种自愿性的评估。

（四）通过评估建立社会公信度

中国民间组织最大的挑战是社会公信度的挑战。由于很多民间组织从事的是公益慈善事业，民众对这个领域的期待很高，甚至将其视为"圣洁"的化身。从各国的历史情况看，这个部门有一个规律，即只要媒体对这个行业某个民间组织的丑闻或腐败行为进行曝光，将会严重打击公众对整个行业的信心。近年来，中国各个行业的民间组织，无论是基金会、民办非企业单位、行业协会，还是学会，都或多或少有个别民间组织的丑闻被媒体曝光。在这种情况下，中国民间组织的整体社会公信度较低。众所周知，社会公信度是民间组织的生命线，它会直接影响民间组织的发展。而社会公信度的建立，一个最有效的办法就是建立民间组织的评估机制。通过科学、客观公正的评估，帮助民间组织逐步树立社会公信度。另外，组织内部管理混乱、效率低下也是当前中国民间组织面临的挑战之一。社会之所以需要民间组织的存在，其中的一个理由就是因为民间组织在提供公共服务方面比政府高效。因此，民间组织也可以借助评估这一管理工具，诊断组织存在的问题，完善组织内部的管理制度。[②]

目前，政府对民间组织的监督管理手段较为单一，主要依靠年检。然而，众所周知，政府对民间组织的年检往往流于形式。其结果是，由于缺乏必要的监督，一些民间组织内部管理混乱；甚至一些民间组织打着非营利组织的旗号，坑蒙拐骗，谋取个人私利。也正因为这个原因，政府在民间组织管理问题上非常被动，不得不采取双重管理体制，提高登记门槛。因此，政府也可以借助评估手段，加强对民间组织的管理。当然，从西方国家的经验看，评估主要是民间行为，但政府可以借助民间的评估，借助民间的力量，完善民间组织的管理体系。或许正是因为这一原因，一些国家政府对民间的评估行为给予了大力支

---

① 邓国胜：《民间组织评估的几点思考》，《学会》2009 年第 2 期，第 6 页。

② 邓国胜：《民间组织评估的几点思考》，《学会》2009 年第 2 期，第 4 页。

持。①

由于评估人才的缺乏，评估队伍的建设是当前开展民间组织评估工作面临的一大挑战。当然，我们也应该清醒地认识到，评估队伍的建设、评估人才的培养是一个长期的过程，是一个需要从现在就开始着手、不断培养的过程。从国外的经验看，评估工作是一项专业性很强的工作，它不仅需要经验，也需要专门的评估技能。事实上，美国早在 20 世纪 60 年代后期，评估就成为一门学科；80 年代，评估学已经相对成熟，不少大学开设了评估学的课程，甚至设立了评估学的硕士点、博士点。而中国大陆直到 21 世纪初，评估才刚刚开始受到重视，截至 2009 年，大陆还很少开设这方面的课程。

现在可以着手做的工作包括三个层面：一是发现和找到一批有志愿精神的、懂专业知识的、能够代表不同利益群体的人员，而这是建立评估委员会的基础；二是发现和培养一批有评估技能的、不同专业领域的、有经验的评估专家，并建立人才数据库系统，而这是建立评估小组的基础；三是逐步培养一批熟悉评估业务的日常管理人员队伍。②

评估可以通过激励与惩罚，形成民间组织发展的外部动力机制；评估可以通过不同民间组织评估结果的比较，创造一种人为的竞争环境，形成民间组织发展的压力机制；与此同时，评估还可以帮助民间组织诊断问题，促进民间组织的学习与提升，形成民间组织发展的能力机制。③

---

① 邓国胜：《民间组织评估的几点思考》，《学会》2009 年第 2 期，第 4 页。
② 邓国胜：《民间组织评估：机遇与挑战》，《学会》2008 年第 6 期，第 34 页。
③ 邓国胜：《民间组织评估的几点思考》，《学会》2009 年第 2 期，第 4 页。

第八章　两岸民间组织与社会服务

第一节　两岸民间组织与两岸关系发展

两岸民间组织在海峡两岸关系发展中扮演了重要的推动角色，主要包括以下几个方面：

一、降低冲突威胁的可能性

减低战争威胁的可能性。数以百万计的台商身在祖国大陆，几十万对的两岸夫妇以及亲友都心系两岸发展。他们最希望海峡两岸之间和平共处，最担心两岸发生战争冲突。随着大陆经济的不断发展，前来祖国大陆投资的台商越来越多，而在两岸经济交流需求下大陆也逐渐投资于台湾，这已经或者将来会逐渐形成一支在两岸之间发挥独特作用的重要力量。亲情流离失所也不是两岸夫妻希望看到的，因此，在台湾岛内"台独"势力猖獗、两岸关系长期紧张、僵持的严峻现实面前，台商和两岸夫妻等这些独特的社会群体以及在两岸交流与合作领域所能发挥的作用，正在受到两岸越来越多的关注与重视。除此，基于两岸经贸和民间交流的深入进行，两岸在海西区内形成互补、互利、互动的新格局，闽台由对峙前线转圜为和平前沿，台海和平的砝码将越来越重。正如中国国民党副秘书长、"大陆事务部"主任张荣恭所言，愈为密切的闽台关系，愈有助于台海军事缓和化，为"台海和平区"创造条件。[①] 民间社会力在两岸关系和平发展过程中更是起到了不可替代的作用。

影响台湾选举来维护两岸和平发展关系。由于台商掌握了台湾经济所需的

---

① 《述评：海西战略激活两岸互动三"T"格局》，新华网，2009 年 5 月 19 日。

产业、人才和资金，所以台商的政经影响力，在社会上的发言地位，在两岸政治上是否产生"以商围政"的现象，使其行为倾向备受台湾当局关注。而且在大陆的台商人数有 100 多万，绝大多数都具有选举权。他们对岛内亲友和中小企业有很大的影响，争取台商可以间接争取众多台商的亲友和岛内的中小企业。台湾当局将台商视为最具关键性的"胜选王牌"之一。[①]

台商投资为大陆经济发展做出重要贡献的同时，也为台湾企业界拓展新的发展空间、促进台湾经济转型发挥了重要作用。[②] 台协会作为在大陆投资台商的汇集平台，也自然成为台商集体行动的代表，其在两岸间的活动行为很大程度上代表了广大的台商群体在两岸关系上的意见和态度。因此，台协会在推进两岸关系的稳定与发展上有着无可取代的地位。这一地位价值首要体现为其在两岸间的中介角色和桥梁作用，即一方面负担为地方招引台商台资的经济职能；另一方面就是行使政治职能，为大陆"以民促官"策略提供运作机制。

国台办主任张志军在 2013 年 12 月 23 日召开的全国台协会长座谈会上表示："今年两岸关系发展特点是稳中有进，两岸政治互信进一步加强，经济交流合作持续推进，两岸协商谈判取得进展，各领域交流进一步深入。大陆正在迈出全面深化改革的新步伐，广大台商要结合自身优势加快与大陆的发展方向相结合，从大陆经济深化改革中寻求发展商机，调整发展战略，提升竞争力，以创新促转型，实现可持续发展。"他对台协和台企联的工作给予充分肯定，希望台协和台企联团结带领台商积极支持两岸关系和平发展，服务台资企业创新发展，加强与政府的沟通联系，增强协会在台商中的凝聚力。

上述讲话表明，大陆希望通过台协会这一抓手发挥制度规范力量，防范"台独"势力的发展，这亦即一种组织化的"以民促官"的政治策略，而透过这一载体即可对台湾当局形成一定有组织性与整体性的政治压力。当然，台协会如今也逐渐发展成为较具主动性的团体，在经济利益的驱动下，除了希望有稳定的两岸政治情势，同时也希望进一步推动两岸政治对话，以此达成更多有利于台商的政策性保障，如《两岸投资保障协定》等，进而确保在大陆投资的台资企业经营运作更有法律保障，也能进一步降低台资企业运营过程中的非制度性交易成本。台协会这一社会组织活动主动性的增强，为两岸官方之间对话与互动的频率创造了更多契机，不断推动两岸各领域交流与往来的制度化保障的

---

① 吴铭：《台商在两岸经济发展中的作用》，《统一论坛》2004 年第 5 期。

② 陈云林：《在全国台湾同胞投资企业联谊会成立大会上的讲话》，《两岸关系》2007 年 5 月。

建构与完善，有效推进了两岸间对话与交流进程。①

二、培养社会成员的公共精神、参与能力以及政治功效意识

台湾"解严"后，社会成员的政治参与水平有了很大的提高，如投票率、政治活动的频率等。台湾的不少政治活动是由民间组织发起和组织的，政党的选举造势场合也经常有民间组织的身影。

关于民间组织对台湾民众政治参与能力影响的例子有慈济功德会。慈济功德会早期是由证严法师带着一群中老年妇女起家的。直到现在，中老年妇女依然是慈济功德会志愿者的主力。这个群体平时大都不关心公共事务，处于公共生活的边缘，而慈济通过宗教的感染力把这个群体引进公共生活领域，培养她们参与和组织公共生活的能力、技巧，推动慈济慈善运动的发展。② 尽管慈济功德会有"不介入政治"的理念，尽管从慈济习得的这些参与组织运作的技巧和知识看起来与政治参与并没有多大的联系，但这些技巧和知识在必要的时候，可以转化为现实的政治参与。当她们的权益受到损害的时候，她们从慈济学到的知识和了解到的东西，对利益诉求的表达和权益的维护就能起到积极的作用。③

政治功效意识（the sense of political efficacy）是指"个人认为政治与社会是可能改变且自认为能造成这些改变的信念，或是在既有的政治权威下，个人具有能透过自身与他人合作，能够改变政治或社会环境的信念"。④ 不论民间组织性质为何，参与民间组织对于一种社会政治功效意识的发展具有重要意义，因为民间组织为社会成员提供了组织参与的训练机会和进入政治的各种备用渠道，而这些对于政治功效意识的提升是不可或缺的。

社会资本指"社会组织的特征，诸如信任、规范以及网络，他们能够通过促进合作行为来提高社会的效率"，与其他形式的资本不同，社会资本具有自我增强性和可累积性，不仅可以突破集体行动的困境，促进公民之间的合作，而

---

① 吴茜：《大陆台资企业协会组织结构及其功能研究——以苏州为例》，苏州大学硕士学位论文，2014 年。

② 张培新：《台湾宗教组织运作社会资本考察：以慈济功德会为例》，台湾《中山人文社会科学期刊》，2006 年第十四卷第一期，第 144—145 页。

③ 陈先才、林立辉：《民间组织与台湾公民文化变迁的关系初探》，《台湾研究集刊》2010 年第 5 期，第 27 页。

④ Weissberg Robert, "Political Efficacy and Political Illusion". *Journal of Politics*, Vol. 37, No.2. 1975, pp.469-487.

且能够使民主运转起来。^①与各种垂直结构的传统组织相比，民间组织尤其是各种志愿性组织和非营利组织更能够促进社会的信任与合作，更能够增进社会资本容量，因为民间组织内部的平等互惠关系更有利于信息的流通与合作的进行；另一方面，民间组织肩负的各种"使命"通常都带有人文关怀的色彩，均强调个人和组织的社会责任。这些理念对于促进社会的信任与合作，增进社会资本的容量是很有帮助的。

"解严"后，台湾民间组织蓬勃发展，各种类型的民间组织大量出现。但是，相当一部分民间组织是由威权时期体制内组织转型而来的，垂直威权的色彩还是比较浓厚。职业团体就是典型的例子。许多台湾的职业团体都是由前体制内组织转化而来。这些组织尽管没有以前那么浓厚的官僚色彩，但是，官僚气息和垂直色彩或多或少存在着。政治团体则是另外一个典型的例子。台湾的政治团体大都受制于某个政党或者某位政治人物，通常是政党或者政治人物政治动员的工具，垂直威权色彩也比较浓厚。例如，"福尔摩沙"基金会就是陈水扁掌控的政治外围组织，"李登辉之友会"更是李登辉经营个人政治势力的平台。在这两个组织内部，陈水扁和李登辉的绝对权威是毋庸置疑的，其他成员都必须要服从于二人。社会服务团体和社会交流团体一般没有如此浓厚的垂直权威色彩。由于垂直权威不利于成员之间的信息流通和互惠规范的建构，因而对社会资本的增进起到很大的制约作用。^②

台湾的宗教团体一般都倡导普世的人文关怀、人与人之间的友爱等理念，宗教团体成员享有高度的人际信任感。这不仅有利于社团内部形成一种和谐、信任与融洽的互动氛围，也能够增进人际关系。例如，佛光山关于"人间佛教，佛光净土""促进普世和慈"的理念对其成员的感召和影响就相当大。^③

台湾的《艺术教育法》将艺术教育的实施方式分为三种：学校专业艺术教育、学校一般艺术教育、社会艺术教育。^④三者中，学校专业艺术教育和学校一般艺术教育与大陆的美术教育形式上类似，都是以学校为载体，围绕官方"大

---

① Putnam, Robert D. *Making Democracy Work: Civic traditions in Modern Italy*, New Jersey: Princeton University Press, 1993, pp. 167-180.

② 陈先才、林立辉：《民间组织与台湾公民文化变迁的关系初探》，《台湾研究集刊》2010年第5期，第31页。

③ 陈先才、林立辉：《民间组织与台湾公民文化变迁的关系初探》，《台湾研究集刊》2010年第5期，第32页。

④ "艺术教育法"，台湾，华总（一）义字第8900011870号，2000，第4条。

纲"或者"课标"作为参照并结合具体实际而开展的教育，而其社会艺术教育与大陆之情形则大为不同，其中之关键就是台湾有一股艺术教育的民间公益力量，这股力量十分专业，并且覆盖了台湾社会的许多层面。

台湾美术教育民间公益组织最常见的推广美术教育的方式：

1. 赞助或捐助活动、奖学金

赞助与捐助是基金会最传统的方式之一，提供奖学金或赞助艺术工作者的活动，包括学习交流活动，即是一种推广教育行为。例如沈春池文教基金会赞助两岸艺文学者进行互访交流，共同弘扬中华文化。

2. 举办展览活动

这是艺文基金会较普遍的推广美育方式之一，又可分成两种：第一，自己建设实体展览空间的，如成立博物馆、美术馆、艺术空间、艺廊等，多为企业基金会早期之习惯方式。除举办展览外，通常也会包括教育活动，例如导览、座谈、研习等，并可能与学校建立并保持长期的合作关系，提供机会让学生到其中进行美的熏陶。为了给师生服好务，甚至专门设立资料室、讨论室等，可谓细致入微。第二，借用其他展览空间，如采用巡回展览的方式，或者利用公立博物馆、文化中心，与其他组织私人单位共同举办展览。例如广达文教基金会的"游于艺"将艺术带进校园，与台北故宫合作举办"张大千世界""三星堆传奇：华夏古文明探索""采无画集"，将美术作品带去医院或者乡村地区等。后一种方式对资金要求较低，能充分有效提高现有艺展空间使用率，渐成当前主流展览方式。另外展品也从大师真迹到高仿再到社团内部人员自己的创作都有，视组织的财力、愿景等状况而定。

3. 举行美术比赛、征稿、征件并奖励

台湾的美术比赛风气一直较浓，透过举办比赛或征稿的方式发掘培养艺术人才或提升社会艺术参与之风气；而对于学生而言，参加比赛获得荣誉有可能成为其未来人生的铺路石之一，因此积极参与。目前较为著名的有台新银行文化艺术基金会的"台新艺术奖"、国泰世华银行文化慈善基金会的"全国儿童绘画比赛"、维他露的"儿童美术奖"等，此类美术比赛在台湾可说是不胜枚举。

4. 举行演讲座谈

除展览外，各基金会还举办演讲、座谈、研习、研讨会、读书会等，主要服务对象是成年艺术爱好者。例如洪建全文教基金会的敏隆讲堂，长期推广"文、史、哲、艺"讲座及读书会活动。

5.开设实务操作课程或活动

举办工坊、艺术创作班的课程活动，其中不少是针对儿童的实务操作活动，例如绘画班、寒暑假营队、亲子共学等，这类活动的目的更多地在于儿童课外多元教育。譬如除了画画外，还可能顺带教烹饪或者手工、园艺等，视组织的师资力量可灵活安排，这一般是人力充足的社团所采取的主要方式。另有一种是跨领域的合作模式，组织与其他机构、专科学校合作，例如台北帝门艺术基金会的"艺术家驻校计划"，其开展已有数年的历史，已成该基金会之品牌。

6.出版文宣与数字化宣传

出版专书、月刊、DVD、教育讲座活动讯息等等，均为免费发放自取，在火车站等公共场所很容易得到，而且各组织多建设自己的网站，宣传艺术，也宣传自己。

7.与公部门互动，合产协力

学术研究、古籍工艺品维护、参与艺术教育政策建言、国际交流、图书馆等。如配合"文建会"的社区总体营造计划，推广社区艺术教育，或者从事都市建设或设立公共艺术，回馈邻里、方便服务。积极配合当前台湾发展艺文社会的政策，共同建设台湾的"可持续艺术发展生态环境"。①

三、建构台湾民众中国国家认同

两岸可以通过教育交流，多形成共识。甚至可以推动两岸合编历史教科书，构建共同的历史记忆。另外，通过大陆台商子女在大陆所受中小学教育，改变他们的国家认同观念。只有两岸青少年有着共同的历史记忆、一样的文化认同，两岸才有实现和平统一的民意基础。

从2010年第二届海峡论坛期间举办"首届海峡两岸关爱下一代成长论坛"，并发表海峡两岸关爱下一代成长联合行动倡议书，到2011年两岸经贸文化论坛增列加强两岸青年交流为其重点主题之一，两岸青年交流越来越被两岸民众所重视。另一方面，两岸青年交流数量和质量上都有了显著进展。以2010年第八届海峡青年论坛为例，两岸21家青联负责人签署了10个交流项目，涉及大陆

---

① 向远浩:《试论台湾美术教育的民间公益力量及对大陆的启示》，温州大学硕士论文，2013年，第16—18页。

11 个省市和台湾 10 家青联社团。①

社团成为交流的重要载体。2000 年以来，大陆通过台联、海协会、台盟、宋庆龄基金会以及各所综合大学等，多管道地推动台湾大学生赴大陆参访、交流、联谊，取得相当大的进展。这一系列工作影响的台湾年轻人不少于 10 万人次。②

60 多年来，媒体在传递两岸信息、建构两岸形象过程中扮演了十分重要的角色，两岸民众在很大程度上都依赖媒体来认知对方，进而形成相关的立场、看法和结论。在台湾当局封锁海峡的近 40 年间，台湾同胞非常渴望了解大陆的情况，却只能依靠来自当局的宣传和媒体的新闻报道。台湾媒体的大陆新闻分别来自当局发布的消息和海外媒体的消息，无论来自何方，都要经过当局的政治过滤，基本立场是坚持"反共复国"，专门报道大陆的"贫穷、落后和专制状况"。③

在大陆的积极推动下，1993 年前后，台湾当局逐步放宽对两岸文化交往的限制，陆续出台了一系列开放措施，从而产生了有利于两岸文化交流发展的环境和条件。④1993 年，台湾"中华友好说唱艺术访问团"和"云门舞集"应邀来大陆多个城市演出。大陆的"红楼梦文化艺术展""风云再现——三国演义文化艺术展"在台湾成功展出。两岸文化交流合作逐步进入快速发展期，交流项目由最初的学术、科技、大众传播交流，扩大到几乎所有文教类别；在交流方式上，人员互访、召开学术研讨会等逐步发展到交换出版品、合作研究、观摩教学等较为深入的交流。

2008 年 5 月以来，两岸文化交流合作日趋升温，迎来了携手加快文化交流合作的大好时机。作为两岸级别最高的民间论坛的国共论坛，在 2006 年 4 月第一届时定名为两岸经贸论坛，第二届定名为两岸农业合作论坛，第三届则定名为两岸经贸文化论坛。在 2009 年 7 月举行的第五届两岸经贸文化论坛，则第一

①　唐桦:《两岸青年交流的现状与展望——以政治社会化为视角》，见《两岸关系和平发展的巩固与深化——全国台湾研究会 2012 年学术研讨会论文选编》，九州出版社，2013 年，第 533 页。

②　唐桦:《两岸青年交流的现状与展望——以政治社会化为视角》，见《两岸关系和平发展的巩固与深化——全国台湾研究会 2012 年学术研讨会论文选编》，九州出版社，2013 年，第 533 页。

③　刘红:《台湾"国家认同"问题概论》，九州出版社，2013 年，第 109—110 页。

④　蔡武:《新中国成立 60 年对港澳和对台文化工作》，参见《2010 对台港澳文化交流年鉴》，文化艺术出版社，第 3—13 页。

次把两岸文化交流合作作为论坛主题，并且就如何深化两岸文化教育交流合作问题达成 7 条共识列入《共同建议》，重点在中华文化的传承与创新、推进两岸文化产业合作、扩展两岸教育交流合作等三个方面。随着两岸文化交流的深入发展，两岸民众越来越认识到中华文化在两岸交流中的地位和重要作用。第七届两岸经贸文化论坛于 2011 年 5 月在成都举行，会议就两岸文教合作与青年交流等三项议题进行了充分讨论。"论坛提出的加强两岸青年交流的思路，丰富了两岸大交流内涵，必将对两岸关系的未来产生积极影响。在两岸经济合作已取得长足进展情况下，我们应更有力地推进两岸的文教交流合作，共同传承中华文化的优秀传统，不断增强共有的中华民族认同，切实深化两岸人民的心灵沟通与感情交融，为两岸关系和平发展夯实思想基础、提供精神动力"。在 2012年 7 月举行的第八届两岸经贸文化论坛上，会议认为两岸文化教育交流合作已经成为两岸关系和平发展巩固和深化的重要任务，并且就如何发展两岸文化教育交流合作形成 "6 点建议"。两岸经贸文化论坛的共同建议，成为两岸文化交流合作的指导性意见，反映出两岸各界对于文化交流的重视程度。文化成为两岸大交流大合作大发展的重要推动力量，成为两岸关系前进、和平发展巩固和深化、和平统一实现的重要基础。[①]

和平发展是两岸关系发展过程中的重要阶段，巩固和深化是和平发展的稳步前进阶段，重点是完成两岸大交流大合作大发展的正常化。正常化的任务和工作很多，包括民间经济文教交流正常化。民间组织在其中起到了不可替代的作用。这一切，是为了促成交流合作发展由 "民间渠道" 向 "机制渠道" 的转变。

2012 年，台湾大约拥有 4 万个非营利组织，15059 个志工团体，70 多万名志工，岛内从事社会服务、慈善团体 2263 个，占所有社会团体的五分之一多，台湾社会具有蓬勃旺盛的民间活力。[②] 两岸民间交流是两岸关系发展中最具活力、最富想象力的因素，是增进同胞感情、扩大共同利益的最佳途径。两岸民间团体、行业协会、非政府组织之间应加强交流合作，增进两岸民间机构、人员之间的互信互谅、互让互助，扮演两岸关系推动者功能，充当两岸政治互信的润滑剂，而非两岸政治互疑的催化剂。两岸民间非营利机构包括各式基金会、

---

① 刘红：《台湾 "国家认同" 问题概论》，九州出版社，2013 年，第 190—191 页。

② 参见陈小红：《浅释 "社会公义" 与两岸 "公民社会" 之发展》，引自台北海峡交流基金会《交流》杂志总第 123 期，2012 年 6 月。

慈善机构、志工团体应创造条件、积极行走两岸，激活两岸民间资源，开辟两岸交流的新领域。[①]

举例来分析，"海峡论坛"是以民间为交流主体的两岸综合性大型交流平台，始办于 2009 年 5 月，其以"扩大民间交流、加强两岸合作、促进共同发展"为主题，坚持"民间性、草根性、广泛性"。海峡论坛以其内容的丰富性、参与人员的广泛性、参与人数的规模化，成为推动两岸同胞大交流、促进两岸各界大合作、开展两岸基层对口大联谊的民间交流合作活动，受到两岸民众的广泛欢迎，成为一年一度的两岸民间交流嘉年华。

要在现有基础上，不断总结经验，在论坛的设立上要更多地围绕草根性文化和民生问题，加强与台湾文化团体、中小企业和农业组织的合作交流；在邀请对象上，要精挑细选，尽量让没有到过大陆的台湾劳工阶层、青年学子、妇女参加活动，让他们亲身感受大陆的巨大变化和两岸的深厚渊源。通过"海峡论坛"及子论坛，倾听他们的诉求，集思广益寻求解决问题的有效路径，切实帮助他们解决生存、发展、安定、富足的愿望，增强他们对祖国的认同感和向心力。

第二节　两岸民间组织在公共外交中的作用

公共外交通常是由一国政府主导，借助各种传播和交流手段，向外国公众介绍本国国情和政策理念，旨在树立国家和政府的良好形象，获取外国公众的理解、认同和支持，营造有利的国际环境，促进相关国家政策朝着有利于自身的方向发展，以达到维护国家根本利益的目的。公共外交具有鲜明的特色：一是外交对象和活动领域的广泛性，涵盖社会各阶层和政治、经济、文化、传媒、科技等诸多领域；二是外交过程的双向性和互动性，这是一种公众取向的双向沟通，注重信息反馈，而非简单的宣传和灌输；三是外交效果的间接性，不以直接影响他国政策为目的，而是通过影响他国民众进而影响他国政策。

一、民间组织在公共外交中的身份

随着外交全球化、社会化、民主化、网络化趋势的发展，民间组织在外交，

① 倪永杰：《增进两岸政治互信与观念创新》，见《两岸关系和平发展的巩固与深化——全国台湾研究会 2012 年学术研讨会论文选编》，九州出版社，2013 年，第 55 页。

特别是公共外交中的重要性日渐突出。民间组织在公共外交中有三种身份：作为工具、对象或主体。民间组织既是公共外交的工具、对象，也是公共外交的主体，正以不同的身份影响着各国外交。①

1. 作为"公共外交工具"的民间组织

简单地说，公共外交就是一种"由政府通过公共传播媒介或通过一系列广泛的非政府实体，如政党、企业、行业协会、工会、教育机构、宗教组织、种族团体以及有影响力的个人，来影响其他国家政府的政治和行动目的"的国际关系行为，在这里，民间组织具有工具性质，民间组织在公共外交中"工具"身份的形成与以下三个因素密切相关。

首先是外交研究者们对公共外交的认识和界定。外交研究者们认为从传统来看，公共外交是主权国家的行为，而不是非国家行为体的行为，大多数公共外交研究也更侧重于考察主权国家对公共外交的使用，而不是非国家行为体。不论是国际还是国内的主流观点都认为，公共外交只可能是国家的一种追求，政府在公共外交过程中起着策划、组织、协调、授权、委托、资助等领导作用，民间组织可以参与到公共外交活动中，但主要是传输政府的意图、政策或实施政府战略部署，完成国家对外交往任务，推动国家利益有效实现，如同公共外交中的广播、电视、电影、报纸、杂志等传播媒介，是政府推行公共外交的工具。

其次是外交决策者们对民间组织工具价值的重视。作为公共外交工具的民间组织的历史可以追溯到冷战初期，当时美国建立自由欧洲委员会（Free Europe Committee），推动自由主义思想观念在共产主义世界扩散，民间组织成为美国及其盟国在欧洲争取价值观认同的有效武器。此后，西方国家用"和平演变"战略影响社会主义国家，以民间组织为主的公共外交成为西方国家对外政策和国家安全战略的重要组成部分。在冷战后的几十年中，民间组织在公共外交中的工具作用时而被诟病、时而被赞扬，但没有国家再忽视它，民间组织受到越来越多的重视，被不同的国家用来实现不同的外交目标。如日本借助民间组织改善国家的历史形象；澳大利亚以民间组织为合作伙伴，促进与太平洋、非洲、中东、拉丁美洲和加勒比地区 60 多个国家和社区友好关系。此外，英国、法国、荷兰、德国、瑞典等国家也非常重视民间组织在公共外交中的功能，

---

① 张丽君、［澳］马克·威廉姆斯：《民间组织在公共外交中的身份分析》，《公共外交季刊》，2014 年秋季号第 6 期。

民间组织在推动这些国家的对外发展援助、文化交流和教育活动，促进国家间的经济文化社会合作，提升国家外交正当性和增强国家对外传播效果方面都功不可没。

再次是民间组织对自身工具身份的认知和肯定。扎特平利那对活跃在美国公共外交中的民间组织进行了实证研究，大量问卷调查和深度访谈表明，尽管不是全部，但美国有很多民间组织对国家的价值观念和外交政策都有非常高的认同度，有强烈的愿望在世界范围内传播国家价值观念，为国家外交服务。冷战时期每届美国政府都鼓励民间组织参与美国的公共外交事务，民间组织也把自己看作是一支可以用来更有效地在世界各地促进美国式民主的重要力量。参与公共外交的民间组织包括学校、医院、环保组织、慈善组织、宗教组织、人权组织、社会服务组织、艺术博物馆、研究机构、思想库、基金会、商会，长期或明或暗地承担着美国外交任务。政府为这些民间组织提供资金支持，这些民间组织则在对外援助活动中自觉或不自觉地体现和贯彻国家价值观念，扩大国家在国际社会的影响力。[①]

为什么民间组织的工具价值历经冷战及冷战后几十年长盛不衰呢？因为政府相信这要比由政府直接发起的公共外交更有效，它有助于隐藏政府的真实意图和资金来源，加强在目标国推动运动的合法性。民间组织在国际社会有着特殊的象征意义：其一，它是小政府大社会的传统文化理念的体现，象征着"社会实现自治、减少政府施政成本、人民当家做主的实践机会"；其二，它象征着"市民社会与政治国家的分立，廓清了权利与权力的界限"，体现了国家权力的相互制衡；其三，它常常扮演着沟通政府与社会的桥梁，承担着"社会良心"的责任，"有责任心的市民社会是政府提高执政能力的伙伴"。就此而言，民间组织是主权国家公共外交中"政治正确性的必要成分"，民间组织从公民社会赢得合法性、责任和资源，其声音和行动最容易得到国际公众的认可。

2. 作为"公共外交对象"的民间组织

民间组织在公共外交中的第二种身份是"公共外交对象"。民间组织作为公共外交对象的历史几乎与其作为公共外交工具的历史一样长。早在冷战时期，美国及其盟国的外交活动就瞄准了东欧国家的市民社会组织，20世纪60至70年代，苏联出现各种运动和组织，如人权民主运动、反对社会主义的宗教

---

① 张丽君、〔澳〕马克·威廉姆斯:《民间组织在公共外交中的身份分析》,《公共外交季刊》,2014年秋季号第6期。

组织、体育俱乐部、志愿性民间社团、环境保护团体以及文学团体等，"国际和平"组织、劳联产联、国家民主基金会、人权观察等，西方民间组织开始在苏联培植亲西方的民间力量。在他们的培育下，苏联形形色色的民间组织如雨后春笋般地发展起来，在激化苏联社会矛盾和冲突中发挥了重要作用。冷战结束后，中亚、俄罗斯的民间力量依然是西方国家公共外交的重点对象，如1993年到2003年，美国用于帮助独联体国家进行"民主改革"的90亿美元专项援助，其中3/4都提供给这些国家的企业、民间组织和独立媒体。事实上，西方国家公共外交的对象远不止东欧、中亚和俄罗斯的民间组织，还涉及世界上其他发展中地区，如非洲、拉丁美洲和东南亚的社会力量。特别是近年来，随着这些地区公民社会的发展，种类繁多的民间组织在国内争取民主、平等、公平和推进国家政治现代化进程中都相当活跃，西方国家更加重视与这些地区民间组织的沟通，常常以本国民间组织为中介资助这些民间力量。

为什么民间组织会成为西方国家公共外交的重要选择呢？首先，民间组织是具有一定目标和愿望的志愿者群体，有组织者和领导者，这些人通常在品行、能力、经验、知识等方面具有一定优势，是社会上德高望重或有影响力的人如前政治家、著名知识分子或专家学者。他们有能力通过各种方式激发公众参与政治活动的意愿并影响其选择，是促成各种政治性活动的初始力量和推动器。其次，民间组织会有一定规模和数量的基层成员。他们来自社会的各个阶层和领域，如热心社会事务的市民、工人、学生、教师、商人以及民间组织的服务对象，具有共同的目标和愿望，容易凝聚在一起形成一些倡议性活动，如呼吁、请愿、抗议、示威游行，甚至非暴力抵抗运动的群众基础。而公众参与政治活动的意愿和规模，是影响政府政策变化的关键力量。再次，民间组织的主要活动是从事公益事业，大多数活动与慈善事业、社会救助、气候变化、生态环境、人口素质提高、妇女儿童教育、生存与发展等问题有关，主要服务对象是被主流社会所忽视或排斥的边缘性社会群体，不以经济利益和政治利益为目的。有些民间组织有深刻的宗教或族群根基，有些民间组织虽然历史较短，但为国家的社会政治发展做出了贡献，如提供减贫救灾和社会服务，参与国家民主进程，调解冲突与稳定社会等，容易产生吸引力和号召力。此外，民间组织是独立于政府的民间自治力量。他们与政府不存在直接的行政关系，在公共关系的交往方面不受政府的控制，虽然在日常活动中不可避免地要与政府发生某种联系，但这种联系是建立在活动和信念不受约束的基础之上的，开展哪些活动和项目，交往何种对象，接受哪种方式的捐赠，寻找什么样的合作伙伴，都是民间组织自行决定的。这些特点都极易使目标国民间组织从"公共外交的对象"转换为"公共外交的工具"，所以西方国家常常会以他们为公共外交的对象。

3. 作为"公共外交主体"的民间组织

一些外国学者也将民间组织看作是公共外交的主体，如库姆认为公共外交就是政府和私人团体直接或间接用来影响外国公众态度和观念的方法，吉尔布认为库姆对公共外交的重新定义在国际关系研究和国际政治传播研究中都有重要意义，因为他将民间组织等非国家行为体添加到了公共外交的主体中，反映了世界政治中各行为体间相互依存度的不断提高。格雷戈里认为，公共外交既被国家也被民间组织等非国家行为体用来理解和参与一系列广泛的与治理相关的问题，并影响公众，如经济增长、民主、货物与服务分配和各种跨境威胁和机遇。在这个定义中民间组织等非国家行为体已明显不再是促进国家利益实现的被动的工具，而是成了利用公共外交方法促进全球治理实现的主体。

民间组织被国际学界理解为公共外交的主体之一，主要原因在于：第一，民间组织在全球治理中的地位提高。冷战结束后，以国家为中心的国际格局转变成不仅由政府，而且由跨国公司、民间组织和社会运动多层次行为主体共同发挥作用的国际格局，民间组织被授予联合国咨商地位，有更多机会和能力真正影响全球事务。第二，民间组织从事解决的问题多是公众关心的全球性问题，民间组织常常将这些活动建构成具有公平、正义、平等、可持续发展、人道主义等伦理价值和道德性的议题，任何一个主权国家如果忽视这些议题，都会形成不讲求道义的负面形象。第三，信息技术的发展使民间组织拥有有效的传播体系和机制，大多数民间组织都建立了自己的网站，有的还出版电子图书、电子新闻杂志，举办政治论坛等。通过这些平台，民间组织能够广泛开展自己的宣传倡议活动，加强与同类型国内国际民间组织的联系，并与自己现有的成员与潜在的支持者广泛沟通，也使民间组织劝说、监督，向政府施加压力接受自己的观点有了更多的渠道。由于独立于政府，民间组织的传播体系在外国公众中享有更多的信誉，扎特平利那的采访调查表明，美国政府拥有的媒体在国际社会并不受欢迎；相反，美国政府资助的民间组织的媒体传播的信息被认为是"平衡的"，不是"宣传"，更容易被外国公众接受，尽管他们也总是展示美国政府的视角，重点推出美国政府的代表性观念，并尽力遮掩反对派的观点。

上述分析表明，随着各国公民社会的日益壮大和公共外交的不断发展，民间组织作为公共外交的工具、对象和主体，正从外交舞台的边缘走向中心，民间组织正在成为一股强大的力量，影响主权国家的外交议程，干预主权国家的对外政策，构建主权国家的国际形象。虽然在国际政治中国家仍然是主角，但民间组织对主权国家的约束、限制和影响日益强劲，使主权国家的外交面临着从未有过的挑战和机遇。

二、民间组织在公共外交中的作用

公共外交已成为中国总体外交的组成部分。随着中国的快速发展，国际地位和影响力日益提高，国家形象不断提升，国际社会对中国的正面、积极评价越来越多。与此同时，由于政治制度、意识形态、价值理念、文化传统等方面的差异以及出于对中国快速变化和发展的担心，一些外国政府和民众对中国的误解和疑虑渐趋增多，"中国威胁论""中国崩溃论"等论调在一些国家和地区仍有一定市场。面对当前形势，尤其需要进一步加强公共外交，积极对外宣介中国的文化传统、内外政策和发展道路，阐释中国和平、发展、合作、共赢的旗帜和理念，引导国际社会全面客观看待中国的发展，树立中国负责任的国家形象，努力使中国在政治上更有影响力、经济上更有竞争力、形象上更有亲和力、道义上更有感召力。

民间组织的蓬勃发展和积极参与，成为我国公共外交发展的强大动力。但总体而言，民间组织在参与公共外交时仍存在一些问题和不足，我们应该进一步加强对民间组织参与公共外交的统筹协调；加大对民间组织的扶持力度，提升民间组织参与公共外交的能力；充分发挥民间组织在公共外交中的特色和优势；加强民间组织国际交流，学习借鉴他国有益经验。[①]

近年来，公共外交作为中国外交大力拓展的新领域而备受关注。2009 年 7 月，国家主席胡锦涛在第十一次驻外使节会议上明确提出，"要加强公共外交和人文外交，开展多种形式的对外文化交流活动，扎实传播中华优秀文化"，这是中国高层领导人首次明确将公共外交提升到外交全局的战略高度。党的十八大报告再次强调，"我们将扎实推进公共外交和人文交流，维护我国海外合法权益"，这是公共外交首次出现在"党代会"的报告中，体现了中国共产党作为执政党对公共外交的高度重视。

---

① 倪健：《民间组织在公共外交中大有可为》，《公共外交季刊》2013 年秋季号第 2 期。

　　民间组织是公共外交的重要主体和中坚力量，在公共外交中发挥着不可替代的独特作用。

　　第一，民间组织在夯实国家关系的社会基础、营造良好的国际舆论环境方面发挥着重要作用。

　　国之交在于民相亲，国家之间的友好归根结底是人民之间的友好，人民之间的友好是国家友好的坚实基础。民间组织以其独特身份，能够有针对性地广交、深交朋友，了解外国民众的真实想法和诉求，增进外国民众对中国的了解和信任，消除误解和偏见。在国家关系遭遇困难时，民间组织还可以起到"先锋"和"奇兵"的作用，以民间交往灵活、深入、持久等优势，可以缓解、化解和处理国家关系的有关矛盾和问题。

　　第二，民间组织能够参与塑造国家形象，传播国家理念。

　　塑造国家形象、传播国家理念是公共外交的重要目标。在实现这一目标的过程中，仅靠政府力量难以办到，需要民间力量的广泛参与和有力支持。民间组织通过派遣志愿者在国外从事文化交流、环境保护、人道主义救援等方式，能够广泛参与塑造国家形象；通过公共传媒，能够积极传播国家理念；通过具体、生动的实例，能够准确传递国家相关信息。

　　第三，民间组织有助于提升公共外交的吸引力和感召力。

　　公共外交要真正发挥作用，其前提是公共外交的内容能够被外国民众理解和接受。由此可见，吸引力和感召力是决定公共外交成效的关键因素。民间组织是公民社会的重要代表，在开展公共外交时，其非官方的身份更易于被外国民众认可，尤其是在一些对政府和官方媒体缺乏信任的西方民众中，民间组织有更高的可信度和公信力，能够发挥吸引和感化等作用，提升公共外交的实际效果。

三、两岸民间组织在公共外交中的展望

　　党的十八大报告指出，要扎实推进公共外交和人文交流，维护我国海外合法权益，作为公共外交的重要组成部分，民间组织参与对外援助被提上政府的重要议事日程。民间组织参与对外援助使一国外交更具亲和力，是提升、改善和塑造国家形象的重要途径。世界范围内，各国对外援助都积极吸纳民间组织的参与，不仅建立了制度化的合作路径，而且有相当比例的援外资金是通过民间组织来执行的。吸纳民间组织参与对外援助，在与受援国国民的日常接触中

寻求认同，以独立于国家的姿态在国际舞台上表达意见，民间组织往往可以做到"政府做不到的事"，民间组织的组织活动优势可以转换为政府的外交资源。①

援助国政府对受援国社会健康发展的期待，促使国际非政府组织积极与受援国本土民间组织建立合作关系。为了增强援助的效果，发达国家政府鼓励国际民间组织加强对受援国本土民间组织和受益人能力的培育，甚至在契约条款中明确要求接受资助的国际民间组织在项目执行过程中要与受援国本土民间组织合作，对那些与本土民间组织保持中长期合作关系的国际民间组织给予一定比例的资助。前者如乐施会（Oxfam）、宣明会（World Vision）等国际非政府组织，其与政府签订的多数资助协议都包含通过与受援国本土民间组织合作、通过后者提供服务、帮助提升本土民间组织的能力等工作内容；后者如英国的联合基金计划、治理和透明基金等资助项目，为在受援国开展长期发展项目的民间组织提供资金支持。②

在对外援助中，发达国家政府鼓励本国企业、私人基金的参与，并倡导成立多国援助主体共同参与的公共基金，探索多元化的资助渠道以撬动更多的资源。在鼓励本国企业合作方面，如美国国际开发署（USAID）与雪佛龙公司共同设立尼日尔三角洲伙伴关系倡议基金会，双方每年各投入2500万美金，制定了为期四年的发展伙伴计划，应对该地区社会经济挑战，促进经济增长、增强当地政府和社会能力，减少社会冲突。对国际非政府组织而言，政府对企业社会责任的推动为其提供了更多的合作机会与合作空间。多国公共基金方面，如美国国际开发署（USAID）与澳大利亚国际发展署（AUSAID）、英国国际发展署（DFID）、荷兰、丹麦等九个国家共同出资成立的"多方援助信托基金"（Livelihoods and Food Security Trust Fund，LIFT），负责在发展中国家开展农业方面的援助工作；英国国际发展署（DFID）联合澳大利亚国际发展署（AUSAID）、欧盟委员会等成立的"三种疾病基金"（Three Diseases Fund，3DF），致力于抗击艾滋病、结核和疟疾三种疾病。多方捐助信托基金不仅为国际非政府组织提供了资助机会，而且国际援助机构之间的合作可以有效减少对外援助过程中的交易成本和资源的重复浪费，提高对外援助的效率。

相比政府外交，民间组织的最大优势是能够深入基层社区开展项目，在与

---

① 吴敖祺：《NGO 外交的中国使命》，《文化纵横》2011 年第 2 期。

② 杨义凤、邓国胜：《国际 NGO 参与对外援助的变迁及对中国的启示》，《中国行政管理》2014 年第 3 期，第 111 页。

受援国群众的日常交往中建立友谊和创造共享价值，这是政府很难做到的事情。国际经验表明，相比政府，民间组织能直接深入社区，在具体的项目运营中将价值观传输给受援国的社会大众和精英，往往能起到更好的效果。[①] 努力建设与受援国本土民间组织的伙伴关系，注重对受援国本土民间组织和社区能力的培养。一方面是发达国家政府明确要求在对外援助中发展国际非政府组织与当地民间组织的伙伴关系，并以此作为提高效率和影响力的重要途径；另一方面是国际非政府组织在对外援助中确实需要拓展合作伙伴以提高发展援助的效率和可持续性。因此，国际非政府组织一直注重与受援国本土民间组织之间的合作，在替代发展阶段，国际非政府组织提供的资源和经验对受援国本土民间组织的发展起到了重要促进作用。[②]

从民间组织优势发挥的角度来讲，相比政府外交，民间组织更能表现出其亲民性、灵活性和创新性，能够把中国发展的一些鲜活经验带到发展中国家，并能专业化帮助海外中资企业履行社会责任，政府和企业则不仅可以为本国民间组织国际化提供物质资源，而且还可以从宏观和微观等不同层面为本国民间组织的国际化提供便利。例如，政府可以加强与受援国政府和国际组织的沟通，企业则可以为民间组织提供一些资金与员工志愿者等方面的帮助。与政府和企业合作有助于提高民间组织参与对外援助的效率。[③]

随着改革开放的深入，中国的国际交流与合作日益增多，因此，在很多领域需要与国际接轨。这也使得中国培育和发展社会中介组织的任务格外迫切，尤其是培育和发展沟通政府与市场、政府与社会的自治性、自律性的行业协会、商会。

在全球化的时代，中国越来越需要发挥民间组织的作用。全球化使得世界各国间的影响、合作、互动愈益加强，一些具有共性的东西逐渐普及和推广，并成为全球通行的标准。随着中国加入 WTO，全球化对中国政治、经济、文化，甚至对人们生活方式的影响势必加深，对中国 NGO 发展的环境也有着重要的影响。

[①] 杨义凤、邓国胜：《国际 NGO 参与对外援助的变迁及对中国的启示》，《中国行政管理》2014 年第 3 期，第 113 页。

[②] 杨义凤、邓国胜：《国际 NGO 参与对外援助的变迁及对中国的启示》，《中国行政管理》2014 年第 3 期，第 112 页。

[③] 杨义凤、邓国胜：《国际 NGO 参与对外援助的变迁及对中国的启示》，《中国行政管理》2014 年第 3 期，第 113 页。

首先，中国加入 WTO 后，原先由政府进行的招商引资活动、对企业生产经营的直接管理可能被视为非市场化行政干预，不利于自由竞争。因此，需要发展独立于政府之外的商会、行业协会来接替以往政府的某些职能。

其次，加入 WTO 以后，中国在很多领域需要与国际接轨，否则在合作与交流中会存在诸多不便。例如，国外通常是通过商会、协会进行行业管理，甚至有国际性的行业联合会来制定行业标准、规范行业行为，并通过商会、协会来维护成员的利益。中国加入 WTO 以后，一方面，以政府的形式同国外的商会或协会打交道，显然并不方便，需要有相应的组织形式与国际接轨，即成立中国相应的商会或协会；另一方面，发展国内的商会、协会有助于国内行业的专业化、规范化、国际化，同时也有利于保护国内企业的整体利益、国家和社会的公共利益。

第三，随着国际合作与交流的增多，国人对非政府组织及非政府组织在解决社会问题中作用的认识也会相应提高，国外通过民间组织对中国的援助也会增多，这也有利于中国非政府组织的发展。

第四，全球化对于中国的改革开放和社会发展无疑会起到积极的推动作用，然而，在短期内，全球化也可能会带来一些负面的影响：贫富差距的扩大、局部地区或某些行业失业人口的剧增、某些地方传染病的流行、环境的恶化等等。限于政府财政汲取能力的下降和财力的不足，政府需要发挥民间组织在解决这些社会问题方面的作用，尤其是民间组织在知识传播、技术扩散、提供就业机会、缓解贫困、增进社会融合等方面的积极作用。

总的来说，全球化的趋势不仅会刺激中国 NGO 数量的增多，而且也会加速政府职能的转变，增进 NGO 的自治性、自律性，特别是经贸领域的商会和行业协会。[①]

最后，对民间组织参与公共外交提出如下几点建议：

民间组织的蓬勃发展和积极参与，成为中国公共外交发展的强大动力。但总体而言，民间组织在参与公共外交时仍存在一些问题和不足，例如相关法律法规不完善、资金不足、专业人才短缺、国际化程度不够等。由此，我们可从以下几方面入手，更好地发挥民间组织在公共外交中的作用。

第一，加强对民间组织参与公共外交的统筹协调。数目庞大的民间组织是

---

① 邓国胜：《中国非政府组织发展的新环境》，《学会月刊》2004 年第 10 期，第 15 页。

公共外交的重要主体和力量，但如果没有统一的规划和协调，众多民间组织参与公共外交可能会形成各自为战甚至相互掣肘的乱局。应根据公共外交的总体需要，完善相关机制，加强对民间组织的统筹协调和分类指导，进而形成民间组织有序参与公共外交的合力。

第二，加大对民间组织的扶持力度，提升民间组织参与公共外交的能力。民间组织的发展，既需要民间力量的广泛参与，也需要政府的大力扶持，尤其是在民间组织参与公共外交时，更需要政府在法律、政策和资金等方面提供更为有利的条件，进一步保护和激发民间组织参与公共外交的积极性。目前可考虑将民间组织纳入公共外交总体规划，以政府向民间组织购买服务的方式，由民间组织实施具体的公共外交项目。

第三，充分发挥民间组织在公共外交中的特色和优势。民间组织活动方式灵活，活动手段多样，可与官方外交相互配合、相互补位。应充分发挥民间组织的特点和优势，促进民间组织与外国民众间的双向联系和互动，了解外国民众的真实想法和诉求，努力在救灾、慈善、教育、医疗、社会发展等领域做些实事，发挥作用。

第四，加强民间组织国际交流，学习借鉴他国有益经验。中国民间组织参与公共外交的历史较短，经验不足，实际效果有待提高。应进一步加强同国外民间组织的交流合作，对国外民间组织开展公共外交的基本模式和经验教训等进行深入研究，在学习借鉴的基础上，形成中国特色公共外交理论与实践。积极参与国际民间组织活动，在国际民间组织舞台上发声发力，不断提升中国民间组织的国际影响力和公信力。

第九章　两岸民间组织交流交往及发展趋势

第一节　两岸民间组织的交流交往状况

一、两岸经贸民间组织交流

两岸经济联系的不断加深，形成"你中有我，我中有你"的发展格局，不仅对两岸区域经济合作和中国现代化建设有重要的经济意义，也对促进两岸关系稳定发展具有深远的政治意义。经贸协作方面，在两岸工商、法律等各界人士的推动和努力下，祖国大陆和台湾方面于1989年12月在香港分别成立了海峡两岸经贸协调会和海峡两岸商务协调会。两会的成立及签署合作协议是两岸经贸交流初期的一个亮点，建立了隔绝40年后海峡两岸民间经贸交往的第一个民间交流渠道，对两岸民间经贸交流起到了一定的推动作用。海峡两岸经贸协调会在当时两岸机构交流尚少的背景下，同海峡两岸商务协调会签署了合作协议，共同致力于推动两岸民间经贸交流，在当时创造了两岸经贸交流史上的多个第一。20多年来，海峡两岸经贸协调会和海峡两岸商务协调会促进了大批台湾工商企业到大陆各地考察访问，促进了台湾工商界到大陆投资并在各领域加强合作，为两岸工商界搭建了交流合作的舞台。与此同时，他们还组织祖国大陆工商企业到岛内进行考察，让大陆企业了解台湾的市场情况、企业经营状况，并为两岸工商界在贸易、投资、申请知识产权、注册等方面提供了多种服务。如今两岸民间经贸交流已经进入全面深化的时代，海峡两岸经贸协调会和海峡两岸商务协调会则功不可没。

以工商联在福建的发展为例来说明民间组织在两岸经贸交流中的重要意义。工商联（商会）作为具有统战性、经济性、民间性的人民团体和民间商会，汇集了众多的工商界人士，是促进两岸经贸交流的重要桥梁和推进祖国和平统一的重要力量。在商言商、以商会友、以友聚商，是商会的基本职能和特性，在全球经济一体化和市场不断开放的背景下，在深化社会主义市场经济体制改革的进程中，福建作为全国民营经济最活跃的省份之一，商会的作用更为突出——不仅要积极投身建设对外开放、协调发展、全面繁荣的海峡西岸经济区，而且能够在进一步推动闽台民间交往方面发挥更积极的作用。

一是商会组织广泛。根据 2005 年 6 月底的统计数字，全省共有县以上工商联（商会）组织 96 个，乡镇（街道）商会 350 个，异地商会 165 个，各级行业组织 265 个，联谊会 11 个；会员 84462 名，其中，企业会员 38886 名，团体会员 664 名，个人会员 44912 名。正是这些广泛的会员组织充当了两岸经贸交流的桥梁，有力地推动了两岸民间往来。

二是商会发挥先行先试作用。在两岸政治层面的合作尚未全面展开的情况下，可以"以经济促政治"，通过经贸交流等活动促进政治上的合作。商会在交流合作中先行一步，许多政府不宜出面的事情，商会可以名正言顺地出面；政府不宜沟通的工作，商会可以出面沟通。1997 年，商会首次组团赴台湾进行经贸考察，实现了福建省工商社团赴台考察零的突破，同时也是全国工商联（商会）组织组团赴台考察零的突破。几年来，福建省总商会组织了多批企业家赴台考察参观，与台湾的工商社团、行业协会组织广泛接触，建立了友好合作关系，促成了一批企业从台湾引进项目、技术和装备。2001 年 9 月，厦门总商会与金门县商会签订了友好商会协议，这是海峡两岸民间商会之间以文件形式确定的第一份协议，进一步加强了金厦两地民间的经贸合作与交流。同年，晋江市总商会首开福建省到金门办商展的先河，组织了 168 位企业家到金门县举办晋江名特优产品展销会，20 多家企业还与金门商家签订了商品代理、购销协议，创下了大陆产品通关入境在台湾地区直接贸易的记录。

三是两岸商会合作日趋密切。近年来，福建省各级工商联（商会）与台湾工商界的合作进一步增强。通过工商社团的互访，商会通过向台湾有关方面介绍福建省的投资环境和招商项目，积极为福建省企业引进项目、资金、技术和人才牵线搭桥。同时，台湾工商社团受福建省各级工商联（商会）的邀请，踊跃组团到大陆参展。如 2004 年第八届"九八"投洽会，共有 20 多家台湾百强企业和 22 个台湾重要的工商业协会组团参会；第六届漳州"花博会"，不仅有台湾兰花产销发展协会、台湾精致农业园艺联谊会、中华花艺设计协会等 3 家行业协会参与联办，而且有来自全国各地 39 个台资协会的负责人组织参会，参展台湾企业共 136 家，到会台商 580 多人。2004 年 12 月，全国工商联五金商会、台湾五金商业同业公会、台湾手工具同业公会、香港五金商业总会、泉州市人民政府共同主办了首届海峡两岸五金机电交易会。此外，石狮的"海博会"，台湾纺织服装业的几大同业公会连续多年作为主办单位，并组成强大的参展团、观摩团参加交易会。厦门的"台交会"，台湾电机电子工业同业公会也参与主办。这几大展览已成为推动海峡两岸经贸交流的有效载体，商会也成为推动两岸经贸交流的重要参与者。①

二、两岸宗教民间组织交流

海峡两岸人民同根同源，在宗教信仰方面也存在着天然的相似性。明清时期的闽粤移民更是将宗教信仰带到了台湾，成为是两岸共同的非物质文化遗产。民间信仰和民俗节庆是闽台群众最重要的信仰依归和节庆活动，具有强大的感召力、凝聚力和向心力，体现了根深蒂固、血浓于水的同胞之情，是保持民族文化认同感的重要精神纽带。两岸民间宫庙中宁静祥和、互助友爱的精神，是两岸关系和平发展的重要力量。

其中，两岸的妈祖信仰可以作为一个典型案例。

妈祖信仰起源于福建东南海滨湄州屿，在台湾非常盛行，信徒达 1000 多万，全台湾遍布千余座大大小小的天后宫庙宇，几乎各个乡镇都有。因此，妈祖崇奉不单是信仰问题，更寄托着深厚而源远流长的民族感情。从 80 年代初到 1986 年，一些台湾信众不顾台湾当局的阻挠秘密绕道回闽谒祖拜庙，那时主要是祭拜妈祖、关帝、保生大帝与开漳圣王等，暗中掀起一波又一波的热潮。1987 年"解严"之后，大批台湾妈祖信徒蜂拥至妈祖庙朝圣，仅 1989 年 10 月 8 日，就有 3000 多位台胞参加妈祖羽化升天纪念。进入 90 年代，两岸妈祖信徒的往来更是络绎不绝。1992 年，福建省考古博物馆学会和台湾台南市鹿耳门圣母庙联合举办了"妈祖信仰文物展"，以丰富的实物资料和图片展示了两岸人民的共同信仰和习俗。2004 年，祖国大陆批准在莆田成立了"中华妈祖文化交流协会"。该协会是海内外妈祖文化机构和研究人员自愿组成的非营利性民间社会文化团体，重在开展妈祖文化的遗产保护、资源整合、学术研究、联谊交流、慈善活动、项目建设等各项工作。值得一提的是，台湾地区有 58 家妈祖文

---

① 《以商会民间交流为桥梁，促进闽台两岸经贸往来》，《福建工商时报》2005 年 12 月 2 日，第 8 版。

化机构加入该协会。协会主要是扩大两岸妈祖文化机构的联谊交流，经常组织
大陆的妈祖文化机构赴台，参加台湾大甲妈祖国际观光文化节活动。2005 年 11
月，由协会主办的首届"湄洲妈祖·海峡论坛"在莆田湄洲岛举行，海峡两岸
与港澳 300 多名专家学者同聚首，深入探讨妈祖文化渊源，搭建海峡两岸和谐
交往之桥，使两岸同胞在更多更广的领域合作发展、共同受益。2006 年协会举
办了第二届"湄洲妈祖·海峡论坛"，主题是"妈祖文化交流与两岸海上直航"，
直接加速了两岸直航的步伐。而台湾的妈祖联谊会于 2006 年组织了 5 艘客轮运
载了数千妈祖信众从台中港和布袋港抵达金门，由安检人员登船查验后直接开
往厦门东渡码头，实现了一定意义上的直航。而两岸直航得以破冰解冻，正是
首先得益于宗教直航个案的实现。2007 年协会与台湾妈祖联谊会等联合主办了
首届"莆台妈祖文化活动周"，内容包括民俗文艺踩街，百队"十音八乐"大汇
奏、百场木偶戏大会演等。

　　妈祖文化经过多年的酝酿、培育和发展，对于两岸关系的影响力不但超过
任何一种民间信仰，就连五大宗教也望尘莫及。其表现特征可归纳为两岸互动、
官民互动、知识界和信仰者互动三点。[①] 妈祖文化社团很好地利用妈祖文化这
一闽台渊源关系，积极推进海峡两岸民间的文化交流与合作，有利于促进祖国
和平统一大业的实现。

　　在海峡两岸两个不同社会的内部，妈祖信仰具有社会整合、社会控制和心
理调适等功能，两个社会在发挥此三种主要功能方面积累的经验也是两岸信众
交流的重要内容。其中，我们要特别强调妈祖信仰的文化交往功能。因为：第
一，在目前两岸政治分立的情势下，文化交往是维系两岸关系的命脉。妈祖信
仰作为一种文化现象，承载着台湾信众对中华文化的认同，应突出文化交往功
能，使妈祖"海峡和平女神"的光辉形象具有更加浓烈的中华文化色彩。第二，
两岸关系的核心是如何实现祖国的和平统一。这是现时代的社会需要，妈祖信
仰是两岸人民共同的文化信仰，应该主动适应这一需要，强化文化交往功能，
增进两岸信众的感情，为两岸交流奠定文化和社会基础。[②]

　　另外，在闽南文化当中，乡土神崇拜（如保生大帝、妈祖等）、开基始祖崇
拜（如开漳圣王陈元光、开台圣王郑成功等）、王爷崇拜（如池王爷等）、历史

---

　　① 蒋维锬：《妈祖文化热的再认识》，《东南学术》2004 年增刊，第 225 页。
　　② 林震：《论台湾妈祖信仰特点及与祖国统一大业的关系》，《莆田学院学报》2005 年第 6 期，
第 85 页。

人物崇拜（如关帝等），与海峡两岸关系密切，是推动厦台民间交流的天然平台。对此，厦门民间社科团体在民间传说和历史记载的基础上，进行了深入的研究发掘。先后编辑出版了《陈化成研究》《郑成功研究》《闽台体育文化交融与发展》《闽南非物质文化遗产系列丛书》等一系列研究著作；组织开展了"端午节文化学术研讨会""观音文化研讨会"等专题活动。通过组织海峡两岸吴真人文化学术研讨等活动，自2006年以来每年举办一次的保生慈济文化节，已经成为加深两岸人民了解和情谊，激发台湾同胞回乡寻根谒祖，促进两岸民间信仰、宗教交流，传承和弘扬中华文化的重要载体。①

表9-1为主要的两岸宗教民俗文化交流。

表9-1　两岸宗教民俗文化交流

时间	活动名称	主办单位	主要内容	地点
1993.6	嵩山少林寺佛学文化访问团赴台访问		两岸40多年来第一次佛学文化交流	台湾
1993.12	福建妈祖民俗文物展赴台展出	台湾中华民俗艺术基金会	展出文物与图片400多件	台北
1995.4	大陆基督教牧师团首次访台	台湾基督教平信徒传道会	福建省基督教协会牧师团一行9人访台，是第一个大陆基督教牧师团访台	台湾
1995.4	台湾达法法师来京交流	全国台联、中国佛教协会	一行7人来访，与佛教协会会长赵朴初会谈	北京
1997.1	湄洲妈祖金身巡游台湾		在台湾巡游100天，途径18个县市，驻足30多个宫庙，上万信众礼拜	台湾
2001.3	台湾金门南门妈祖首次回大陆		188名信徒恭奉"南门妈祖"金身返乡	福建湄洲
2001.4	台湾北港朝天宫妈祖团组团赴天津朝拜		北港妈祖首次到大陆之旅	天津
2002.4	台湾澎湖妈祖神像巡游泉州		台湾最古老的妈祖像与大陆最古老的妈祖像相会	泉州

时间	活动名称	主办单位	主要内容	地点
2002.9	乌石妈祖台湾巡行		经澎湖、金门、马祖等30个站点，数百万台湾民众争相奉迎膜拜	台湾
2002.12	四门塔佛首回归	法鼓山文教基金会	法鼓山文教及禅修体系创办人圣严法师和济南市文化部门领导参加修复仪式	山东济南
2003.8	台湾少数民族参访团大陆参访		参访团一行共75名成员，全国政协主席贾庆林、国务院台湾事务办公室主任陈云林会见参访团代表	海南、北京
2004.4	台湾武当山武术文化交流参访团情系武当活动	台湾"中华武当武术交流协会"、武当山道协	一行42人来访，进行为期9天的交流参访	湖北襄樊
2004.9	台湾"中华道教文化团体联合会"代表团来闽参访	漳浦县妈祖文化研究会	代表团一行45人前来访问	福州
2004.10	台湾顺天圣母协会进香团赴福建古田祖庙朝拜	台湾顺天圣母协会	近年来台湾同胞赴古田临水宫朝圣规模最大、层级最高的团体	福建古田
2005.4	金门县湄洲妈祖进香团赴湄洲岛交流	湄洲妈祖祖庙	金门县各界代表300多人来访参加祭祀大典及妈祖石像赠送仪式	湄洲
2006.1	台湾文艺界少数民族交流参访团		台湾7个族群、11个县市的少数民族，文艺界少数民族交流参访团来访	广西恭城
2006.10	台湾"玉二妈祖"东山岛寻根认祖	台湾山上天后宫	寻根谒祖团一行21人来访	福建东山
2007.8	保生大帝神像首次巡游金门	福建闽台交流协会、厦门海沧青礁慈济宫理事会	派出300多人的巡游队伍，金门县县长李炷烽等专程迎驾，历时三天两夜	金门

三、两岸慈善民间组织交流

中国大陆的红十字会组织与台湾的红十字会组织同根同源，有着中华民族扶危济困、敬老助残、乐善好施的传统美德，奉行共同的原则和宗旨，都秉持着"人道、博爱、奉献"的红十字精神，以保护人的生命健康为己任，从事造福人类的崇高事业。两岸红十字组织是两岸民间交往的重要窗口之一，在海协会和海基会建立之前尤为重要。

1949 年以后，海峡两岸处于长期对峙、隔膜的状态，但手足同胞的骨肉亲情不会被人为的障碍所阻隔，1987 年 11 月，台湾当局开放民众赴大陆探亲后，"两岸气氛缓和，亲情洋溢，来往沟通成为当时两岸关系的主流"。[①] 两岸的交流与沟通是大势所趋、人心所向。探亲及寻根的民众以各种方法纷纷涌入大陆。于是，当时海峡两岸查人转信、寻根问祖的信件激增。可由于两岸不通邮电，无法正常联系，红十字会遵照其宗旨和原则，帮助海峡两岸查人转信就成了义不容辞的任务。迫于岛内外强烈的通邮呼声，采取了所谓的"通信不通邮"[②]，通过红十字会收寄到大陆的信件。尽管这种做法手续烦琐，但是终究使得两岸通邮发展到信函双方公开互通，1989 年两岸互寄信函多达 300 万件，在早期为沟通两岸人民的感情发挥了重要作用。通过红十字国际委员会驻东亚地区办事处（香港）中转，大量印有红十字的规范的查人专用信函，源源不断地流向对方。

除了查人转信之外，红十字会还协助处理台胞来大陆和大陆民众赴台衍生的伤、病、亡及证件逾期等事宜。1988 年 10 月 12 日，在福建漳州浯屿海面，厦门市红十字会将落水被救的国民党军队士兵许志淞交给台湾红十字会，这是两岸红十字组织的第一次直接接触。1990 年 4 月应台湾要求，大陆红十字会救助了在宜昌发病的台胞刘凤子女士。[③] 大陆民众继承在台亲属遗产时，大陆公证机关出具的证明文件，经大陆红十字会盖章，台湾有关地方法院方能认可。

1990 年五六月间，台湾红十字会一行到大陆访问，1990 年 6 月 3 日，中国红十字会会长陈敏章在总会训练中心会见了台湾红十字会会长徐亨先生和常松茂副秘书长。此次会见是海峡两岸红十字会首次直接接触，是两岸红会交往中一个新的突破。[④] 在徐亨会长的这次访问中，经过双方热情、诚恳而富有成效的

---

① 王永钦主编：《中国结——两岸关系重大事件内幕》，新华出版社 2003 年版，第 132 页。

② "通信不通邮"："通信"是指在接收大陆通过香港等地转来的信件，在邮局涂销邮票后转交收信人；在寄信方面准许民众通过非官方的公益团体转寄。"不通邮"是指不与大陆邮政机构发生直接关系。

③ 刘凤子女士为时任台湾红十字会副秘书长的常松茂先生之妻。王永钦主编：《中国结——两岸关系重大事件内幕》，新华出版社，2003 年，第 133 页。

④ 池子华、杨国堂等：《百年红十字》，安徽人民出版社，2003 年，第 429 页。

会谈，就有关海峡两岸红十字组织今后工作协作达成了五项口头协议。此次会谈是"第一次历史性的工作会谈"，是"两岸授权机构进行事务性谈判的滥觞，也是两岸官方主管部门授权民间机构进行的首度接触"。[①] 所达成的五项口头协议为三个多月后的"金门会谈""铺设了有利的基础，即使连后来海基会与大陆海协会的协商事务，也依然延续当时建构的议题架构，持续进行商谈"。[②]

"从 1987 年 11 月 2 日台湾当局开放台胞赴大陆探亲至 1988 年 2 月，仅短短的两个多月的时间，中国红十字会就受理了海峡两岸查人个案 30150 宗，并且到 1 月 31 日已为 124 名台胞找到了他们在大陆的亲人，340 名台胞台属用'红十字通信'的方式和他们在台湾的亲人取得了联系。"到 1992 年底，"据不完全统计，中国红十字会共受理海峡两岸查人个案 12 万余宗，查到结果共 24281 宗，使 8 万名两岸同胞取得联系"。[③] 这被时人称为是一件功德无量的事。

两岸红十字会的倾力携手，使两岸关系的坚冰逐渐融化。也正是由于上述显著成效的取得，当又一次考验两岸关系的严峻时刻到来之时，历史的重任责无旁贷地落在了两岸红十字会的肩上。1990 年七八月间，由于台湾方面奉行单向的非人道海上遣返作业，酿成两起极其惨烈的"闽平渔"海难事件。两起恶性事件中，共有 46 位大陆同胞含冤而死。事件发生后，两岸震惊，台湾当局受到海内外舆论的强烈谴责，台湾当局不得不决定中止不安全不人道的遣返方式。而当时在台湾的收容所内还有 300 多名待遣返的大陆同胞，其命运引起两岸各界人士的关注。由此，人道遣返问题提上日程，在当时特定的情况下，红十字组织被推到前台。迫于内外压力，台湾方面通过台湾红十字会要求与大陆红十字组织联系，共商参与见证遣返事宜。

1990 年的两起海难事件发生后，台湾当局在各方强烈谴责声中不得不暂停遣返大陆渔民。为避免再度出现死伤悲剧，1990 年 9 月 11 日至 13 日，两岸红十字组织以个人名义在金门通过商谈达成了《海峡两岸红十字组织有关海上遣返协议》，简称"金门协议"。"金门协议"成为 1949 年以来海峡两岸分别授权的民间团体签订的第一个书面协议。1990 年 10 月 8 日，双方根据"金门协议"第一次顺利进行了海上遣返工作，首批 55 名私自渡海去台的大陆居民从马祖回

① （台）王铭义：《金门协议——国际红十字旗下的两岸红会谈判》，《金门商谈漫记》，九洲图书出版社，1998 年，第 122 页。

② （台）王铭义：《金门协议——国际红十字旗下的两岸红会谈判》，《金门商谈漫记》，九洲图书出版社，1998 年，第 125 页。

③ 池子华、杨国堂等：《百年红十字》，安徽人民出版社，2003 年，第 428 页。

到了福州马尾港。截止到 2010 年底，两岸红十字会共同参与遣返作业 218 批次，遣返 38894 人次。近年来，刑事犯罪成了遣返主角。据统计，自 2000 年以来，在有关部门的大力协助下，中国大陆公安机关共遣返台籍犯罪嫌疑人达几百人之多。

除两岸探亲领域的合作之外，灾害救援也是两岸红十字会合作的重要内容。面对重大的自然灾害，两岸红十字会秉承民意、患难与共、共克时艰。1994 年，福建省遭受特大洪灾，台湾红十字组织送来了 100 吨大米和其他急需的救灾物资。1999 年，台湾"9•21"大地震发生后，福建省红十字会举办了"闽台情•同胞心——为台湾大地震受灾同胞赈灾义演晚会"，募得捐款 1525 万元，由中国红十字会总会汇往台湾。2008 年汶川大地震，2009 年莫拉克台风给南台湾带来的"八八水灾"，2010 年的青海玉树地震以及甘肃舟曲泥石流灾害，两岸红十字组织密切配合互相支持，第一时间相互致电慰问，并派出救援队赶赴灾区进行灾情调查，开展救助行动。

两岸红十字会的一大创举就是福建沿海与金门、马祖地区直接往来的紧急医疗管道，双方联手建立了两岸在紧急情况下展开人道救助的合作机制，简化了入境手续，为台湾同胞返台，或者大陆居民回乡就医开辟了"绿色通道"。2003 年 7 月 11 日进行了第一次生命救助合作，到 2010 年底，已有数百位台籍人士顺利返台接受治疗。

特别是，福建与台湾一衣带水，闽台红十字组织在重大灾难面前同舟共济、互援互助，谱写了一曲曲患难与共的动人篇章，成就了守望相助的同胞大爱。1999 年，台湾"9•21"大地震发生后，福建省红十字会为台湾"8•8"水灾筹集善款 8700 多万元，占大陆援建款 70% 以上；2010 年闽西北特大洪灾，台湾红十字组织先后捐来善款、送来灾民急需食品。[①]

除了聚焦灾害救助互援，省红十字会还组织召开了"海峡两岸红十字交流合作研讨会"，举办"海峡两岸红十字博爱论坛"，在厦门成立了"海峡两岸红十字水上安全救生员训练基地"，携手举办两岸红十字水上安全救生员训练班 7 期，联合开展两岸红十字海上救生救护协同演练，举办两岸红十字青少年夏令

---

① 洪惠：《百年红十字，世纪博爱情——福建省红十字会携手人道、服务民生工作纪实》，《政协天地》2012 年 Z1 期，第 42 页。

营和各种联谊活动 30 多场次，为促进闽台互动合作发挥了积极作用。①

由于政治原因，在过去二三十年间，两岸关系一直起起伏伏。但是两岸红十字会仍发挥着人道精神，携手在人道主义领域做了许多工作，自始至终温暖着两岸同胞，增进了两岸民众福祉，向世人充分证明了两岸红十字会组织在海峡两岸交往中不可替代的重要作用。

四、两岸艺术民间组织交流

两岸民间社团的艺术交流也是十分丰富多彩。

2005 年 8 月，海峡两岸红十字会青少年夏令营活动在云南举办。此次活动是海峡两岸红十字组织秉承"人道、博爱、奉献"的精神，根据约定举办的第 13 届夏令营活动。期间，不仅安排了参观美丽古城、了解少数民族风情等游览节目，更有意义的是参观了少数民族孤儿学校——丽江孤儿学校。其中，表演了不少具有特色性的艺术节目。在大理的时候，两岸的小伙伴们一起领略悠久的白族文化，泛舟湖面，听靓丽的白族姑娘讲述动人的传说；唱起民歌，升起篝火，与朴素的农家人一起载歌载舞。大型原生态舞台剧《蝴蝶之梦》更是将两岸的青少年带入了一个心驰神往的香格里拉。在丽江孤儿学校，夏令营成员与小朋友们一起度过了一个开心、愉快的下午。夏令营成员为他们带去了大量的生活用品，表演了精心准备的节目——《高山族舞蹈》《感恩的心》。②通过各种艺术交流，双方达到了交流沟通、增进感情的功效，充分证明了两岸"血浓于水"的亲情。

海峡两岸中华插花艺术交流展是 1999 年起由民革中央和台湾中华花艺文教基金会共同发起的两岸文化交流项目，十多年来在大陆和台湾轮流举办，已成为两岸文化交流的著名品牌，其宗旨是传承、弘扬中华传统花艺文化，突出两岸文化同根同源的特点。2012 年参展的插花作品由两岸 40 余位花艺师共同制作完成，两岸花艺界人士在合作交流中切磋技艺、增进友谊。民革中央副主席郑建邦在致辞中表示，两岸插花艺术共同生长于中华文化的丰厚土壤中，成为

① 洪惠：《百年红十字，世纪博爱情——福建省红十字会携手人道、服务民生工作纪实》，《政协天地》2012 年 Z1 期，第 42—43 页。

② 黄海滨、金婕：《相约在彩云之南——2005 海峡两岸红十字青少年夏令营活动侧记》，《两岸关系》2005 年 10 月，第 52—53 页。

盛开于海峡两岸文化交流百花园中经久不败的艺术奇葩。①

两岸美术界的交流也日趋频繁，展览规模也越来越大。始于 2009 年 9 月的"海峡两岸美术作品交流展"，初展的参展画家人数很少，作品还不到 100 幅；但在 2010 年 5 月的第二届展览会上，规模就大了很多，参展单位包括厦门美术馆、台南新象画会、金门美术协会等，画家包括了老中青三代人，画种也涉及国画、油画、版画等，作品增加了近一倍。②

2013 年 12 月 7 日，由中华两岸文化艺术基金会和中华将军书画院共同发起的"两岸情·心连心——中华两岸书画艺术交流展暨研讨会"在全国政协礼堂隆重开幕。为期 3 天的交流展共展出了 200 余幅来自两岸知名书画家的精品力作，两岸文化界人士、书画名家一起研讨书画技艺、中华文化，还举办了书画交流笔会。中华文化发展促进会会长许嘉璐认为，两岸文化同根同源，体现形式多样，书画是最直观、最被认可的形式；蒋孝严也认为，两岸关系需聚沙成塔，有愚公移山的精神，在共同的文化认同下紧密结合，以达到圆满成功的境界。③

表 9-2 是主要的两岸民间文化艺术交流活动。

表 9-2　两岸文化艺术交流活动

时间	活动名称	主办单位	主要内容	地点
1990.4	台湾摄影家摄影展	中国摄影家协会、中国华侨摄影协会等	台湾摄影旅游团一行 41 人来大陆	北京
1992.1	上海昆剧团首次访台巡回演出	台湾新象文教基金会	在台北、台中、高雄、台南等地进行 8 场演出	台湾
1992.8	大陆歌手腾格尔赴台演出	台湾蒙藏基金会	40 多年来第一个在台湾举办个人演唱会的大陆摇滚歌手	台湾

① 《2012 北京·海峡两岸中华插花艺术交流展在京开幕》，《中国绿色画报》2012 年第 9 期，第 56 页。
② 陈明：《海峡两岸美术交流的历史与现状》，《中国美术馆》2010 年第 3 期，第 74 页。
③ 易靖茗：《"两岸情·心连心——中华两岸书画艺术交流展暨研讨会"在北京举行》，《台声》2014 年第 1 期，第 68 页。

时间	活动名称	主办单位	主要内容	地点
1992.10	云南省歌舞团赴台巡演	云南省歌舞团、台湾传大艺术事业有限公司	一行 85 人，由 13 个民族构成	台湾
1993.4	湖北汉剧团赴台演出	台湾牛耳艺术经济公司	历时 13 天，演出多个剧种剧目，在台湾引起轰动	台湾
1993.8	海峡两岸书画联展	全国台联、北京海峡两岸书画家联谊会、台湾诗书画家协会	展出作品 150 余幅，台湾书画家作品近 30 幅	北京
1994.2	中国杂技团赴台演出	中国杂技艺术团、台湾华欣文化事业中心	一行 54 人，共演出 27 场	高雄、台北、台中
1994.3	杨丽萍与中央民族舞团赴台演出	台湾开拓艺术推广中心	台北 4 场演出，场场爆满，轰动全岛	台湾
1994.5	上海红楼越剧团赴台演出	台湾传大文化事业公司	剧团在台北、台中、高雄、中坜、台南等地演出 6 台大戏、1 台折子戏	台湾
1994.6.24—1994.7.2	大陆书画名家赴台访问	台湾嘉誉传播公司	一行 9 人赴台，带去作品 200 件	台北
1994.9	扬州木偶剧团赴台义演	中华艺文活动推展协会、海峡交流基金会	时长一个半月，巡回各地演出 70 场	台湾
1995.1	20 世纪华人音乐经典系列活动	中华艺文活动推展协会		台北
1995.3	东方歌舞团赴台交流演出	台湾铵泰传播事业有限公司	在台北、基隆、台中三地演出 9 场	台湾
1995.4	北京人民艺术剧院赴台演出话剧《鸟人》	台湾新象文教基金会	在台北、高雄、台中演出 15 场，观众 1.5 万余人	台湾
1995.7	两岸琴声——古琴交流音乐会	台湾和真琴社、上海今虞琴社	海峡两岸古琴家首次交流活动	上海

续表

时间	活动名称	主办单位	主要内容	地点
1995.9	中央乐团少年及女子合唱团赴台巡回演出	台北爱乐文教基金会	在台北、桃园、新竹、台中、高雄等地演出6场	
1995.12	大陆美术交流访问团访台	中华文化联谊会、台湾沈春池文教基金会	大陆部分美术馆馆长、美术学院院长一行12人访台	台湾
1995.12	海峡两岸美术交流学术访问团	台湾沈春池文教基金会		台湾
1996.5	台湾现代美术精粹巡回展	中华文化联谊会、台湾台阳美术协会	展出作品70件	北京
1996.10	海峡两岸书画联展	北京海峡两岸书画家联谊会	两岸一百多位书画家作品参展	北京
1997.4	台湾高雄市实验国乐团音乐会	中华文化交流与合作促进会、中华文化联谊会	演出多部曲目，得到音乐界专家、学者的高度赞赏	北京
1997.8	海峡两岸诗学研讨会	台湾新诗学会	台湾学术访问团22人，12份诗刊、8个诗社；大陆共58位诗人与会	辽宁盘锦
1999.11	中国交响乐团合唱团赴台赈灾义演	台北艺术家文教推广基金会	在台东、花莲和台北演出6场，募136万元新台币捐给台湾慈济基金会	台湾
2000.4	南通市民族乐团赴台交流访问	基隆市雨阳文教基金会、南通市民族乐团	在基隆、台北、高雄、嘉义、台中等地演出多场经典曲目	台湾
2000.6	两岸作家台北对话文学座谈会	台湾"中国文艺协会"和"文史哲出版社"	两岸著名作家出席	台北
2004.4	青岛中山书画院赴台文化访问	台湾"中国澹宁书法学会"	交流团16人，进行了为期10天的访问交流，展览书画作品90余幅	台湾
2004.8	台湾女画家罗彩琴北京现代油画展	北京海峡两岸书画家联谊会	画展持续一周，展出代表性作品43幅	北京

时间	活动名称	主办单位	主要内容	地点
2005.11	海峡两岸皮影戏剧界艺人同台演绎	台湾永兴乐皮影剧团、甘肃民间皮影艺术团	双方共同演出了18个剧目	甘肃兰州
2005.12	台湾辜公亮文教基金会新剧团在京演出	台湾辜公亮文教基金会新剧团	著名京剧艺术大师李少春之子李宝春率团，演出3场剧目	北京
2006.12	《立秋》台湾演出	台湾永龄教育慈善基金会、爱乐文教基金会、山西省话剧院	剧组一行69人在省委宣传部副部长杨波的带领下赴台演出，5天时间演出6场，观众达13000余人次	台北
2007.6	海峡两岸艺术家作品联展	河北省台办、台湾工艺品赏学学会	两岸著名艺术家、艺术爱好者200余人出席	河北迁安
2007.12—2008.1	锦绣天府——巴蜀文化精品展	四川省海峡两岸交流促进会、台湾新光三越文教基金会	重点展示国家级非物质文化遗产蜀锦、蜀绣精品	台北
2008.11	中国国粹油画艺术精品展	全国台联、上海精粹艺术品发展有限公司	全国人大常委会副委员长周铁农、全国政协副主席林文漪等出席展览开幕式	北京

第二节　两岸民间组织的发展趋势

一、由实践到理论的不断完善

"五缘"理论是海峡两岸关系方面最流行的一种理论学说。用"缘"的理念概括地域间人际关系，最早见于1987年复旦大学苏东水教授发表的《关于发展泉（州）台（湾）经济关系的设想》一文，他提出泉台"六缘"的观念，即"地缘、血缘、人缘、文缘、商缘、神缘"，但没有进一步具体展开。

1989年4月17日至20日于福建省漳州市召开的"纪念吴本诞辰一〇一〇周年学术讨论会"上，上海社会科学院亚太所学者林其锬在宣读《"五缘"文化与纪念吴本》一文时强调指出，"中国文化的本位是群体，强调的是家、族、宗、国，人际关系重伦理"，认为"中国伦理中心主义的文化，一个重要的突出点就是重视人际间的'五缘'关系"。

随后，1990 年 2 月，林其锬在上海社会科学院《学术季刊》上发表题为《"五缘"文化与亚洲的未来》，1994 年在《福建学刊》第 6 期上发表《"五缘"文化与世界华商经济网络》，1994 年出版专著《五缘文化论》。林其锬所概括的"五缘"，是指亲缘（宗族亲戚关系）、地缘（邻里乡党关系）、神缘（供奉神祇宗教关系）、业缘（同业、同学关系）、物缘（因物而发生的关系），五缘文化作为中国文化体系的一个重要组成部分，是认同感、亲和力和内聚力的具体体现，"是民族精神力的一个重要构成"①。

"五缘文化说"的提出，为海峡两岸关系的观照提供了一个新的视角，也把两岸的研究推向了一个新的台阶。由福建省社会科学界联合会和福建省五缘文化研究会联合编辑、方志出版社于 2003 年出版的《海峡两岸五缘论》一书，集中反映了这方面的研究成果。学者们从不同的历史阶段、不同领域，从精神的、物质的不同层面，多角度探讨海峡两岸五缘关系，认为"由五缘构成的人际网络是海峡两岸坚不可摧的精神纽带"。

福建师范大学吕良弼教授在《五缘文化研究在福建》一文中指出，"由于历史、社会、经济的原因，五缘文化在不同的地域表现出不同的特点。福建同台湾的关系以及海外移民关系所蕴含的五缘文化内涵，成为福建五缘文化研究的重点。闽台五缘文化关系研究，基本上从两个方面展开。一方面是从社会、经济的历史变迁中审视闽台五缘文化关系。……另一方面是对于闽台各缘的探讨，其中相对集中于亲缘、地缘、神缘的研究"。

1997 年 11 月 17 日，台湾《联合报》刊载大陆海协会会长汪道涵先生会见台湾新同盟会会长许历农等人的谈话节录，汪会长表示："两岸共有五种缘，地缘、乡缘、亲缘（即血缘）、文化缘、风俗缘，因而更应共同迈向统一。"2009 年春节期间，时任中共中央政治局常委、全国政协主席贾庆林在福建调研时也指出，"闽台地缘近、血缘亲、文缘深、商缘广、法缘久"，两地同根同祖同脉的文化关系源远流长。

可见，"五缘"学说已经成为理解两岸关系发展的、被两岸人民普遍认同的

---

① 林其锬：《五缘文化论》，上海书店出版社，1994 年，第 27—29 页。

理论。

从理论到实践，厦门的"台湾民俗村"和泉州的"闽台缘博物馆"就是"五缘"学说的彰显和延伸。

1995 年 7 月厦门"台湾民俗村"正式对外营业，1998 年"台湾民俗村"正式挂牌，公司注册为景州乐园，台湾人黄景山先生任民俗村的"村长"、公司董事长。开始的主要设施有金山松石景区，紧邻环岛路。民俗村内设有台湾山地歌舞馆、台湾蝴蝶馆、台湾历史馆、闽南艺术馆、台湾民居、仿日月潭景区及 20 多项游乐项目。[①]

黄景山利用厦门与金门仅一水之隔的地理位置，将台湾民俗村的开发主题定为彰显闽台文化同源同根的理念。他决心把海峡两岸"曾经军事对峙、炮火硝烟弥漫最前沿的厦门台湾民俗村，建设成为两岸同胞沟通情谊、欢歌共舞的人间乐土"。[②]在一份针对民俗村的投资计划书中，民俗村企业将文化商品定位为"一个以闽南及台湾民俗文化为蓝本，兼休闲、娱乐、艺术、会议、美食等多功能的综合旅憩区"，并认为有良好的市场区分，是"厦门地区唯一的民俗主题的综合旅憩区"。为此，企业的规划理念分为四个层次：文化传承、欢乐国度、度假天堂、延伸事业。其中，文化传承是最基本的层次，围绕着"闽台文化的主题诉求，并以民族英雄郑成功为代表，将闽南地区及台湾地区特有的传统文化以生动的方式"，透过"展示、演出、街道、解说等方式，让游客寓教于乐，了解文化资产的珍贵，进而珍惜及永久的延续传承"。投资书不仅对市场进行了分析，包括立地条件、基地吸引力、目标市场、商品机能、经营目标等，而且突出厦门市政府对台商各种优惠的扶持政策，以及厦门旅游规划的目标定位。

"闽台缘博物馆"坐落的泉州，属于闽南文化区的三大组成部分之一。泉州地处福建东南沿海的晋江下游，是海外华侨、华裔、台港澳同胞的主要祖籍地之一。作为对台工作的"先行区"，泉州在这方面的优势十分明显。首先，泉州位于福建沿海中部，与台湾的地缘关系最近；其次，自宋元以来，泉州人移居台湾的人数最多，而且"举家而迁"，并"聚族而居"，在台湾有广泛的认同基础。在文化上，无论是方言、戏剧艺术、科教礼俗、宗教信仰等等，与"泉州当地如出一辙"。在商业往来上，海上贸易一直以泉州为中心，特别是蚶江与鹿

---

① 陈泽辉：《"台湾民俗村"在厦门建成》，《人民日报·海外版》，1998 年 8 月 10 日。

② 郑名车：《可以让更多人了解台商》，《海峡导报》2005 年 4 月 9 日。

港之间的对渡，台、泉两地的商贸往来甚密。可以说，泉州成了"海峡两岸交通和贸易的桥梁"。最后是行政隶属关系，"自宋朝在台湾设立行政机构，到清朝光绪十一年即1885年台湾单独建省之前，台湾归福建管辖"。台湾文化与闽南文化密不可分，而闽南文化的"发祥地"和"核心区"就在泉州。[①]

"闽台缘博物馆"于2006年落成，占地102799平方米，总建筑面积23332平方米，采用天人合一、中华一统的设计理念，使博物馆的整体建筑充满了强烈的象征意义。基本陈列"闽台缘"位于博物馆二楼，有东、西两个展厅，并以北端过厅相连，面积3466平方米，展线长1000米。基本陈列即以"五缘"为主题定位，划分为远古家园、血脉相亲、隶属与共、开发同功、文脉相承、诸神同祀、风俗相通七个部分。内容立足于历史学、考古学、人类学、社会学、民俗学视野，深入地理、民族、政治、经济、文化内涵，全方位、多层次地展示福建与台湾深厚的渊源。[②]该博物馆作为中共中央宣传部授予的"全国爱国主义教育示范基地"，共青团中央确定的"两岸青少年交流基地"，以及福建省对外文化交流协会、闽台交流协会、福建省青年联合会共建的"闽台青少年文化交流基地"，承担着重要的教育功能。与福建省内多所高校和中、小学校形成共建关系。

2012年5月12日，中国闽台缘博物馆、泉州锦绣庄民间艺术园与华侨大学文学院在华侨大学金川活动中心举办"闽台五缘进校园——闽南文化特展"，此次特展是"华侨大学第二十届觞鼎中华文化节"的活动项目之一，也是中国闽台缘博物馆"情系闽台缘——流动的博物馆"走基层系列社教活动的组成部分。特展内容包括"闽台五缘巡展""龟粿文化"、传统工艺展览。为了让广大师生更好的体验闽台地区传统工艺的制作过程，配合特展设置了"龟粿""花灯""纸织画""金苍绣"等工艺的DIY制作体验活动。在师生动手操作的过程中，体验了闽台传统民间工艺的魅力，传播了闽台地方特色文化。

二、地域发展的特色性加强

两岸民间交流的内容越来越丰富，层次越来越深入，实现了从大众民俗文化活动到深入的追本溯源，从普通民众到专家学者参与，从热闹一时到理性思

---

① 陈智勇：《泉州是闽南文化的核心区和富集区》，《泉州晚报》2007年1月13日。

② 庄小芳、庄清海、肖月萍：《闽台人共同的精神文化家园——中国闽台缘博物馆》，《中国文化遗产》2010年第1期，第96—97页。

考的转变过程。这与海峡两岸经济生活的多元化发展是密不可分的。

随着两岸交流的深化，民间社科团体的加入，前所未有地提升了交流的内涵。以对台交流的前沿阵地厦门为例，长期以来，厦门社科团体坚持"扎根民间，立足民间，高于民间，引领民间"的方针政策，通过闽南文化研究，深挖历史渊源，厘清头绪和脉络，引导民间更有计划、有针对性地进行交流；通过民间信仰研究，寻根问祖，引导两岸民间祭拜同一祖先、膜拜同一神明、认同同一文化，弘扬共同的道德信念；通过学术研究，先行探索，转化成果，推动决策。这些都有效地深化了两岸民间交流的内涵。

前国家主席胡锦涛曾指出："以姓氏文化为代表的传统文化在港澳台同胞和海外侨胞中有着广泛而深刻的影响"。厦门姓氏源流研究会通过承办"闽台宗亲交流和姓氏谱展"，组织闽台乡亲互换族谱、族谱对接、合作修谱、建立寻亲寻根机制等活动，建立"厦门闽台姓氏文化交流中心"，为两岸民众进行姓氏文化研究、寻根谒祖和举办姓氏联谊提供服务。在2009年5月"首届海峡论坛·闽台姓氏族谱展和涉台文物展暨宗亲恳谈会"上，该会展出的由厦门市姓氏源流研究会挖掘发现的海沧石塘谢氏族谱，记载了776年27代人生息繁衍的迁徙历史。长达40米的厦门石塘谢氏系长卷，详细记录了台湾前民进党主席谢长廷先生的祖先从大陆迁台定居的历史。这些族谱罗列的维系血脉承上启下的世系表，印证了姓属一脉、氏本同根，有力地反驳了"台湾人不是中国人"等"台独"论调，证明了两岸本是一家，从根本上解构了"台独"的基础。①

闽南文化是台湾社会的主体文化，也是台湾地区的主流地方文化，是两岸民间交流的黏合剂。胡锦涛曾在视察福建、厦门时指出：闽南文化、客家文化、妈祖信仰、歌仔戏、南音等深深扎根在台湾民众精神生活中，福建要善于运用这些丰富资源，在促进两岸交流合作中更好地发挥作用。厦门社科团体从文化入手，以闽南文化为载体，深入挖掘、保护宗祠文化、谱牒文化和祭田文化等各种特色文化资源，加强厦台文化交流合作平台建设，先后举办了闽南文化论坛、海峡两岸文化产业博览会、海峡两岸端午文化论坛、两岸闽南婚庆旅游文化节等多项大型活动。组织开展了海峡两岸客家高峰论坛、海峡论坛·闽台姓氏族谱展、海沧保生慈济文化节、郑成功文化节、福德文化节、海峡两岸同姓宗亲祭祖活动等。这些活动的规模和影响不断扩大，成为厦门对台文化交流的

---

① "充分发挥社科团体独特优势，争当两岸民间交流的排头兵"，《厦门日报》2012年9月19日。

品牌活动，也成为厦门对台交流有别于其他城市的特色和亮点，树立起了厦门在两岸闽南文化交流中的龙头地位。

加强两岸民间交流，要突出两岸民间社团的主体作用。社科团体作为民间团体的重要组成部分，是民间团体的精英，在两岸民间交流中发挥先行作用、中坚作用和不可替代的作用，责无旁贷。以厦门市为例。厦门现有各类民间社科团体近百个，团体会员近5千个，个人会员近2万人，业务范围遍及多学科、多领域。其中不乏一批权威性、代表性的涉台民间学术研究社团，个人会员中拥有大批高层次的专家学者及高校教师、研究人员、政府部门领导和企业高级管理人员等，人才荟萃、联系面广。同时，厦台民间社科团体交流还具有得天独厚的区位优势和成熟的传统交流渠道；特别是中央高度重视发挥海西和厦门的对台前沿平台作用，为厦门创造了良好机遇，提供了广阔的施展舞台。

作为海峡两岸交流的前沿阵地的厦门市，对当地的社科团体相当的重视，在中共厦门市第十一次党代会报告上，充分表彰了社科团体民间性的优势，在大力推动两岸民间交流与合作，为海峡两岸和平发展方面做出的积极贡献。①

厦门民间社科团体在两岸民间交流中，以其理论的先导性、研究的深入性、学术的前瞻性，吸引了两岸大批高端人士参加。2009年，厦门市社会科学联合会、厦门大学台湾研究院、厦门市社会科学院与台湾竞争力论坛共同举办的"两岸区域合作试点——厦金特区构建与海峡经济区建设学术研讨会"，吸引了包括台湾知名人士邱毅和时任金门县县长李炷烽在内的两岸专家学者30多人参会。2009年首届海峡论坛·闽台姓氏族谱展和涉台文物展暨宗亲恳谈会上，厦门市姓氏源流研究会作为唯一参与承办的大陆民间社团组织，成功组织了厦台两地773册族谱参展，受到各方肯定和赞扬，海峡论坛组委会专门发信致谢。2011年，"首届两岸三地口述历史学术研讨会"，邀请了台湾"中研院""国史馆"和香港大学的专家学者以及中国社科院等内地高层学者与会交流研讨。这些交流活动引起海内外各界的广泛关注，吸引了来自海峡两岸的诸多高端人士参加，有效地提升了两岸民间交流的层次和水准。

厦门社科团体坚持精心筹划、精心准备，在交流的内容、质量和深度方面下工夫，力求把每一次交流活动都办成精品、办成典范。仅近年来就有10多项活动被国台办立项为重点交流项目。2011年10月承办的第五届海峡两岸百名

---

① "充分发挥社科团体独特优势，争当两岸民间交流的排头兵"，《厦门日报》2012年9月19日。

中小学校长论坛，被国台办列为当年重点交流项目；2007 年 9 月举办的"第二届海峡两岸客家高峰论坛"引起两岸专家学者和高层的高度重视，吸引了台湾160 名专家学者与会，时任全国人大常委会副委员长许嘉璐、国台办常务副主任郑立中、国民党中评委主席饶颖奇以及省市领导出席论坛活动，在两岸社科界和新闻界产生很大反响。

理论是实践的先导。两岸前行的每一步，特别是政治、经济、文化等宏观层面上的合作，更需要理论交流探讨先行。通过理论上的交流探讨了解双方合作的意愿、合作的深度、合作的模式、合作的目标、合作的路径和合作的步骤，使交流合作更容易成功，更具有效率。长期以来，厦门民间社科团体发挥优势，冲破藩篱，率先就两岸交流中一些事关全局的前瞻性重大理论和现实问题进行深入研究，在理论先行先试的探索方面发挥了积极作用。近年来，先后开展了《构建厦金特区问题研究》《两岸签订 ECFA 对厦门的影响及对策研究》《厦门开展两岸区域性金融服务中心建设的研究》《厦门台商投资区发展与提高厦台产业合作水平研究》《海西背景下建立两岸海关合作试验区》《厦门与台湾教育交流与合作发展模式及对策研究》等，都具有较高的理论先导价值。课题成果被相关部门采用，并实现了较高的成果转化率。两岸 ECFA 签署后，对会计工作提出了很高的要求。厦门会计学会主动因应形势发展，积极推动两岸会计领域的交流与合作，先后承办了以"加强两岸会计准则趋同研究，促进两岸会计互利共赢"为主题的第三届两岸会计论坛，"海峡两岸会计之比较论坛"，为大陆企业赴台打下坚实的基础。厦门市社科联、厦门市社科院以《决策建议》《专家直言》和《成果要报》等形式，把社科专家的学术观点和意见建议直接报送市领导和有关部门，为领导决策提供参考，有效发挥了"思想库"作用。[1]

两岸社科学术交流，是两岸民间交流实现更高层次、更高水准、更宽领域、更深发展的一种重要体现。两岸社科学术交流同文同种，追本溯源，必然促进文化上的认同。同时，两岸社科学术界直通高层，通过民间、学术上不拘形式的交往，传递信息，沟通渠道，试探摸底，直接推动决策。厦门社科团体充分发挥学术交流对于文化交流的基础作用和引领作用，积极开展对台学术交流。先后开展了海峡两岸信息化论坛、海峡两岸中小学校长论坛、两岸中华文化学术研讨会、海峡两岸信用管理研讨会、海峡两岸租税研讨会、海峡两岸会计论

---

[1] "充分发挥社科团体独特优势，争当两岸民间交流的排头兵"，《厦门日报》2012 年 9 月19 日。

坛、海峡两岸物联网产业发展趋势论坛、两岸金融学术研讨会等一系列多层次、宽领域的学术研讨活动，成为海峡两岸和海内外学者讨论两岸关系的重要平台，为进一步深化两岸文化交流提供了坚实的理论基础和文化支撑。此外，厦门社科界还建立了多份专门的闽台学术研究刊物，如厦门市社科联、厦门市社科院、厦门大学台湾研究院合办共编发了400多期的《台情内参》、厦门市闽南文化研究会研究编辑了《闽南文化研究》等，从政治、经济、文化等多角度研究闽台关系问题，探讨促进两岸交流的对策。厦门市社科联、厦门市社科院仅近年来就组织开展了数十项的对台课题研究项目，都具有较高的思想性、学术性和实用性。

三、行业发展的不断深化

以两岸合作较多的海洋治理事务为例。在海洋治理事务方面，两岸的非政府组织与政府部门之间存在着良好的互动关系。

1991年8月，台湾"中国水产协会"理事长曲铭等人访北京，就两岸渔业问题交换意见；为获得原则性共识，建立起有效的管道沟通，建议召开"海峡两岸水产交流协调会"，加强海峡两岸水产界的合作与交流，研究已存在的问题，讨论解决方法。双方签署了"促进海峡两岸水产交流北京第二会谈之纪录"。

1992年4月，台湾"中国水产协会"曲铭理事长等赴香港，与大陆渔业代表团举行了"海峡两岸水产交流协调会"，双方签署会议纪录，内容为：台湾水产界于1992年7月派养殖业者及专家组投资考察团访大陆；同年由中国水产学会在大陆举办两岸水产业学术研讨会，中心议题为"水产养殖业发展现状、动向及策略"；1993年召开海洋渔业开发及资源管理等问题研讨会；扩大专题研究报告、资源调查资料、统计年报等交流；建立渔船劳务合作联系管道，研商雇用大陆劳务的管理办；透过专门民间调解管道解决渔事纠纷；加强科技合作，以促进两岸渔业资源保护和合理利用。

1992年6月，由中国水产协会与海洋大学在台北召开"两岸渔业交流研讨会"，希望台湾渔业界能对两岸渔业交流工作有共识。议题内容包括：水产业者赴大陆投资现况及影响；两岸渔业资源合理开发利用；大陆渔产品对台湾渔业之影响；两岸渔业信息交流之研讨；雇用大陆船员相关问题之研讨。

1992年12月，台湾中国水产协会所组的"两岸水产养殖合作发展访问团"赴北京参加由大陆中国水产学会举办的"海峡两岸水产业合作发展学术研讨会"，会后双方签署会议纪录,纪录中提及建议两岸共同成立"水产科技交流委员会",商定 1993 年在台北举办"两岸海洋渔业合作发展学术研讨会"。

1994 年 7 月,"两岸海洋渔业资源发展研讨会"于台北召开,1995 年 6 月于上海举办"两岸水产加工与流通经贸市场流通研讨会及经贸合作洽谈会",台湾方面有 70 多人参加,大陆方面有 320 多人参加,为参加人数最多者,会议期间双方就渔事调处、渔业劳务合作等事项达成若干共识。

1996 年 5 月大陆中国水产学会组团率山东、辽宁渔业界人士访台,并举办了两岸渔业座谈会。1997 年 4 月在台北召开"海峡两岸远洋渔业交流研讨会",1998 年 4 月在台北召开"海峡两岸渔业资源永续利用研讨会",1998 年 12 月在南京召开"海峡两岸水产优质种苗繁育及病害防治研讨会",1999 年 3 月在台北召开"两岸大气科名词对照汇编工作研讨会"。

台湾"中国水产协会"与大陆"中国水产学会"自 1990 年 8 月首次交流后,双方共举办了 6 次研讨会,增加了双方的的了解。此后,大陆水产界访台渐渐频繁,台湾水产界在大陆的投资也不断扩大,广东、福建、海南、广西、江苏、浙江、辽宁、河北等省份均有,以饲料生产、水产加工运销、养殖、种苗、渔具及渔网制造等为主。

2010 年 3 月成立的"财团法人两岸渔业合作发展基金会"专门为了推动两岸渔业合作与交流。业务仅涉及大陆渔工雇用问题与大陆对等单位进行协调、咨商,岛内大陆渔工雇用问题之调解等,仍未涉及渔业资源共同养护管理。该基金会副董事长于 2010 年 9 月参加由大陆农业部及福建省政府合办的"2010年第五届海峡(福州)渔业周暨渔业博览会",同年 10 月邀请大陆农业部渔业局人员来台参访台湾渔港建设及管理制度。

2011 年 10 月台湾举办了"2011 年台湾国际观赏鱼博览会",大陆中国渔业协会观赏鱼分会来台展出产品。在若干国际渔业管理组织中,两岸均为会员,两岸代表在若干利益相同的议题上,在会中互相合作,维护各自的权益。两岸水产院校就两岸学术研究有互动。两岸渔业团体如台湾区鲔鱼公会、台湾区鱿鱼公会与大陆中国渔业协会远洋渔业分会就鱼货贸易有互动。

从以上 20 年的发展可以看出,在海洋治理事务方面,两岸的非政府组织一直积极作为,并与政府部门保持着较好的互动关系。在其他行业,这种互动发展的现象也是屡见不鲜,其势头是蒸蒸日上的。

结　语

　　纵观两岸民间组织的发展历程，近代之前，台湾民间组织主要是移民从大陆移植过去的。明清时期，台湾的宗族社会组织、台湾的合会、休闲类民间组织都是移民从大陆移植过去的，与大陆高度一致，这也无可辩驳地证明，台湾文化是中华文化的一部分。

　　日本占据台湾前后，中国大陆也遭受到日本军国主义的侵略。此时期，中华民族的主要矛盾乃是与日本的民族矛盾，各种反抗日本殖民主义的社会组织应运而生。由于日本把控了台湾的经济命脉，台湾民族资本主义发展并不充分，商人组织也不是很发达。因此，台湾的反日组织都是由乡村士绅和公职人员领导，其中的"台湾文化协会"就是最具代表性的抵抗与研究并用的社会组织。中国大陆民间组织的任务是抵制日本的经济侵略。中国大陆的反日组织以商会领导的抵抗日本经济侵略的社会组织为义，其成员以工商业人士为主，如以抵制日货为主要目标的"反日会"，以抵制日本鸦片走私的"拒毒会"为代表。

　　1949 年国民党败退台湾，两岸进入长达 30 余年彼此隔绝的对峙时期。台湾处于国民党的威权统治之下。威权主义有限多元的特点，使得国民党虽然对台湾社会进行严格控制，但并没有达到消灭社会组织的程度，一定量的社会组织，如宗教、国外输入型的社会组织依然存在，私营经济继续发展，地方选举照样进行。因此，台湾的民间组织虽然受到控制，但仍然有一定的活动空间。到 60 年代末 70 年代初，台湾经济起飞之后，社会组织开始活跃起来。政治反对运动通过族群抗争的形式在各地展开，通过办杂志、串联等方式逐步组织化。但总体讲，社会还在党国体制的严密控制之下。这些族群抗争和组织化为 80 年代自力救济的维权行动打下了组织基础。在大陆，先是取缔和改造了具有慈善性质的中性组织，如会馆、商会、同乡会等。其次，通过单位制度，几乎把所有的城市人口都纳入单位之中，接着又组织居民委员会作为单位制的补充。国家的控制力伸入到每一个角落和社会生活的每一个领域，使得新政权对社会实现高度控制。最后由政府成立了大量社团（工会、妇联、共青团等），真正的民间社团失去了生长的土壤。

两岸真正的民间组织的兴起是在 80 年代末。台湾民间组织的勃兴是在"解严"后的 90 年代。中国大陆的民间组织是在 1978 年改革开放后的年代，其中 80 年代主要是以自上而下的"官办"民间组织为主，自下而上的民间组织则是在 1990 年之后，尤其 1995 年之后，各种草根型社会组织破茧而出，迅速发展。两岸民间组织的发展模式也不尽相同。台湾民间组织是由自下而上的在社会运动中生成的路径为主；而大陆比较有影响的民间组织是由政府主导而生成的。台湾经济起飞较早，形成了完整的中产阶级。中产阶级对社会问题有很敏锐的感知力，他们发展成为台湾社会的中坚力量和重要经济支柱，深刻影响着台湾的社会、政治走向。因此，台湾在八九十年代出现大规模的社会运动，中产阶级是社会运动的重要资源，他们为社会运动提供重要知识和组织技术。为了使社会运动取得预期胜利，运动中形成了大量社运组织，这些社运组织在运动之后多数转型为正式的非营利组织，成为台湾民间组织的重要来源。同期的中国大陆，经历了建国近三十年来的长期政治运动，尤其"文革"十年的动乱，使执政党和政府有切肤之痛，因此，自上而下形成了"稳定高于一切"的共识。国家对社会运动并不提倡，改革也是一步一步地探索，民间组织自然而然地由政府主导成立，以补救政府和市场失灵之缺失。这一时期，所产生的社会组织以行业协会为主。新世纪之后，随着改革开放的深入及加入 WTO，中国与国际接轨的需求日益增强，一些由知识分子发起旨在解决中性社会问题的民间组织，如"自然之友"之类的环境组织纷纷成立。因此，在中国大陆，民间组织具有以自上而下的政府选择型为主，自下而上社会选择型为辅的生成路径。

尽管两岸民间组织生成路径不同，但民间组织都要随着社会的变迁而转型。转型的最终目标是向社会提供更好的公共服务。台湾的社运组织随着资源供给的枯竭，民进党停止支持而逐渐转型。部分社运组织在资源枯竭之后而解散，另有部分社运组织引进标准化、计量化管理模式转型为正式的民间组织。而中国大陆民间组织大部分是由政府主导成立的，也有相当部分草根型社会组织。这类民间组织一开始就对政府有较强的依赖性，比较脆弱，它们的转型总是随着政府政策的变化而转变。总之，尽管两岸民间组织生成路径迥异，但最终都归趋于推进两岸社会共同迈进公民社会的总目标。

　　两岸民间组织的分类体系中有许多概念是大体对应的，二者在分类和管理上又有一些不同的特点。两岸民间组织管理的相同之处是均实行一种"双轨制"，民间组织的设立需要经由一个政府部门业务（或称目的事业）主管机构审查和监督、管理。但台湾的"法律体系"比较健全，其"双重"体制并非由民政部门和其他政府部门实行双重管理，而是在事业主管单位批准的基础上，由法院统一登记，直接纳入"法律体系"，分别承担不同的法人责任，这较有利于民间组织的规范化。从二者对于民间组织的登记管理制度上可以看出，大陆对民间组织的态度是严管，台湾是宽容。随着市场经济的发育成熟、改革开放的逐步深入和社会转型的全面展开，大陆民间组织逐渐从曲折发展走向一个新的高潮，并表现出若干具有趋势性的特征，如支持型组织以及民间组织之间的联盟和网络化开始出现，政府与民间组织之间的合作伙伴关系开始构建。而在台湾，民间组织不仅在资源的获取上与政府形成了密切的关系，也扮演着政府"智库"的角色。

　　随着两岸经济联系的不断加深，形成"你中有我，我中有你"的发展格局，不仅对两岸区域经济合作和中国现代化建设有重要的经济意义，也对促进两岸关系稳定发展具有深远的政治意义。海峡两岸人民同根同源，在宗教信仰方面也存在着天然的相似性。民间信仰是两岸共同的非物质文化遗产，具有强大的感召力、凝聚力和向心力，体现了根深蒂固、血浓于水的同胞之情，是保持民族文化认同感的重要精神纽带。中国大陆的红十字会组织与台湾的红十字会同根同源，有着中华民族扶危济困、敬老助残、乐善好施的传统美德，都秉持着"人道、博爱、奉献"的红十字精神，以保护人的生命健康为己任，从事造福人类的崇高事业。两岸民间社团的艺术交流也是十分丰富多彩，涵盖了音乐、美术、舞蹈等各个方面。两岸民间组织的发展趋势为：由实践到理论的不断完善，"五缘"理论是海峡两岸关系方面最流行的一种理论学说，厦门的"台湾民俗村"和泉州的"闽台缘博物馆"就是"五缘"学说的彰显和延伸。地域发展的特色性加强，沿海地区发展尤为迅速。行业发展不断深化，在某些行业表现尤为明显。

　　总之，两岸民间组织发展环境、政治机遇、生成路径各不相同，但民间组织自有其普世价值，其最终目标乃是促进公民社会的健康发展。而对于两岸民间组织来说，还肩负着促进两岸关系和平发展的重任。因此，尽管两岸民间组织发展路径和模式殊途，但最终都回归到促进两岸公民社会发展和两岸关系和平统一的终极目标上来。

参考文献

著作

1. 萧新煌、官有垣、陆宛苹主编:《非营利部门:组织与运作》,巨流图书公司,2011 年。

2. 王名、刘国翰、何建宇:《中国社团改革——从政府选择到社会选择》,社会科学文献出版社,2001 年。

3. 萧新煌主编:《书写台湾第三部门史 I》,巨流图书公司,2014 年。

4. 薛化元:《战后台湾历史阅览》,五南图书出版公司,2010 年。

5. 宋镇照:《新世纪之台湾—中国—东协的新三角政经发展》,五南图书出版公司,2014 年。

6. David Lewis:《非政府组织管理初探》,冯瑞麒译,五南图书出版公司,2007 年。

7. 何明修:《绿色民主:台湾环境运动的研究》,群学出版公司,2006 年。

8. 陈宝良:《中国的社与会》,浙江人民出版社,1996 年。

9. 徐正光、宋文理:《台湾新兴社会运动》,巨流图书公司,1990 年。

10. 周宗贤:《台湾的民间组织》,幼狮文化事业公司,1986 年。

11. 张茂桂、郑永年:《两岸社会运动分析》,新自然主义股份公司,2003 年。

12. 林嘉诚:《社会变迁与社会运动》,黎明文化事业公司,1992 年。

13. 荆尧、常燕生、辛旗:《九十年代台湾政治》,华艺出版社,1991 年。

14. 范丽珠:《全球化下的社会变迁与非政府组织》,上海人民出版社,2003 年。

15. "行政院"研究发展考核委员会委托研究:《台湾非政府组织国际参与策略之研究》,2002 年。

16. 徐震、李明政、庄秀美、许雅惠：《社会问题》，学富文化事业公司，2014年。

17. 张育华、王芳萍：《伏流潜行：女性社运工作者练功手记》，财团法人导航基金会，2013年。

18. 郑凯芸：《社会团体工作》，新加坡商圣智学习亚洲公司台湾分公司，2012年。

19. 江明修：《非政府组织》，智胜文化有限公司，2003年。

20. 郝志东、廖坤荣：《两岸乡村治理比较》，社会科学文献出版社，2008年。

21. 刘培峰、谢海定：《民间组织发展与管理制度创新》，社会科学文献出版社，2012年。

22. 李文、赵自勇、胡澎：《东亚社会运动》，社会科学文献出版社，2009年。

23. 浦兴祖主编：《中华人民共和国政治制度》，上海人民出版社，2002年。

24. 苏佳善：《民主的推进器：两岸三地的公民社会》，时报文化有限公司，2014年。

25. 社团法人"中华民国"工作伤害受害人协会：《拒绝被遗忘的声音：RCA工伤口述史》，行人文化实验室，2014年。

26. 冯久玲：《亚洲的新路》，经济日报出版社，1998年。

27. 李宗励：《政府业务委外经营：理论、策略与经验》，智腾文化事业有限公司，2007年。

28. 王永钦主编：《中国结——两岸关系重大事件内幕》，新华出版社，2003年。

29. 池子华、杨国堂等：《百年红十字》，安徽人民出版社，2003年。

30. 王铭义：《金门协议——国际红十字旗下的两岸红会谈判》，《金门商谈漫记》，九洲图书出版社，1998年。

31. 刘红：《台湾"国家认同"问题概论》，九州出版社，2013年。

32. 蔡武：《新中国成立60年对港澳和对台文化工作》，参见《2010对台港澳文化交流年鉴》，文化艺术出版社，2012年。

33. 唐桦：《两岸青年交流的现状与展望——以政治社会化为视角》，见《两岸关系和平发展的巩固与深化——全国台湾研究会2012年学术研讨会论文选编》，九州出版社，2013年。

34. 倪永杰:《增进两岸政治互信与观念创新》,见《两岸关系和平发展的巩固与深化——全国台湾研究会 2012 年学术研讨会论文选编》,九州出版社,2013 年。

35. 林其锬:《五缘文化论》,上海书店出版社,1994 年。

期刊论文

1. 王建军:《论政府与民间组织关系的重构》,《中国行政管理》2007 年第 6 期。

2. 刘求实、王名:《改革开放以来我国民间组织的发展及其社会基础》,《公共行政评论》2009 年第 3 期。

3. 邓国胜:《民间组织评估的几点思考》,《学会》2009 年第 2 期。

4. 邓国胜:《民间组织评估:机遇与挑战》,《学会》2008 年第 6 期。

5. 吴铭:《台商在两岸经济发展中的作用》,《统一论坛》2004 年第 5 期。

6. 陈云林:《在全国台湾同胞投资企业联谊会成立大会上的讲话》,《两岸关系》2007 年 5 月。

7. 张培新:《台湾宗教组织运作社会资本考察:以慈济功德会为例》,台湾《中山人文社会科学期刊》2006 年第十四卷第一期。

8. 陈先才、林立辉:《民间组织与台湾公民文化变迁的关系初探》,《台湾研究集刊》2010 年第 5 期。

9. 张丽君、〔澳〕马克·威廉姆斯:《民间组织在公共外交中的身份分析》,《公共外交季刊》2014 年秋季号第 6 期。

10. 倪健:《民间组织在公共外交中大有可为》,《公共外交季刊》2013 年秋季号第 2 期。

11. 吴敖祺:《NGO 外交的中国使命》,《文化纵横》2011 年第 2 期。

12. 杨义凤、邓国胜:《国际 NGO 参与对外援助的变迁及对中国的启示》,《中国行政管理》2014 年第 3 期。

13. 蒋维锬:《妈祖文化热的再认识》,《东南学术》2004 年增刊。

14. 林震:《论台湾妈祖信仰特点及与祖国统一大业的关系》,《莆田学院学报》2005 年第 6 期。

15. 洪惠:《百年红十字,世纪博爱情——福建省红十字会携手人道、服务民生工作纪实》,《政协天地》2012 年 Z1 期。

16.黄海滨、金婕:《相约在彩云之南——2005 海峡两岸红十字青少年夏令营活动侧记》,《两岸关系》2005 年 10 月。

17.易靖茗:《"两岸情·心连心——中华两岸书画艺术交流展暨研讨会"在北京举行》,《台声》2014 年第 1 期。

18.陈泽辉:"台湾民俗村"在厦门建成,《人民日报·海外版》1998 年 8 月 10 日。

19.庄小芳、庄清海、肖月萍:《闽台人共同的精神文化家园——中国闽台缘博物馆》,《中国文化遗产》2010 年第 1 期。

20.官有垣、杜承荣:《台湾民间社会团体的组织特质、自主性、创导与影响之研究》,《行政暨政策学报》2009 年第 49 期。

学位论文

1.杨兰:《香港、台湾、新加坡之民间组织与政府关系的比较研究》,复旦大学硕士学位论文,2008 年。

2.杨彬:《台湾地区民间组织与政府互动关系之研究——基于治理的视角》,天津师范大学硕士学位论文,2015 年。

3.温信学:《从法规与财务论非营利组织与政府之互动关系》,台北:台湾大学,2011 年。

4.董书瑶:《民间组织对政府政策影响力之研究:以基金会影响医疗卫生政策为例》,台北:中国文化大学,2003 年。

5.薛晓华:《台湾民间教育改革运动之研究——国家社会分析》,嘉义:中正大学,2011 年。

6.张志源:《民间组织的政策性角色与功能:以台湾地区为例》,嘉义:南华大学,2003 年。

7.吴雪华:《地方政府与第三部门的契约委外关系之研究:以社会福利型非营利组织为例》,台湾中央大学,2012 年。

8.冯俊杰:《以非营利组织之观点探讨其与政府间互动关系:以社会福利财团法人为例》,台中:东海大学,2003 年。

9.刘思吟:《地方政府与非营利组织之公私协力研究——以高雄市为例》,嘉义:南华大学,2012 年。

10.卢天助:《非营利组织参与公私协力关系模式之可行性研究》,嘉义:南华大学，2003 年。

11. 汪鹏：《我国大陆民间组织的发展研究——以台湾民间组织为比较对象》，福建师范大学硕士论文，2012 年。

12. 向远浩：《试论台湾美术教育的民间公益力量及对大陆的启示》，温州大学硕士论文，2013 年。

13. 吴茜：《大陆台资企业协会组织结构及其功能研究——以苏州为例》，苏州大学硕士学位论文，2014 年。

英文文献

1. Frumkin, Peter. *On Being Nonprofit*. Cambridge: Harvard University Press, 2002.

2. Salamon, Lester. *Partner in Public Service: The Scope and Theory of Government-Nonprofit Relations. The Nonprofit Sector: A Research Handbook.* Yale University Press, 1987.

3. Salamon, *Partners in Public Service: Government-Nonprofit Relations in the Modern Welfare State.* Baltimore : The Johns Hopkins University Press, 1995.

4. Weissberg Robert, "Political Efficacy and Political Illusion". *Journal of Politics*, Vol. 37, No.2. 1975.

5. Putnam, Robert D. *Making Democracy Work: Civic traditions in Modern Italy*, New Jersery: Princeton University Press, 1993.

课题组成员的成果

1. 王仲：《1990 年代台湾社会运动与民间组织互动关系探析》，《华东理工大学学报》2011 年第 2 期。

2. 王仲、曹曦：《20 世纪八九十年代台湾社会运动与民间组织的生成路径——以环保组织为例》，《台湾研究集刊》2012 年第 3 期。

3. 王仲：《30 年来我国民间社会反虚假广告及假冒商品行动综述》，《深圳大学学报》2011 年第 4 期。

4. 曹曦：《中国梦背景下的两岸文化交流探析》，中国社会科学院文化研究中心主编：《文化发展研究》2014 年第 1 辑，经济管理出版社，2014 年。

5. 王仲、张东保：《台湾文化与社会思潮》，九州出版社，2012 年。

后　记

余所治专业为历史学，博士论文《民国苏州商会研究（1927—1936）》由上海人民出版社付梓。2002年，本人来到华东理工大学文化艺术学院工作。彼时，学院内有一专职研究台湾问题的台湾研究所，并设有硕士学位点，授予历史学硕士学位。笔者亦参与指导研究生工作。在这一过程中，我对台湾文化有所涉猎，完成了第一本台湾问题研究的著作《台湾文化与社会思潮》。

2006年，华东理工大学文化艺术学院改名为艺术设计与传媒学院，笔者面临专业转型的问题。我一直在思考如何寻找到既不废原来的专业，又能兼顾艺术设计的教学与研究，在设计学、历史学、台湾问题三方面寻找到一个平衡点。结合自己的博士论文，我想到了民间组织参与社会治理这一领域。民间组织在设计领域可以参与设计管理，提高设计资源的利用率且在两岸都有较快的发展。在历史上，从事设计的手工业者均由行会来管理。近代以后，商会取代了行会。商会一方面承担了手工业者的管理任务，另一方面又为手工业者向国家表达利益诉求，维护分散的手工业者的权益。社会组织在台湾更是发达，在上海从事设计工作的台湾文创人员，有的就是通过社会组织的业缘关系而"西进"来沪。来上海创业的台湾设计从业者基本都依托相应的社会组织平台进行信息沟通、资源调配、利权维护与情感寄托。因此，从社会组织的角度切入研究两岸民间组织参与社会治理，包括设计领域的管理是本人的不二选择。

在前期研究的基础上，我申报的课题《殊途而同归：30年来两岸民间组织发展比较研究》获得了教育部人文社科基金项目的资助，期间发表数篇C刊论文，在论文基础上结集完成这部著作。此书写作过程中得到了许多相关领域的学者和领导的帮助。华东理工大学艺术设计与传媒学院院长程建新教授、上海国际问题研究院副院长严安林研究员、华东理工大学社会与公共管理学院院长何雪松教授对本书的写作多有指导。九州出版社王守兵先生把本书纳入出版社年度重点图书计划，责任编辑邓金艳女士为本书的出版付出了相当的努力。安徽大学台湾研究中心的曹曦博士参与课题研究，并合力完成了课题的最后成果。

本书章节分工：绪论、第一章、第二章、第三章、第四章、第五章、第六章、结语由王仲撰写；第七章、第八章、第九章由曹曦撰写。在写作过程中，我们参考了学术界的研究成果，均作了注释，如有遗漏，敬请谅解。对于本书的缺点，相关领域的专家学者幸垂教！

王仲
2018 年 3 月于华东理工大学